10~20점 더 받아[조선일보, 2016.3.7]

책 많이 읽는 학생…… 괜찮은 일자리(대기업·공기업·외국계 기업) 얻은 비율 20% 높았다(직능원, 12년간 추적 조사)[조선일보, 2016.3.7]

'독서율 80%' 미국·영국·독일, 국가경쟁력·혁신지수 최상위권
35%가 1년에 책 한 권도 안 읽는 한국… 국가경쟁력 26위, 15계단 떨어져[조선일보, 2016.3.4.]

책 안 읽는 한국인

한국인은 독서와 거리가 먼 생활을 하는 국민으로 잘 알려져 있다. 2015년 통계청에서 발표한 연간 가계 동향에 의하면, 한국인이 책을 구입하는 데 쓴 돈은 가구당 매달 16,000원에 불과하며, 그나마도 이중 60%는 참고서 값으로 5년 연속 최저치를 갱신했다고 한다.

이런 한국과 달리, 핀란드는 이미 독서 천국으로 세계적으로 정평이 난 나라지만, 일본에서는 수많은 학교가 아침 독서 10분 캠페인에 동참해서 지속적으로 큰 효과를 거두고 있으며, 일부 미국 초등학교에서는 방대한 수량의 책을 비치해놓고 읽기 수업 시간에 교과서 대신 소설책을 읽게 한다고 한다. 많은 선진국의 이런 독서 교육은 독서를 자라나는 학생들에게 일상적인 습관화로 뿌리내리게 하려는 기획으로, 독서를 통해 높은 수준의 사고력을 길러줄 뿐 아니라, 다른 사람들과 원만하게 친교 관계를 맺을 수 있는 사회적 능력을 길러줌으로써, 자칫 감수성이 예민한 학생들이 디지털 문화가 초래한 개인적·사회적 병리적 증상이나 병폐에 빠지지 않게 하려는 원대한 교육적 설계에 입각한 것으로 보인다.

독서의 골든타임과 바람직한 독서 운동

그러면, 가정이나 학교 교육을 통한 독서의 일상화, 습관화는 어느 시기에 이루어지는 것이 가장 바람직할까? 많은 전문가는 독서의 조기교육은 그리 바람직하지 않은 반면, 독서의 일상적 습관화는 대체로 초등학교 시절까지 형성되는 것이 바람직하다고 제안한다. 그 이유는 아이들의 뇌 신경 연결망은 대체로 초등학교 시절까지 그 형성이 끝나기 때문에, 초등학교 고학년인 12세까지가 독서 습관의 골든타임에 해당된다는 것이다.

그런데 위에서 기술한 바와 같이, 오늘날 한국 사회가 안고 있는 독서 경시의 풍조가 만연한 반면, 일부 양식 있는 학부모, 학교, 교육 단체가 자녀들과 아이들에게 책 읽어주기 운동을 펼치며 이런 운동을 전국적으로 확산시키려 노력하고 있다는 일부 반가운 소식도 있다. 일부 언론 보도에 의하면, 대구교육청 주관으로 '아마도(아빠, 엄마 도와주세요)' 독서 운동이 펼쳐지고 있으며, 서울에서는 '책 읽어주는 아빠' 사업이, 그리고 전국에서 '책 읽기 · 읽어주기' 바람이 확산되고 있다는 것이다. 또한 서울교육청의 특별 강좌가 대성황을 이루었다는 보도도 있다.

　학부모 중심의 운동이라는 한계는 있지만, 우리나라에서도 디지털 시대의 어두운 측면을 보완, 극복하려는 최선의 문화 양식으로 독서에 대한 관심이 높아지고 있다는 방증인 듯해 매우 고무적이다. 사실 서울시의 여러 초등학교에서는 오래전부터 아침 독서 시간(10~20분)을 정해놓고 학생들에게 독서를 권장해왔다든가, 또한 주말이면 그림책을 자녀에게 사주거나 자녀와 함께 읽으려고 서울 시내 대형 서점 아동 서적 코너에서 북새통을 이루는 학부모들의 모습은, 최소한 어린 시절만에라도 아이들의 지적 성장에 독서가 중요하다는 인식을 학부모들이 갖고 있다는 사실을 단적으로 보여주는 사례라고 하겠다. 그러나 독서는 어린 시절에만 강조되고 실천되어야 하는 학습 행위가 결코 아니다. 독서는 출생 이후부터 아동기, 청소년기를 거쳐 노년에 이르기까지, 인간의 정신적 · 지적 성장이나 발달과 궤를 같이하며 평생에 걸쳐 이루어져야 하는 기나긴 정신적 여정이며, 사람에 따라서는 위대한 모험의 항행이기도 하다. 오늘날 디지털 기기에 지나치게 의존함으로써 청년층에까지 일찍이 발병하고 만연한다는 이른바 '디지털 치매' 증상을 예방 혹은 치료하는 데 독서는 가장 효과적인 방법이 될 수 있을 것이다.[조선일보, 2016.3.28.; 4.5; 4.21]

책을 읽으면 왜 뇌가 좋아지는가, 왜 성격이 좋아지는가?

요컨대, 우리가 사는 이 시대가 각종 디지털 기기에 의존하며 살아갈 수밖에 없는 디지털 시대이기 때문에, 역설적으로 독서는 그 중요성이 더욱 강조되고 지속적으로 실천되어야 하는 과제다. 사실, 독서의 중요성을 알고 있는 부모, 교육자, 독서 전문가들은 적지 않고, 독서에 관한 이론서도 매우 많다. 그러나, 그처럼 중요한 독서를 해야 하는 '이유', 즉 그 근거를 과학 이론을 토대로 제시한 책은 거의 없다. 특히 지난 20여 년간 괄목할 만한 발전을 이루어온 뇌/인지 신경과학 분야의 연구 성과에 비추어볼 때, 독서를 할 때 독자의 뇌 속의 신경 체계 중 어떤 부위들이 포함, 작용하고 활성화가 이루어지는지, 뇌 발달에 어떤 기능적 역할을 하는지 그 구체적인 모습을, 오늘날 첨단을 걷는 뇌/인지 신경과학의 이론을 근거로 탐구한 책은 거의 없다. 오래전에, 앞에서 인용한 매리언 울프 교수의 저서『프루스트와 오징어 : 책 읽는 뇌의 이야기와 과학』[국내 제목은『책 읽는 뇌』]가 번역, 소개되었지만, 번역상의 난해함은 그만두고라도, 난독증에 관해 많은 비중을 두고 있는 책의 독창성과 풍요함이 얼마나 독서의 필요성과 중요성을 독자에게 잘 전달했는지 가늠하기 어렵다.

거듭 말하지만, 지난 20여 년 동안 현대의 뇌/인지 신경과학은 다른 과학 분야보다도 특히 눈부신 학문적 발전과 성과를 이룩해왔다. 특히 뇌를 절개하지 않고도 그 내부의 신경 활성화를 전기적으로 기록하는

14

기술이나, 활성화의 영상을 선명하게 외부에서 들여다볼 수 있는 여러 가지 첨단 신경영상술(neuroimaging)과 도구들이 개발되고 사용되면서, 이제 연구자들은 특정 과제를 수행하는 중에 뇌 속에서 무슨 일이 일어나고 있는가를 선명하게 확인할 수 있게 되었다.

　독서의 경우에도, 단어 읽기에서부터 텍스트의 이해에 이르기까지, 혹은 설명 텍스트나 서사 텍스트를 읽는 중에 뇌 속에서 무슨 일이 일어나고 있는가를 선명한 이미지로 보고, 그 활동성을 심층적으로 연구할 수 있게 되었다. 특히 신경영상술은 미국과 같은 다인종 국가에서, 그리고 영어와 같이 문자와 소리의 상응 관계의 불규칙성이 매우 심한 언어를 사용하는 많은 학습자가 안고 있는 난독증 연구에서 뛰어난 학문적 업적과 실천적 치료 성과를 거두었다. 아울러, 이런 신경영상술을 이용해서 난독증자는 물론, 정상적인 발달 과정을 밟는 독자들의 '독서하는 뇌'에 대한 학문적 연구 업적과 그 교육적 적용 성과도 엄청나게 증가했다.

　이 책은 부제가 명시하고 있는 대로 현대의 뇌/인지 신경과학의 이론을 중심으로 독서하는 뇌의 활동성을 구명하려는 의도에서 쓰여진 책이다. 그리고 그 주된 물줄기는 독서를 하면 왜 '뇌'가 좋아지는가, 또 독서를 하면 왜 '성격'이 좋아지는가라는 문제다. 저자는 거의 40년 가까운 세월 동안, 대학과 대학원에서 학생들에게 국어/문학 교육과 독서 이론을 가르쳐온 사람이다. 그런 점에서 전문적인 독서 이론가라고 할 수 있지만, 뇌/인지 신경과학 분야는 아마추어라고 해도 과언이 아니다. 그러나 대학 재임 시절, 학생들에게 독서 이론이나 독서 교육론을 가르치면서도 늘 미흡하게 느꼈던 분야에 대한 탐구욕을 떨칠 수가 없었다.

지난 약 10년간, 오로지 학구적 탐구에 몰입할 수 있는 시간적 여가가 주어진 동안, 저자는 독서와 뇌 발달을 탐구한 수많은 논문[주로 미국, 영어]을 읽으면서, 이 책의 제목과 관련된 이론의 물줄기를 잡으려고 노력했다. 특히 비록 아마추어 수준이긴 하지만, 위에서 언급한 뇌 활성화를 촬영하는 신경영상술에 대한 많은 논문들을 읽고 주요 주제와 그 의의를 파악하려고 고심했다. 이 책은 이런 개인적인 관심과 노력, 그리고 탐구의 중간 성과다. 따라서 부제를 붙이면서도 연구의 결과물이라기보다 이 책의 주제에 대한 개인적이고 시론적인 탐구의 인상을 주려고 했다. 비유하자면, 이 책에서 주로 소개하고 인용하는 많은 연구자의 연구 업적이 빛나는 구슬이라면, 저자의 작업은 그런 구슬들을 날줄과 씨줄로 엮어 가치 있는 시론적 자료로 제시하는 것이다. 이 책이 우리 아이들에게 '왜' 책을 읽어주어야 하는가, 또 '왜' 책을 읽게 하거나 책 읽기를 습관화해야 하는가라는, 많은 부모, 학부모, 교육자, 학생들이 안고 있는 근본적인 의문에 대해 부분적이나마 뇌/인지 신경과학적인 근거에 입각한 일단의 쓸모 있고 가치 있는 답변을 담고 있기를 희망한다.

다만 이 책에는 뇌/인지 신경과학의 아마추어 탐구자로서 저자의 지적 한계 및 오류가 곳곳에서 드러나리라는 점을 솔직히 인정하지 않을 수 없으며, 이 점 독자들의 많은 비판과 질정이 있기를 바란다. 또한 이 책에서 논의의 대상으로 상정한 독자는 출생 이후 정상적인 독서 발달 과정을 밟는 아동이나 개인, 학생들이며, 난독증자들은 일단 논의의 대상에서 제외했음을 밝힌다.

이 책의 구성과 내용

이 책은 모두 3부로 구성되어 있다. 1부에서는 독서하는 뇌의 기본적인 이해를 위한 일반적인 지식을 간략하게 다루었다.

2부의 제목은 '책을 읽으면 왜 뇌가 좋아질까?'로 정했다. 1장에서 독서하는 뇌의 작용과 독서 체험의 주요 원리 및 개념들을 간략하게 기술하고, 2장에서는 특히 아이의 출생부터 독서 출발기까지, 이른바 독서를 준비하는 시기 동안 아이의 뇌 발달과 언어 발달 과정을 한 항목으로 설정해 중요하게 다루었다. 그 까닭은 아이의 출생 시부터 독서 출발기까지의 수 년 동안에, 아이가 부모(양육자)의 보호 아래 환경과 상호작용하면서 쌓는 갖가지 감각 및 언어 체험에 따른 뇌 발달과 언어 발달이, 아이의 본격적인 독서 출발기의 독서 학습에서 결정적인 밑받침이 되기 때문이다. 3장에서는 독서 능력이 출발기에서부터 숙련기까지 상승, 발달하는 전체 과정을 단계별로 나누고 각 단계별 특징을 기술하였으며, 4장에서는 독서 능력 발달 과정에 포함되는 뇌의 부위들과 그 기능을 간략하게 기술하였다. 5장에서는 독서하는 뇌의 신경 메커니즘에 관한, 많은 연구자가 제기한 주요 논고를 그 주제에 따라 저자가 설정한 임의의 기준에 따라 선정해서, 그 내용의 요지를 기술하였다.

3부의 제목은 '책을 읽으면 왜 성격이 좋아질까?'로 정했다. 이른바

'마음의 이론'과 '거울 뉴런'의 심리적 · 신경적 토대론, '체화인지/의미론'에 관한 설명, 그리고 이런 이론들이 서사 텍스트[허구적 소설]의 이해에 어떤 역할을 하는지를 기술하였고, 서사 텍스트를 사회적 세계와 체험의 '시뮬레이션'으로 보는 견해, 그리고 끝으로, 서사 텍스트의 독서가 독자에게 주는 정신적 · 심리적 효과, 특히 서사 텍스트의 독서가 독자의 성격을 바람직하게 변화, 향상시킬 수 있는가의 문제를 연구한 내용들을 인용, 기술하였다.

　책의 내용이 대부분 뇌/인지 신경과학의 전문적인 이론과 실험에 관한 것이어서 매우 난해하지만, 책 읽기의 대중성, 편의성을 고려해서 내용 파악에 지장이 없는 범위에서 단락의 구분과 단락 간의 여백을 좀더 자주 설정하였으며, 언어 표현에도 주의를 기울였다. 또한 주요한 장과 절에서 일반 독자가 뇌/인지 신경과학 분야의 난해한 전문용어와 기술 내용을 좀더 쉽게 이해하도록 먼저 구체적인 설명을 간추린 '요약'을 제시하고, 전개되는 내용에 따라 소제목을 붙여 이해의 편의를 제공하려 했다. 아울러 역시 난해한 전문용어에 대해서는 각주의 장황한 해설을 피하고 옆의 [ ] 내에 간단한 설명을 병기했으며, 각주 대신 문장이나 단락의 끝에 내주를 참고문헌의 숫자로 기입했고, 단독 저서의 경우에는 참고문헌 숫자열에 페이지 수를 병기했다. 또한 독자의 이해를 돕기 위해 여러 군데에 주제와 관련된 그림을 삽입했으며, 책의 끝에 독서하는 뇌에 관련된 주요 용어들을 간명하게 해설한 용어집, 그리고 인명과 전문용어를 모은 색인을 붙였다. 이 책은 수많은, 거의 국외 연구자들의 연구 내용을 간추려 소개, 혹은 인용한 것이 대부분을 차지한다. 연구자들의 국적은 미국 · 영국 중심의 연구자들은 대부분 국명을 표기하지 않았고, 이들 국가 이외의 연구자들의 경우에는 대부분 국명을 표기하였다.

끝으로 이 책의 내용을 검토하고 기꺼이 추천해주신 초대 한국독서학회 회장이며 가톨릭대학 명예교수이신 김봉군 교수, 서울교육대학교 국어과의 엄해영 교수, 뇌 신경과학의 기술 내용에 관해 귀한 조언들을 제공해주신 강원대학교 의학전문대학원 박정현 교수께 심심한 사의를 표한다.

2017년 7월
한상무

책을 읽지 않는 신문맹들에게 보내는 조언

김봉군

(문학평론가, 한국독서학회 초대 회장, 가톨릭대학교 명예교수)

이 책은 독서를 뇌 신경과학과 융합한, 한국에서는 처음 보는 놀라운 역저다. 저자 한상무 교수가 지난 약 10년 동안 칩거하다시피 하며 몰두해온 과제가 주로 미국을 중심으로 하는 현대의 뇌 신경과학의 수많은 첨단 연구 성과에 근거하여 독서하는 뇌의 활동성을 밝히는 작업이었다니, 독서와 독서교육에 종사하는 사람들은 물론, 자녀를 키우는 일반 독자들도 크게 주목할 만한 저서임에 틀림없다.

저자는 이 책에서 '독서하는 뇌'를 이해하는 기초 과정을 거쳐, 독서를 하면 '뇌'는 물론 '성격'까지 좋아진다는 명제를, 수많은 신경영상 실험 결과를 통해 입증하려 했다. 현대문학과 문학교육 전공자인 저자가 뇌 신경과학이라는 생소한 학문 분야 연구에 혼신의 노력을 쏟아, 이만한 성과를 내놓은 일은 우리나라의 독서학과 독서교육을 위해 진정 희소식이 아닐 수 없다.

이 책에는 수많은 낯설고 어려운 전문용어들이 등장한다. 뇌의 좌반구와 우반구, 신경 가소성, 뉴런(신경세포), 시뮬레이션, 거울 뉴런 등 쉽게 대할 수 없는 용어들이다. 그러나, 처음에는 낯설어 보이는 이런 용어들이 점철된 문장들도 저자가 장(章)이나 절(節)마다 서두 부분에 먼저 제시해놓은 '요약'을 먼저 읽고 차근차근 읽어나가면 문자 그대로 '독서하는 뇌'의 활동성에 대한 지적 호기심에 빠져들게 된다.

부모와 교사는 아이들의 발달 단계에 따른 독서 지도에 특히 관심이 크다. 유아기에 아이에게 책을 읽어주는 습관이 중요하다는 것, 사람의 뇌는 쓸수록 더 발달한다는 것 등 이 책에는 독서를 통한 뇌 발달에 관한 귀한 지식이 가득하다.

이 책에는 주로 미국을 중심으로 서구의 뇌 과학자들의 뇌 신경영상술을 통해 밝힌 많은 연구 성과가 집약, 제시되어 있다. 상식에 속하는 기본 지식이지만, 아이의 뇌 발달은 임신 직후부터 시작된다고 한다. 출생할 때 아이는 이미 1,000억 개의 신경세포와 50조 개의 연결을 갖고 있으며, 이 연결은 수개월 안에 약 1,000조 개로 급증한다고 한다. 연결, 즉 시냅스 수는 아이가 언어, 문화적으로 어느 정도 풍요한 환경에서 성장하느냐에 따라 큰 차이를 보인다. 책으로 둘러싸인 가정에서 자란 아이와 그렇지 않은 아이의 뇌 성숙도 및 그에 따른 학업 성취도는 큰 차이를 보인다거나, 문자 학습 방법(국문 전용 혹은 국한문 혼용)의 효용성에 관한 국내 최초의 신경영상 연구 결과에 대한 소개는 특히 눈여겨 볼 만하다.

귀에 이어폰을 꽂은 채 스마트폰에 온 정신이 꽂혀 있는 침묵의 군상, 전차나 버스 안 사람들의 모습이다. 이런 현대인들, 특히 아이들의 뇌가 얼마나 병들어가고 있는가에 대한 심각한 경고가 이 책에는 담겨 있다. 독서의 역사는 6,000년쯤 된다. 이제는 지금까지 경험하지 못한 '독서하지 않는 인류'의 시대가 다가와 있다. 끔찍한 일이다. 우리나라의 가구당 월간 도서 구입비가 16,000원 미만이고, 그나마 그중 60%가 참고서 구입비라고 한다. 큰일이다. 한상무 교수는 사범대학 출신 학자로서, 이 걱정스러운 시대에 경각심을 일깨우려는 뜻으로 이 책을 집필한 것으로 안다.

이 글을 쓰는 추천인은 오늘날 이 독서하지 않는 인류, 이른바 신문맹 시대의 불행을 통감하고, 1998년에 교육부 인가를 받아 가톨릭대학교 교육대학원에 독서교육 전공 과정을, 그 후 일반대학원에 독서학과를 설치했다. 그리고, 당시 '한국독서학회'를 창립하여 오늘날까지 우리나라 독서학의 발전과 독서교육의 실천에 매진해왔다.

한상무 교수의 독보적인 이 역저는 앞으로 우리나라의 독서학 발전과 독서교육 실천에 긴요한 촉매제 역할을 할 것이다. 창의적인 인재만이 생존할 수 있는 제4차 산업혁명기의 시대적 요청에 웅변적으로 부응하는 책이다. 학부모와 교사, 교수, 사회인 모두가 이 책의 애독자가 될 것으로 믿는다.

차례

제1부

독서하는 뇌의 이해를 위한 기초 지식

제2부

책을 읽으면 왜 뇌가 좋아질까?

제3부
책을 읽으면 왜 성격이 좋아질까?

차례

일러두기

1. 주요한 장과 절에서 독자의 이해를 돕기 위해 구체적인 설명을 간추린 '요약'을 제시했다.
2. 난해한 전문용어에 대해서는 각주 대신 [ ] 내에 간단한 설명을 병기했다.
3. 인용 출처는 내주로 처리했다. 참고문헌의 목록은 책 뒤에 실려 있다. 국내 문헌은 〈 〉, 국외 문헌은 ( ) 안에 숫자로 기입했고, 단독 저서의 경우에는 숫자열 옆에 쪽수를 병기했다.
4. 뇌에 관련된 주요 용어들은 책 뒤에 따로 설명했다.
5. 책 본문에 나오는 연구자와 뇌 부위 이름의 원어 표기는 책 뒤의 참고문헌과 용어집을 참조하도록 했다.

제1부

독서하는 뇌의 이해를 위한 기초 지식

독서하는 뇌의 이해를
위한 기초 지식

독서가 인간의 뇌 발달과 성격 발달에 끼치는 효과와 영향을 이해하기 위해서는, 먼저 일반적인 수준에서 신체의 중추기관으로서 뇌가 특히 중요한 이유, 뇌의 기본 구조[거대 구조와 미소 구조]와 기능에 관해 알 필요가 있으며, 이를 토대로 독서하는 뇌의 신경 체계를 구성하는 주요 부위와 그 연결 관계를 이해할 필요가 있다.

1부에서는 이들 주제에 관해 요점 중심으로 간략하게 기술한다.

1장 뇌, 신체의 사령부

▶요약

　인간의 뇌는 무한한 가능성과 신비로 가득한 놀라운 구조물이다. 현대의 과학자들은 뇌가 신체의 단순한 주요 기관이라기보다 인간의 행동, 사고, 감정, 감각 등 거의 모든 인지적 활동이나 과정을 지배하고 조절하는 기능을 하며, 따라서 신체의 가장 핵심적이고 중추적인 기관, 즉 사령부라는 사실을 밝혀냈다.

　인간의 뇌는 무한한 가능성과 신비로 가득 찬 놀라운 구조물이다. 인간의 뇌에 비유할, 유일한 알맞은 대상은 무수한 별들이 명멸하는 저 광막한 우주 공간뿐이다. 이 인간의 뇌가 인간의 몸에서 가장 중요한 사령부요 중추기관으로, 인간이 사고하고, 느끼고, 꿈꾸는 거의 모든 것을 지배하고 조절한다는 사실을 현대의 뇌/인지 과학이 밝혀낸 시점은 그리 오래되지 않는다.

　인간의 뇌의 구조나 신경 체계 및 그 기능에 관한 연구는 지난 약 20년 동안 눈부신 발달을 거듭해왔다. 이는 특히 현대의 첨단 과학기술의 힘으로, 과학자들이 인간의 뇌를 절개하지 않고 기계 장치나 도구에 의해 내부의 신경 활성화를 기록하거나 촬영해서, 전기·자기적 자료나 선명한 영상을 얻을 수 있게 된 성과에 힘입은 바 크다. 물론 뇌에 대한 연구는 이런 방법 외에 행동주의 심리학이나 인지심리학 등 다른 많은 연구 방법에 의해서도 큰 발전을 이루어왔지만, 그중에서도 이른바 위에서 기술한 신경영상술(neuroimaging)에 의한 연구 성과가 가장 두드러졌다고 해도 과언이 아니다.

■ 신경 세포의 활성화를 측정하는 주요 기술

기능적 자기공명영상(fMRI), 확산텐서영상(DTI), 사건−관련전위(EPR), 양전자방출 단층촬영(PET), 자기뇌파(MEG) 등 : 주요 용어 참조

그 결과, 오늘날 과학자들은 뇌가 신체의 단순한 주요 기관이라기보다 인간의 행동, 사고, 감정, 감각 등 거의 모든 인지적 활동이나 과정을 지배하고 조절하는, 인간 신체의 가장 핵심적이고 중추적인 기관, 즉 사령부라는 사실을 밝혀내게 되었다. 과거 전통적으로 일반인들이 믿어온 통념, 즉 인간의 사고는 뇌에 속하고 감정은 심장이나 마음에 속한다는 관념은 이제 설득력을 잃게 되었다. 사람의 마음이란 것도 결국 뇌의 작용에 불과하다는 사실이 밝혀진 것이다.

뇌는 '우리가 누구인가?'(자아 의식/정체성), '우리는 무엇을 아는가?'(인간의 인지 행동), '우리는 어떻게 행동을 하는가?'(인간의 행동 방식)를 결정하는 원천이다. 인간의 뇌는 그 최초의 형성 시기부터 평생에 걸쳐, 인간을 둘러싸고 있는 외부 환경과 상호작용하면서 마치 유연한 플라스틱처럼 지속적으로 변화하고 생성되지만, 뇌 발달은 특히 출생 이후부터 아이의 초년기 여러 해 동안에 놀랄 만큼 성장 발달한다는 사

실이 연구 결과 밝혀졌고, 따라서 이 시기 동안에 아이의 뇌 발달 과정과 뇌 발달을 촉진하는 방법에 관한 많은 연구가 이루어져왔다.

다음에서는 논의의 순서대로, 이 책의 주제인 '독서하는 뇌'에 대한 기본적인 이해를 위해 먼저 기초적인 수준에서 사람의 뇌의 구조와 기능에 관해 간략하게 기술한다. 이를 위해 뇌의 기본 구조를 크게 뇌를 구성하는 커다란 '거대 구조'와 이 거대 구조를 구성하는 미시적인 '미소 구조' 두 가지로 나누어 그 구조적 특성과 기능을 기술한다.

2장 뇌의 기본 구조와 기능

뇌의 거대 구조

▶요약

　뇌의 가장 큰 표면은 대뇌피질이며, 뇌는 구조적으로 크게 두 반구, 즉 좌반구와 우반구로 구성되어 있다. 각 반구의 피질은 전두엽, 측두엽, 두정엽, 후두엽 모두 네 개의 엽으로 나뉘어 있다. 대뇌의 네 개의 엽은 어떤 유형의 감각 자료나 정보의 처리를 위해 특화된 영역들을 포함하고 있으며, 서로 다른 기능을 수행한다.

　뇌의 두 반구는 각각 뇌량이라는 섬유 조직에 의해 연결되어 있으며, 각각 다른 방식으로 정보를 처리하고 저장하는 편측성을 갖는다. 그러나, 가장 높은 수준의 사고를 위해서 두 반구는 조화와 협력을 통한 상호 보완적 기능을 수행한다.

대뇌의 구조

　뇌는 인간의 신체기관 중에서 가장 발달되고 복잡한 구조를 지니고 있다. 뇌의 가장 바깥 표면을 대뇌피질(cerebral cortex)이라고 한다. 뇌는 크게 두 부분, 즉 좌반구와 우반구 두 반구로 구성되어 있는데, 각 반구

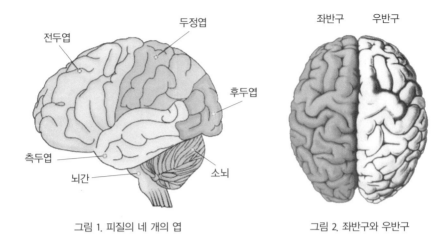

<table>
<tr><td>전두엽</td><td>두정엽</td><td>좌반구</td><td>우반구</td></tr>
</table>

후두엽

측두엽

뇌간   소뇌

그림 1. 피질의 네 개의 엽   그림 2. 좌반구와 우반구

의 피질은 네 개의 엽으로 나뉜다. 이 엽을 전두엽, 측두엽, 두정엽, 후두엽이라 부른다. 뇌의 두 반구는 뇌량을 통해서 연결된다.

피질은 기저핵, 시상, 그리고 운동 조절을 위해 피질로부터 척수로 연결된 섬유 통로와 같은 하위-피질 위에 자리 잡고 있다. 피질은 마치 밭에서 튀어나온 곳과 움푹 들어간 곳이 이어진 것 같이, 깊은 주름을 이루는 연속적인 이랑과 고랑으로 덮여 있다. 이 밖의 중요한 뇌 부위들은, 1차 감각운동 영역들을 비롯한 여러 피질하 구조들[척수, 뇌간, 중뇌 구조들, 시상 등], 변연계 부위들, 소뇌다.

① **전두엽(frontal lobe)** : 주로 사고, 판단, 계획, 의사 결정, 의식적 정서, 운동 기능, 언어, 기억 등 인간의 가장 높은 수준의 사고력과 행동을 담당하는 뇌의 앞에 있는 영역이다. 전두엽은 인간의 성격 형성과 집행 기능을 담당하기 때문에 네 가지 엽 중에 가장 중요하다.

② **측두엽(temporal lobe)** : 주로 청각 지각을 담당하며, 언어, 말, 그리고 다른 소리들의 이해에 필수적인 뇌의 옆에 있는 영역이다. 또한 복잡

한 물체 인지와 기억을 담당한다.

③ 두정엽(parietal lobe): 주로 공간 지각을 담당하는 뇌의 위쪽에 있는 영역이다. 이 영역은 신체 운동 기능과 함께 수학적 계산과 독서, 그리고 촉각, 고통, 압력, 온도 등을 인지하고 이런 감각 정보들을 통합하는 기능을 한다.

④ 후두엽(occipital lobe): 주로 시각 지각을 처리하고 통합하는 뇌의 뒤쪽에 있는 영역이다. 그리고 시각 인지와 저장을 위해 이를 뇌의 다른 부분들로 전달하는 기능을 한다.

좌반구와 우반구 : 기능의 차이점

현대의 뇌 과학자들은 인간의 뇌가 좌반구(left hemisphere)와 우반구(right hemisphere) 두 부분으로 분할되어 있고, 그 사이가 양측의 정보를 서로 교류하는 뇌량(corpus callosum)이라는 두꺼운 섬유조직에 의해 연결되어 있음을 밝혀냈다. 또한 두 반구가 각각 서로 다른 방식으로 정보를 처리하고 저장한다는 사실도 알게 되었다. 뇌의 두 부분이 서로 다른 기능을 수행하는 이런 기울기의 특성을 뇌의 편측성(偏側性, lateraliza-tion)이라 한다.

또한 오늘날 뇌 과학자들은 좌뇌(좌반구)와 우뇌(우반구)의 기능상의 차이점을 비교적 명확하게 밝혀냈다. 두 반구는 어느 하나가 절대적인 지배력을 갖지 못하며, 서로 상호 보완적인 기능을 발휘하는 관계다. 그리고 두 반구의 기능이 상호 보완, 조화, 균형 및 효율적인 관계를 맺을 때 뇌 발달이 극대화될 수 있다고 본다. 이른바, 인간의 가장 높은 수준의 사고의 하나인 창의성, 혹은 창조성이 바로 그러한 뇌 발달의 결과일 수 있다는 것이다.

　그러나 두 반구의 편측성에 따른 차이점 또한 비교적 분명하다. 이에
따라 일부 연구자나 교육자는 좌뇌의 기능이 보다 우수한 사람을 좌뇌
인, 우뇌의 기능이 보다 우수한 사람을 우뇌인이라고 부르며, 이를 교수
와 학습에 응용하기도 한다.

　그동안 뇌 과학자들이 밝혀낸 좌뇌와 우뇌의 기능적인 차이점을, 그
상호 관계를 고려하여 정리하면 다음과 같다.

- **좌뇌는 '로컬(국지성)'에 편측된 기능을 갖고 있으며, 비유하면
숲을 이루는 '나무'와 같다.** 반면, 우뇌는 '글로벌(전체성)'에 편측된
기능을 갖고 있으며, 비유하면 나무가 이루는 '숲'과 같다.

- **좌뇌는 논리적 사고에 편측된다. 인과관계를 중시하며, 사실에
입각한 합리적, 사실적 판단을 중시한다.** 또한 구체적 사실에 입각한
귀납적 사고에 치중한다. 반면, 우뇌는 직관적 사고에 편측되며, 대상
을 통찰하고 감각적 사고에 의존하며, 논리적 전제에 입각한 연역적
사고에 치중한다.

- **좌뇌는 분석적 사고에 편측된다. 전체를 구성하는 디테일[세부
사항]과 객관적 사실을 중시한다.** 반면, 우뇌는 전체적 사고에 편측된
다. 단일한 정보에 의해 전체를 판단하는 사고 기능에 편측되며, 디테
일보다는 패턴을 추구한다.

- **좌뇌는 시간 지향적 사고에 편측된다. 선형적 정보 처리, 계기
적·순차적 정보 처리를 주로 하며, 하나의 정보를 일시에 처리한다.**
반면, 우뇌는 공간 지향적 사고에 편측된다. 공간적으로 확산적 방식
으로 정보를 처리하며, 많은 정보를 일시에 처리한다.

- **좌뇌는 언어적·언어학적 사고를 주로 담당한다.** 사물에 '이름
붙이기(naming)'를 실행하며, 언어의 기능과 문법 규칙의 습득을 주로
담당한다. 언어 기능 중 단어의 수, 어휘 목록을 늘리는 것, 언어의 문

자적(축어적), 사전적 의미를 해석하는 기능은 주로 좌뇌의 몫이다. 반면, 우뇌도 언어적 사고를 하지만, 주로 시적 언어의 기능, 즉 비유(특히 은유)적 언어 사용에 편측되며, 언어의 의미도 맥락적 의미, 시적, 감각적인 이미지가 환기하는 함축적 의미에 치중함으로써 언어적 상상력을 함양한다.

■ **좌뇌는 그림(회화)의 구성 요소에 편측되며, 반면에 우뇌는 하나의 전체로서 그림에 관심을 가짐으로써 시각 이미지적 사고에 치중한다.** 그림에 관한 관심과 마찬가지로, 우뇌는 하나의 전체로서 음악에 편측됨으로써 청각 이미지적 사고에 치중한다.

이것을 표로 정리하면 다음과 같다.

좌뇌		우뇌	
'로컬'에 편측		'글로벌'에 편측	
숲을 이루는 '나무'		나무가 이루는 '숲'	
논리적 사고		직관적 사고	
분석적 사고		전체적 사고	
시간 지향적		공간 지향적	
선형적 정보 처리		확산적 정보 처리	
계기적 정보 처리		동시적 정보 처리	
언어적 · 언어학적 사고	• 어휘 (단어의 수, 목록) • 의미 (문자적 · 사전적 의미)	언어적 사고	• 시적 비유(특히 은유) • 의미 (맥락적 · 함축적 의미) • 언어적 상상력

좌뇌	우뇌
그림의 구성요소 중시	그림(시각 이미지적 사고)
X	음악(청각 이미지적 사고)
X	패턴 추구적 사고

이상과 같이 좌뇌와 우뇌는 각각 특화된 기능들을 가지고 있지만, 어떤 반구도 이들 기능에 대한 전적인 지배력을 갖고 있지 않다. 좌뇌와 우뇌가 상보, 조화, 균형 관계를 갖고 상호 소통, 협력할 때 인간의 뇌 기능과 작용이 극대화될 수 있다. 그리고 이런 극대화의 결과의 가장 중요한 것은 이른바 인간의 고등 수준의 사고 능력의 발휘다. 특히 인간의 창의력, 창조력은 기본적으로 우반구에 크게 의존하지만, 두 반구가 수행하는 기능적인 조화와 균형, 그리고 협력이 중요하다. 아인슈타인의 자기 보고, "무의식[우뇌 기능]에 부호라는 논리[좌뇌 기능]를 대응시키려는 의도가 창조적 사고의 본질이다."라는 말은 거듭 되새겨 볼 만한 금언이다.[⟨18⟩, 28]

현대 교육은 전통적으로 우뇌를 경시해서, 아이들이나 학생들의 뇌 잠재력의 절반을 거의 다루지 않거나 방치하는 잘못을 범해왔다. 그러나, 최근의 교육 연구가나 교육자들은 아이들이나 학생들의 뇌의 두 반구를 상호 보완적으로 조화, 균형, 통합시키는 학습을 수행함으로써 뛰어난 학습 효과를 거둘 수 있음을 보여주고 있다. 이는 모든 학습, 그리고 특히 독서 학습의 경우에도 마찬가지로 적용될 수 있는 방법이다.

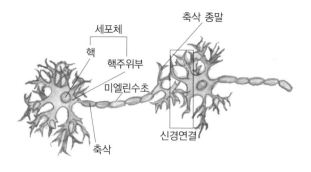

그림 3. 신경 미소 구조

유년기부터 가정, 유치원, 학교에서 아이들이 뇌의 두 반구를 모두 사용하게 하는 학습, 그리고 독서 학습을 실천하게 함으로써 아이들의 전체적인 뇌 발달을 촉진할 뿐 아니라, 창의적, 창조적인 뇌 기능의 발달을 촉진할 수가 있다.

뇌의 미소 구조

▶요약

뇌를 구축하는 블록인 신경세포, 즉 뉴런은 공통적으로 어떤 기초적인 부분을 갖고 있다. 뉴런을 구성하는 주요 부분은 세포체, 수상돌기, 축삭, 미엘린, 시냅스다.

우리의 행동은 뇌를 구축하는 블록인 '신경세포', 즉 '뉴런(neuron)' 과 이런 뉴런들이 서로 연결되어 있는 방법에 기초해 있다. 뉴런과 이들 뉴런의 연결은 신경회로를 구축한다. 이들 신경회로의 능력은 시간 이 흐름에 따라 체험을 통해서 변화하는데, 이런 능력은 독서를 비롯한 모든 학습의 근저에 깔려 있다. 뇌 속에는 약 1,000억 개의 뉴런이 있으며, 이것들의 구조적 특성은 뇌가 기능하는 방법에 결정적인 중요성을 갖는다.

뉴런들의 형상과 크기는 각각 다르지만, 모든 뉴런은 공통적으로 어떤 기초적인 부분들을 갖고 있다. 다음은 뉴런을 구성하는 이런 부분들에 대한 간략한 설명이다.

- **세포체(cell body)** : 중심에 세포핵이 있는 곳이다.
- **수상돌기(dentrite)** : 인접한 신경세포로부터 신경 신호를 전달받아 세포체로 보내는 역할을 한다. 나뭇가지와 같은 형상을 보인다.
- **축삭(axon)** : 세포체에서 통합된 신경 신호를 세포 내에서 전도시키고 다른 세포로 전달해주는 역할을 한다. 나무의 줄기와 같은 형상을 보인다.
- **미엘린(myelin)** : 신경세포의 축삭을 감싸고 있는 흰색의 지방질 물질로, 전기적인 절연층을 형성한다. 미엘린은 신경 체계의 적절하고 효율적인 기능을 수행하기 위해 필수적이다. 축삭을 감싸고 있는 미엘린 수초[덮개]의 수가 점점 많아져서 그 층이 두꺼워지는 것을 미엘린화(myelination)라고 하며, 미엘린 수초의 두께가 두꺼울수록 전기적 절연의 기능이 활발해져서 신호의 전도 속도가 빨라진다. 출생 후 아동기 동안에 뉴런의 미엘린화의 정도와 패턴화는 뇌가 정보를 처리하는 방식에 결정적이다. 청각 섬유는 출생 전에 이미 미엘린화되는데, 이는 아기가 태내에서도 엄마의 목소리를 인지할 수 있고 언어를 들을 수 있다는 것을 의미한다. 그러나 다른 뉴런들은 출생 후 여러 해 동안에도 미엘린화되지 않는다. 이 문제는 아이가 독서를 시작하는 적절한 시기가 언제인가라는 문제와 연관된다.
- **시냅스(synapse)** : 신경전달물질이 전달되는 두 개의 뉴런 간의 틈새로, 뉴런들은 이 시냅스를 거쳐 서로 소통한다. 우리말로는 보통 '연결(connection)' 혹은 '연접'이라고 한다.

독서하는 뇌의 주요 부위

▶요약

  뇌 속에서의 독서 과정에는 광범한 신경 연결망을 형성하는 주요 부위들이 포함된다. 이 중 중요한 것은 브로카 영역(발음)과 베르니케 영역(이해)이다.

  독서 과정에는 대개 다섯 가지 주요 부위가 좌반구에 집중된 신경 연결망에 포함된다. 첫째, 모든 문자에 대해 같은 반응을 하는 부위(시각 단어 형태 영역), 둘째, 문자의 시각 형태가 소리로 변환되고, 의미가 인출되는 부위(측두–두정 접합부), 셋째, 말을 산출하고 의미를 인출하는 기능을 하는 부위(하전두이랑), 넷째, 안구 운동을 조절하고 독서 기능의 자동화에 핵심 역할을 하는 부위(소뇌), 다섯째, 추론의 도출, 텍스트의 총체적 의미 해석에서 중요한 역할을 하는 부위(우반구) 등이다.

  독서, 즉 읽기는 언어 행동의 네 가지 양식[듣기, 말하기, 쓰기, 읽기] 중 하나다. 그런데, 대부분의 인간에서 언어 행동을 관장하는 뇌의 주요 영역들은 좌반구 내의 실비안종렬[대뇌를 상하로 나누는 고랑. 좌·우 반구에 있는데, 좌반구 부분은 언어 기능을 포함한다] 주변 부위에 국지화되어 있다. 이 중 가장 중요한 부위는 브로카 영역(Broca's area)과 베르니케 영역(Bernicke's area)이다.

  브로카 영역은 혀, 입술, 후두에 기여하는 1차 운동 영역 옆에 자리 잡고 있으며, 말의 조음과 산출을 담당한다. 베르니케 영역은 1차 청각 처리 영역의 뒤쪽에 자리 잡고 있으며, 언어의 이해를 담당한다. 활 모양 섬유 다발이라고 불리는 두꺼운 띠 조직이 이 두 영역을 연결한다.

  독서는 단어의 시각 형태(철자법)를 단어의 청각 소리(음운론)와 통합하고, 의미(의미론)를 인출하는 과정을 포함한다. 음독의 경우에는 또한

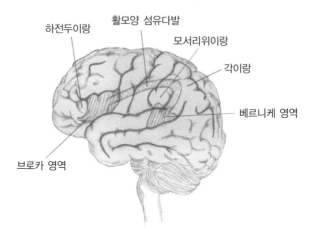

하전두이랑　활모양 섬유다발
모서리위이랑
각이랑
베르니케 영역
브로카 영역

그림 4. 뇌의 주요 독서 연결망

발음과 조음 기관의 근육의 조절을 포함한다. 독서 과정에 많은 감각 및 운동 신경 체계가 포함되는 사실을 고려하면, 독서 중에 매우 많은 뇌 부위와 영역이 참여하고 작용하는 것을 알 수 있다. 즉, 독서 과정은 후두엽 부위들, 측두엽 부위들을 비롯하여, 여러 뇌 부위들[중심앞운동 부위들, 하전두 영역들]을 포함하는 전두엽 및 두정엽 부위들 등 많은 영역이 광범하게 분산된 신경 연결망을 포함한다. 그리고 이런 부위들은 신경섬유 다발에 의해 강도 높게 상호 연결되어 있다. 또한 이 부위와 영역들은 시상[의식, 주의, 수면을 조절하는 주요 부위]을 포함하는 뇌 속의 보다 깊은 영역들과 연결되어 있다. 특히 문장과 텍스트[text. 작품(work)과 유사 개념. 작품을 해석의 주체인 독자와의 관계를 고려해서 더 객관적으로 지칭하는 용어]를 포함하는 보다 높은 수준의 독서 과정은 언어에 특정되지 않고, 뇌의 두 반구에 걸쳐 있는 훨씬 폭넓은 연결망을 동원한다.[(119)]

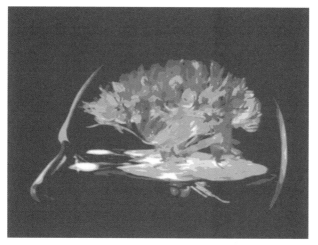

그림 5. 섬유다발에 의한 독서 연결망의 연결[(119)]

묵독을 하든 음독을 하든, 다섯 가지의 주요 부위가 좌반구에 집중된 신경 연결망에 포함된다. 문자는 맨 처음 이른바 ㉠ 시각 단어 형태 영역에서 인지된다. 다음에는, ㉡ 좌측 측두–두정 접합부에서 베르니케 영역이 모서리위이랑과 각이랑과 서로 소통한다. 여기에서, 청각과 시각 표상[表象, representation : 감각적이고 구체적인 성격을 갖는 의식의 내용. 관념, 이미지와 동의어]이 단어의 의미와 통합된다.

이들 영역은 활모양 섬유 다발을 경유하여, ㉢ 브로카 영역을 포함하는 좌측 하전두이랑으로 돌출되어 있다. ㉣ 소뇌는 운동과 인지의 조절자로서 그 역할에 따라 세 가지 영역을 통합시킨다. ㉤ 독서의 단위가 문장을 넘어 텍스트로 확장되면 우반구의 역할이 증가된다. 우반구는 텍스트의 함축적·명시적 의미를 총체적으로 해석하고 이해하는 데 능동적인 역할을 한다. 아래에서 이 부위들을 간략히 설명하면 다음과 같다.[(131)]

우리가 독서를 할 때—그 언어가 한국어든, 영어든, 이탈리아어든—쓰여진 문자나 단어를 읽는 모든 독자는 아주 비슷한 뇌의 신경 연결망에 의존하게 된다. 쓰여진 문자나 단어들이 극히 짧은 길이의 차이가 있다 해도, 항상 동일한 장소에서 좌반구의 기저

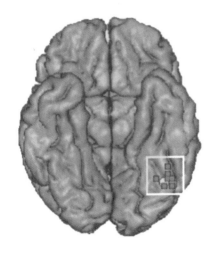

그림 6. 시각 단어 형태 영역

의 작은 부위를 반드시 활성화시킨다. 이 부위가 '시각 단어 형태 영역(visual word form area)'이며, 항상 좌반구의 후두-측두 부위(방추형이랑) 내의 '동일한 장소'에 자리 잡고 있다.

시각 단어 형태 영역은 독자가 독서를 할 때 언제나 체계적으로 활성화되는 시각 체계 중 특화된 작은 부위다. 이 부위는 사물의 모습, 얼굴, 장소 등과 같은 다른 많은 시각 자극의 대상보다 쓰여진 문자나 단어에 더욱 강력한 활성화를 나타낸다. 프랑스의 인지신경과학자인 드앤은 이를 '문자상자(letterbox)'라고 부르는데, 그 이유는 이 부위가 문자와 그 형상에 대한 독자의 시각 지각의 대부분을 집중화하기 때문이다. 쓰여진 문자와 단어에 반응하는 시각 단어 형태 영역의 효율성은 매우 크며, 이 부위는 독자가 의식적으로 인지하지 못하는 문자나 단어에 대해서조차도 순식간에 자동적으로 반응한다. 또한 문자나 단어의 크기나 다양

한 글꼴과 관계없이 항상 동일한 활성화의 반응을 나타낸다. 그러나, 소수의 연구자들은 이 부위의 기능에 대해 이의를 제기하기도 한다.[(38)][(132)]

측두–두정 접합부[각이랑과 모서리위이랑]

측두–두정 접합부(tempora-parietal junction)는 각이랑과 모서리위이랑이 베르니케 영역(말의 이해)과 만나는 부위다. 여기에서 문자의 시각 형태가 그 소리로 변환(translate)되며, 여기서부터 문자의 의미가 뇌 속의 의미론적 어휘 목록으로부터 인출된다.

각이랑(angular gyrus)은 측두엽의 위쪽 끝, 그리고 모서리위이랑의 바로 뒤쪽 가까이 있는 두정엽[하두정소엽] 내의 부위다. 이 부위는 주로 복잡한 언어 기능(즉, 읽기, 쓰기, 쓰인 내용의 해석)과 연관된 뇌의 부분이다. 일부 연구자는 능숙한 독자에게서 이 영역은 낯익은 단어보다 낯선 단어를 다룰 때 가장 크게 활성화된다는 것을 확인했다.

모서리위이랑(supramarginal gyrus)은 두정엽[하두정소엽]의 일부이며, 체성감각연합피질[무게, 온도 등 미세한 감각적 차이를 변별하는 등의 정보를 처리하는 영역]의 일부다. 이 부위는 주로 언어의 지각과 처리에 포함되며, 촉각 정보를 해석하고, 공간과 수족의 위치를 지각하는 데 포함된다. 이 부위는 또한 이른바 '거울 뉴런'[제3부에서 상세히 기술] 체계의 일부로서, 타인의 마음과 행동을 인지하는 데 포함된다.

각이랑과 모서리위이랑은 아이들이 독서를 학습하고 있을 때 특별히 활성화되는 부위들이다. 이 부위들이 얼마나 활성화되는가에 따라 아이들이 얼마나 독서를 잘 학습할 것인가를 예측할 수 있다.[(132)]

하전두이랑

하전두이랑(inferior frontal lobe)은 말을 산출하는 브로카 영역을 둘러싸고 있는 부위들을 포함한다. 비록 이곳은 '말의 산출' 영역으로 간주되지만, 독서에서 묵독을 하는 동안에도 활성화된다. 이 부위는 부위의 부분에 따라 그 기능이 다르다. 뒤쪽 하전두이랑은 음운의 리허설[내적 발언 혹은 속으로 되뇌기]과 연관되는데, 이는 독서에서 단어들을 음운론적 단기기억 속에 유지하는 데 중요하다.

하전두이랑의 앞쪽 부분은 단어의 의미를 인출하고, 새로운 단어들을 해독하는 데 참여함으로써 독서 학습에서 중요하게 간주된다.[(132)]

소뇌

독서의 관점에서 소뇌(cerebellum)는 독서 중의 안구 운동 조절, 독서 기능의 자동화에서 핵심 역할을 하며, 또한 구어 단어의 조음, 글쓰기 중 손 운동의 조절에서 역할을 담당한다. 소뇌는 뇌의 시각 경로 내에 자리 잡은 대세포들로부터 정보를 수용하고 처리한다. 이 정보는 독서 중에 안구 운동의 조절을 위해 핵심적인 기능을 한다. 독자가 페이지의 문장을 읽을 때, 독자의 눈은 단어들을 빠르고 부드럽게 뒤쫓지만[saccadic, 신속 안구 운동], 극히 짧은 시간 동안 단어들 위에 머문다. 이를 안구 '고착'이라고 부르며, 소뇌는 이런 안구 운동의 타이밍을 지시하고 조절하고 안내하는 이른바 마스터 시계로서 작동한다. 독서를 할 때 독자가 읽어 내려가는 단어들은 단지 몇백 밀리초[1000분의 1초] 동안이라는 극히 짧은 시간 동안만 지속되는, 빠른 안구의 '고착' 중에만 그

의미가 인지될 수 있다는 점에서 소뇌의 역할의 중요성을 지적할 수 있다.[(132)][(189)]

우반구

오랫동안 독서에 관심을 가진 뇌/인지 신경과학자들은 주로 독서를 지배적으로 처리하는 좌반구의 언어 영역을 중심으로 연구해왔으며, 상대적으로 우반구의 역할은 경시되어왔다. 그러나 최근의 많은 연구는 독서 과정에서 우반구가 또한 중요한 역할을 한다는 사실을 밝혀내고 있다.

우반구는 텍스트를 이해하는 데 필요한 추론의 도출, 텍스트의 총체적 의미(주제) 해석, 은유를 포함하는 비유적 언어 해석에서 중요한 역할을 한다. 또한 최종적으로 좌반구는 우반구와의 효율적인 협력을 통해 텍스트의 이해를 성취한다. 아울러 독서 체험을 통한 창조적이고 창의적인 고등 수준의 사고의 향상에는 좌반구와의 기능적인 협력과 통합을 통한 우반구의 능동적인 역할이 필수적이다.[(18)][(19)][(23)][(110)]

제2부

책을 읽으면
왜 **뇌**가 좋아질까?

책을 읽으면
왜 뇌가 좋아질까?

'좋은 뇌'란 무엇인가?

우리는 모두 아이가 이른바 '뇌'가 좋은 아이가 되기를 바란다. 비단 아동기뿐만 아니라, 청소년기를 거쳐 성인기 이후에도, 그리고 노년기에도 항상 좋은 뇌, 영특한 뇌를 갖기를 바란다. 그러면 '좋은 뇌'란 무엇인가? '뇌가 좋다, 영특하다'는 말은 무엇을 의미하는가?

인간의 사고력을, 독서와 관련해서 연구하는 과학자들은 인간의 사고력의 발달 단계를 가장 기본적인 단계에서 가장 높은 단계까지 대체로 일곱 가지로 나누어 설명하려 한다. 가장 기본적인 단계부터 가장 높은 단계까지 상승, 발달하는 단계를 열거하면 다음과 같다. [〈20〉, 137]

인식력→기억력→수렴적 사고력→확산적 사고력→평가적 사고력
→분석적 사고력→비판적 사고력

이처럼 단계적으로 상승, 발달하는 사고력의 층위 중 인식력[사물을 인식하는 능력]과 기억력[인식한 것을 기억하는 능력]을 가장 기본적인 단계의 사고력이라 하면, 수렴적 사고력[개별 사물들을 하나로 종합하는 능력]과 확산적 사고력[하나의 대상을 여러 개로 확산하는 능력] 단계를 거쳐, 그보다 상위의 사고력, 특히 평가하고, 분석하고, 비평하는 사고력은 가장 높은 수준의 사고력, 즉 이른바 '고등 수준'의 사고력이라고 할 것이다. 고등 수준의 사고력은 다른 말로 '깊은' 사고력, 혹은 '심층적' 사고력이라고 부를 수도 있다. 그러나, 많은 연구가들은 이 밖에도 상상적 사고력, 혹은 창의적 사고력, 메타-사고력[자신의 사고에 대해 보다 높은 차원에서 다시 사고하는 능력] 등을 위에 열거한 사고력의 상호작용에 의해서 혹은 한 단계 높은 차원에서 별도로 생성되는 사고력으로 제안하기도 한다.

뇌와 사고력과의 관계를 검토하면, '좋은 뇌'란 결국 고등 수준의 사고력을 가진 뇌, '고등 수준'의 사고력을 발휘할 수 있는 능력을 가진 뇌를 뜻하는 것이라 해도 과언이 아니다. 「책머리에」에서 이미 밝힌 바 있지만, 이 책의 핵심 요지 중 하나는 결국 '독서'가 좋은 뇌, 즉 고등 수준의 사고력을 발휘할 수 있게 해주는 가장 중요한 학습 행동이며 문화적 행위라는 점을 과학적 근거를 통해 탐구하려는 것이다. 이를 위해서 2부에서는 우선 '독서하는 뇌'의 주요 작용 원리와 독서 체험에 관한 주요 개념을 요약, 기술하려 한다.

1장 독서하는 뇌의 작용과 독서 체험의 주요 원리와 개념

이 장에서는 독서하는 뇌의 작용과 독서 체험의 주요 원리 및 개념을 요지 위주로 간략하게 기술하며, 그 상세한 내용은 2부와 3부의 주요 장과 절에서 다시 보충, 기술될 것이다.

신경 가소성설

> ▶요약
>
> 인간의 뇌는 마치 유연한 플라스틱처럼 성형성과 순응성을 갖고 있어, 외적 환경과 상호작용하는 체험을 통해 스스로 변화해가는 선천적 능력을 갖고 있다.

신경 가소성(神經可塑性, neuroplaticity)은 인간의 뇌가 외적 환경과 상호작용하는 체험을 통해서 스스로 변화해가는 능력을 뜻한다. 이는 인간의 뇌가 마치 유연한 플라스틱처럼 성형성을 갖고 있고, 또 환경의 변화에 잘 어울리는 순응성을 갖고 있어서, 체험을 통해서 물리적 구조와 기능적 조직 모두를 변화시킬 수 있다는 것을 말한다.

과거 과학자들은 인간의 뇌는 유년기 같은 인생의 중요한 초기 단계에 그 구조와 체계, 기능의 형성이 고정된 이후에는 변화되지 않는다고 믿었다. 즉 19세기 말까지는 척추동물을 포함해서 인간의 뇌에 있는 모든 신경세포, 즉 뉴런이 배아 발생기 동안이나, 아무리 늦어도 유아기 동안에 모두 다 형성되어 고정되고, 이 시기를 지나면 뇌는 뉴런을 상실할 뿐 다시 만들 수는 없다는 믿음이 전통을 이루고 있었다.

그러나 20세기 이후 뇌에 관한 수많은 연구에 의해 인간의 뇌는 환경이나 자극, 학습에 의한 체험을 통해서 스스로를 변화시킬 수 있고, 재설계, 재조직, 재목적화함으로써 지속적으로 진화할 수 있다는 견해가 널리 받아들여지게 되었다. 인간의 뇌의 뉴런과 신경회로는 일생을 통해 끊임없이 변화하며, 특히 새로운 언어나 운동 기능의 습득 등 학습을 통해서 새로운 뉴런과 뉴런 간의 연결을 계속해서 생성하는 등, 학습을 통해 인간의 인지와 행동을 변화시킬 수 있다는 신념이 확고해졌다.

이러한 학습 가운데 '독서'는 인간의 뇌의 가소성에 지속적이고 역동적이며 폭넓고 긍정적인 변화, 발달을 촉진하는 가장 중요한 학습 행동으로 지적될 수 있다. 그 까닭은 독서는 인간의 인지 행동 중 가장 복잡하고 수준 높은 행동으로, 독서 중의 뇌의 신경 체계의 기능은 수많은 뇌의 부위가 참여하는 고도의 복잡성, 광범성, 동시성 및 통합성을 발휘하기 때문이다.

신경 용불용설

▶요약

많이, 자주 사용하는 뇌의 신경회로는 더욱 강화되지만, 적게, 드물게 사용하는 신경회로는 '가지치기'의 과정을 통해 약화 혹은 소멸된다.

신경 용불용(用不用, use or disuse)설은 인간 뇌의 기본적인 속성인 신경 가소성의 핵심 원리다. 즉, 신경 가소성의 속성에 따라 뇌는 환경과의 상호작용이나 학습을 통해 새로운 뉴런과 뉴런들 간의 연결을 만들면서 변화·발달해가지만, 이 과정에서 이른바 용불용설의 원리에 따라 많이, 자주 사용하는 신경회로는 미엘린화가 촉진되어 더욱 강화되지만, 적게, 드물게 사용하거나 아주 사용하지 않는 신경회로는 이른바 '전지(가지치기)'의 과정을 거쳐 약화되거나 소멸된다.

이른바 '헵의 이론(Hebbian theory)'[캐나다의 심리학자인 도널드 헵이 제기한 이론]에 의하면, "함께 발화된 뉴런들은 함께 배선된다. 동시에 발화하지 않는 뉴런들은 그들의 연결을 상실한다." 달리 말하면, 하나의 뉴런에 인접해 있는 뉴런과 동시에 발화하는 뉴런은 상호 협력해서 그 파트너 뉴런과 강하고 안정된 연결들을 형성한다. 한편, 그 가까운 뉴런들과 동시에 발화하지 않는 뉴런은 결국 그 연결들을 불안정하게 하고 단절시킬 것이다. [(194)]

신경과학자인 마이클 메르체니크에 의하면, 인간이 어떤 능력을 습득하거나 향상시키면, 뇌는 국지적 배선, 즉 뇌의 뉴런이 연결되는 방법의 디테일을 변화시킨다. 예를 들어 독서 능력의 습득은 애초에는 뇌 속에 존재하지 않거나 문맹자의 뇌 속에는 자리가 없었던 많은 뇌 부위들의 신경회로를 창출한다. 그리고 독서 체험이 거듭 쌓여감에 따라 새로운 뉴런들의 창출, 특히 삶을 에워싼 환경의 자극이나 도전에 대응하기 위해 설계된 디테일의 통로인 뉴런들 간의 연결이 급속도로 증가하고 그 배선은 더욱 강화되어 점증적으로 방대한 기능적 연결망이 형성된다.

인간의 환경에서 삶의 체험은 뇌 속의 뉴런 간을 연결하는 신경 디테일에 의해 밑받침되며, 따라서 삶의 섬세한 디테일의 상실이나 감소—편의성과 효율성을 추구하는 현대 문명의 갖가지 이기와 도구의 사용에 의해 야기되는—는 곧 뇌 신경 체계의 퇴화를 촉진하는 경향이 있다.

독서의 주요 양식으로 문학, 특히 서사문학(소설)은 무한한 삶의 체험의 디테일의 저장고다. 이런 서사문학의 독서가 그 풍부한 삶의 디테일의 체험을 통해 독자의 뇌의 신경 디테일의 발달을 촉진할 수 있다는 이론은 매우 믿을 만한 주장이다.[(33)]

신경 재활용설

▶요약

독서를 위해서는 출생 후부터 발달되어온 시각, 청각, 언어 등 감각적 체험을 처리하는 신경회로들을 재설계, 재편성해서, 이를 새롭게 창출, 재활용해야 한다.

신경 재활용(neuronal recycling)설은 인간의 뇌가 출생 직후부터 다양하고 복잡한 감각적 지각과 체험을 처리하기 위해 유전적으로 진화한 신경 부위나 체계를 고도로 구조화하지만, 그중에는 독서와 같은 비교적 새로운 문화적 발명이나 창안[인류의 오랜 역사에서 독서의 역사는 약 6,000년 미만이다]을 위한 알맞은 자리는 없으며, 따라서 기존의 신경회로들 중 일부를 수정해서 새롭고 적절한 피질 부위를 마련해야 하고, 독서에서 이를 '재활용'해야 한다는 견해다. 프랑스의 신경과학자인 스타니슬라스 드앤이 이 견해의 대표적인 학자다.

인간의 뇌 속에는 독서를 할 수 있는 신경회로가 선천적으로 내장되어 있지 않다. 따라서 인간은 독서를 해야 하는 문화적 · 환경적 요구에 직면하여 인간에게 유전적으로 프로그램되어 선천적으로 갖고 태어나고, 출생 후부터 사용하고 발달시켜온 시각, 청각, 언어(말) 등의 감각적 체험과 지각을 처리하는 신경회로들을 재목적화해서 재설계, 재편성함으로써 독서를 위한 신경회로들을 새롭게 창출, 재활용해야 한다.

글을 읽기 전에 사람은 모두 구어(입말)를 사용한다. 그리고 이 구어에 관한 한, 모든 인간은 좌상측두 부위와 하전두 부위라는 매우 결정적인 신경 연결망에 의존한다. 이 신경 체계는 재생 가능성이 매우 커서 어떤 개인에게서나 발견된다. 인간이 읽기를 배울 수 있는 근거는 인간이 갖고 있는 기존의 신경회로들 내에서 좌반구의 배쪽 시각 경로를 좌반구의 언어 영역에 연결시키는 하나의 특화된 신경회로가 존재하기 때문이다. 이 신경회로가 이른바 앞에서 이미 기술한 '시각 단어 형태 영역'을 형성한다.

인간이 시각 단어 형태 영역의 형성을 통해서 문해력[글을 읽고 쓸 수 있는 능력]을 습득하게 된 것은 한 개인으로서 문해자의 뇌 발달에 엄청난 영향을 끼쳤을 뿐 아니라 보편적인 인류 문화의 진화에도 막대한 영향을 끼쳤다. 인류 문화의 진보와 발전은 문해력의 습득을 떠나 상상할 수 없을 만큼 문해력은 인류 문화의 진화에 거대한 영향을 끼쳤다. 그러나 현대의 문화적 사회에서 개인이나 사회적 집단이나 오랫동안 문해력의 습득과 사용에 의해 형성, 진화되어온 '독서하는 뇌'는 녹슬고 약화되어가는 심각한 위기에 빠져 있다.[(37)][(38)][(39)]

마태 효과설

> **▶요약**
>
> 독서 체험을 더 많이 쌓은 사람은 보다 높은 독서 능력을 갖게 되고, 더 두꺼운 피질 두께를 형성함으로써 더 높은 수준의 사고 능력을 가진다.

독서 분과에서 '마태 효과(Matthew effect)'란 애초에 사회학자 로버트 머튼이 주창한 견해를, 키이스 스타노비치가 학생들의 독서 문제에 적용해서 널리 알려지게 된 것이다. 마태 효과란 명칭이 붙은 근거는, 기독교 『신약성경』 중 「마태복음」에 등장하는 "누구든지 가진 자는 더 받아 넉넉해지고, 가진 것이 없는 자는 가진 것마저 빼앗길 것이다."라는 구절이다. 요컨대, 이른바 '부자는 더욱 부자가 되고, 가난한 자는 더욱 가난해진다(富益富貧益貧)'는 뜻으로, 경제나 사회 등 모든 분야에서 관찰되는 부의 집중, 혹은 소득의 불평등 현상을 지적하기 위해 널리 사용되어왔다.

이를 독서 발달 과정에 적용한 스타노비치는 새로운 독자들이 독서 기능을 습득하는 방법을 연구하면서 관찰한 바를 기술하기 위해 이 용어를 차용했다. 그에 의하면, 독서 기능을 삶의 초년기에 성공적으로 습득한 아이들은, 흔히 성장해가면서 후일에도 독서에서 성공을 거두는 반면, 초등학교 입학 전후에 독서 학습에 실패한 아이들은 새로운 기능들을 학습하는 데 평생에 걸쳐 문제점을 안고 갈 수 있다는 것이다. 독서 지진아는 독서량이 부족해서 동료들과의 간극이 점점 더 벌어지게 되기 때문이다. 후일 여러 과목의 학습을 위해 독서를 할 필요가 있을 때, 그 아이들의 독서 곤란증은 대부분의 학과목 학습에서 곤란을 초래할 수 있다. 언어, 특히 독서는 다른 많은 학과목을 학습하는 도구 교과이기 때문이다. 이런 방식으로, 독서 지진아는 학교에서 점점 더 뒤떨어지며, 동료들보다 훨씬 더 빨리 낙오될 수 있다. "독서는 당신이 하는 모든 것에 영향을 끼친다."

스타노비치의 이런 견해는, 오늘날의 일부 뇌/인지 신경과학적 연구에서도 과학적으로 밑받침되고 있다. 뇌 신경과학자인 제이슨 골드먼 등은 성인들을 대상으로 독서 체험과 독서 기능, 그리고 뇌의 피질 두께 간의 상관성 패턴을 연구했다. 독서 행동 측정과 뇌 신경영상술을 사용한 연구의 결과, 더 많은 독서 체험을 가진 독자는 보다 높은 독서 기능을 가진 독자이며, 이들은 좌반구의 독서 연결망 내에 보다 두꺼운 피질을 갖고 있음이 밝혀졌다. 이는 또한 독서 체험, 독서 기능, 그리고 피질 두께는 아동기부터 성인기까지 독자의 뇌 발달 과정 전반에 걸쳐 긍정적으로 상관되어 있다는 사실을 시사한다.[(52)]

그러면 피질 두께가 두껍다는 것은 무엇을 의미하는가? 캐나다 맥길 대학의 신경과학자들이 6세에서 18세까지의 실험 대상자들을 상대로 한 연구에 의하면, 피질의 두께는 부분적으로 신경세포 간의 복잡한 연결들의 양을 반영할 수 있다. 다른 말로 하면, 보다 두꺼운 피질들은 인지 능력에서 중요한 더 많은 복잡한 연결들을 가지는 것으로 보인다. 피질 두께와 인지 능력 간의 긍정적 연결성은 전두엽, 두정엽, 측두엽 및 후두엽의 많은 영역에서 탐지되었다. 가장 큰 관련성을 가진 부위는 여러 종류의 감각과 운동 정보를 통합하면서, 과거의 경험뿐만 아니라 학습, 기억, 성격 등에 관한 다양한 정보를 활용하는 장소인 피질의 '이질 양식 연합' 영역들이었다.[(52)]

결국, 이런 연구들은 많은 독서 체험이 뇌의 피질을 보다 두껍게 하는 피질상의 점증적 변화를 초래하며, 그 결과는 고등 수준의 인지 및 사고 능력을 갖게 한다는 점을 시사해준다 하겠다.

다중지능 참여설

▶요약

독서 과정에는 언어, 공간, 음악, 신체-운동 감각, 논리-수학 등 이른바 다중지능이 모두 참여함으로써 독자의 인지 및 사고 능력을 총체적으로 활성화시킨다.

다중지능 이론은 일찍이 1980년대 초에 하버드대학 교수인 하워드 가드너가 지능이 높은 아동은 모든 지적 영역에서 우수하다는 종래의 획일주의적 지능관을 비판하고, 인간의 지적 능력은 서로 독립적이며 상이한 여러 유형의 능력으로 구성된다고 주장한 혁신적인 지능 이론이다. 오늘날 그의 다중지능 이론은 일반인에게도 거의 상식화될 정도로 널리 알려지고 응용되며, 또한 일부 비판에도 불구하고 대체로 폭넓은 지지를 받고 있다.

가드너가 제기한 다중지능은 모두 여덟 가지로, 이를 그 명칭만 열거하면, 언어 지능, 논리-수학 지능, 공간 지능, 음악 지능, 신체-운동 감각 지능, 대인관계 지능, 자기 성찰 지능, 자연 친화 지능을 말한다. 그리고, 이들 지능의 신경 작용에는 좌우 반구로 나뉘어진 네 개의 엽, 소뇌, 운동 피질, 변연계 등 광범한 뇌 부위들이 포함된다.

그런데 일부 연구자는 문해력이 이들 여덟 가지 지능 모두를 참여, 활성화시키며, 이를 통해서 독자의 인지적 뇌 발달을 촉진한다는 매우 독특한 주장을 제기하고 있다. 토머스 암스트롱은 그의 저서 『읽기와 쓰기의 다중지능』(2003)에서 문해력이 뇌의 다양한 인지 능력에 끼치는 영향을 강조하여, 문해력은 뇌 전체의 활성화를 의미한다고 주장한다. 그는 뇌가 읽기와 쓰기의 과정에서 실제 체험을 처리하는 방법을 관찰하면 여덟 가지 지능 전부가 어떤 방법으로 읽기와 쓰기에서 중요한 역할을 수행하는가를 이해할 수 있다고 주장한다.[(5)]

암스트롱에 의하면, 독서를 시작할 때 독자는 맨 먼저 문자의 시각 형태에 주의를 쏟는데, 이때 공간 지능(그림과 이미지의 지능)이 활성화된다. 이어 문자라는 시각 이미지를 소리와 일치시키기 위해 음악 소리(음악 지능)와 자연 소리(자연친화 지능), 그리고 단어들의 소리(언어 지능)에 관한 풍부한 지식을 활용해야 한다. 이에 덧붙여, 이런 시각 및 청각 감각들을 의미의 구조의 기초로 삼기 위해 신체(신체-운동 감각 지능)로부터 정보를 불러온다. 독자가 의미 깊은 정보를 읽으면, 그가 읽은 것을 시각화(공간 지능)하고, 텍스트 내에서 물리적인 방식으로 자신을 능동적으로 참여시켜 체험(신체-운동 감각 지능)할 수 있으며, 텍스트의 내용에 대한 정서적 반응(자기 성찰 지능)을 가지며, 텍스트의 저자나 작중인물들이 의도하거나 믿는 바를 추측하려고 시도(자기 성찰 지능)하며, 그가 읽은 내용에 관해 비판적이고 논리적으로 사고(논리-수학 지능)할 수 있다. 아울러, 그가 읽은 결과에 따라 어떤 큰 사회적 맥락(대인관계 지능)에서 행동을 취할 것을 결정할 수 있다. 이처럼 독서 과정 전반에 걸쳐 독자는 읽기와 쓰기의 다층적 과정을 지향하는 상이한 지능들을 활성화시킨다. 따라서 문해력은 인간의 모든 지능을 다층적·총체적으로 활성화시킴으로써 인간의 뇌의 인지적 능력을 향상, 발달시키는 가장 중요한 인지적 행동이 된다.[(5)]

오케스트레이션설

> ▶요약
>
> 독서 과정에는 수많은 뇌 부위들이 참여하며, 이들 뇌 부위가 각각 그 개별성을 유지하면서 마치 심포니 오케스트라와 같이 동시적으로 협력해서 작용함으로써 그 효율성을 최대화한다.

독서 과정에서 모든 독자에게는 효율적으로 쓰여진 텍스트를 이해하기 위해 다양한 정보의 원천을 전략적으로 사용하는 과정이 필요하다. '오케스트라 모델'은 심리언어학의 이론적 관점으로부터 제기되어온 이론적 모델로 처음 제기된 이후, '독서의 서치라이트 모델'로 다소 수정되어 독서 교육에 대한 최근의 유력한 접근법으로 적용되어왔다. 케네스 굿맨이 1980년대에 이 모델을 개발했는데, 그는 아이들이 독서를 할 때 그 초보 단계에서 문자나 단어가 중요하지만, 상호 의존하고 협력할 필요가 있는 상이한 정보가 포함되어야 한다고 강조했다.

이런 정보는 이른바 세 가지 단서-체계 속에 포함되어 있다. 첫째는 의미론적 단서-체계로, 여기에서 텍스트를 읽는 독자는 1차적으로 텍스트 그 자체에서 추출되는 의미에 의존하지만, 또한 그들이 기억 속에 저장하고 있는 사전지식(prior knowledge, 배경지식)의 인출을 통하여 의미를 구성해나간다. 둘째는 통사론적 단서−체계로, 여기에서 독자는 문장 독해의 과정에서 지금 읽는 단어의 다음에 오는 단어를 예측하기 위해 문법 지식에 의존한다. 셋째는 문자소−음소 체계로, 여기에서 독자는 소리−상징(문자·단어) 상응성, 문자 결합에 대한 시각 지식과 시각 어휘에 관한 지식을 사용한다.

이 모델의 지지자들에 의하면 독서 과정은 단지 하나뿐인데, 초보 독자에서 숙련된 독자에 이르기까지 모두 동일한 과정을 밟는다. 그리고 이 과정은 단계적·선형적인 것이 아니라, 위에서 지적한 상이한 단서−체계들(음소론; 맥락 지식; 문법 지식; 단어 인지; 문자소 지식)이 마치 오케스트라에서 연주하는 개별적인 악기처럼 개별적인 독립성을 지니면서도 거의 동시적으로 작용해서 그 최대의 효과를 발휘하는 과정이라는 것이다.

보통 뇌의 독서 과정에는 17개 이상의 뇌 부위가 참여한다고 한다. 그리고 이러한 독서 과정에 관한 심리언어학적 오케스트레이션 모델을 뇌신경과학적 관점에서 고찰하면, 독서의 과정에서, 특히 성공적인 독서 과정에서는 위의 세 가지 단서−체계를 밑받침하는 시각, 청각, 운동, 언어, 정서 및 기억 체계 등 수많은 뇌 부위와 신경 체계가 각각 그 개별성을 유지하면서 동시적으로 협력해서, 마치 심포니 오케스트라와 같이 작용한다는 논리가 성립한다. 즉, 주로 시각 정보를 처리하는 후두엽, 청각 정보를 처리하는 측두엽, 문법과 독해를 다루는 전두엽, 많은 감각 정보를 통합, 연결하는 두정엽[일부 연구자는 두정엽 내의 각이랑과 모서리위이랑을 '독서 종결자'로 해석하기도 한다], 정서를 처리하는 편도체, 기억을 관장하는 해마 등 많은 뇌 부위가 동시적·협동적으로 작용함으로써 그 효율성을 최대화한다는 견해다.[(159)] 인간의 독서 행동이 인간의 인지와 사고에서 가장 큰 통합적, 수월적, 고차원적 수준을 지향한다는 점에 비추어볼 때, 독서 과정의 이런 특성은 결코 놀랄 일도 아니다.[(80)]

양방향 역학설

> ▶요약
>
> 독서 과정에서 독자는 자신이 겪고 쌓아온 삶의 체험을 텍스트에 가져옴으로써 텍스트를 이해하고, 텍스트의 독서는 독자의 정신과 뇌의 체계를 변화, 발달시킨다.

인간이 텍스트의 독서를 통해 폭넓은 삶의 체험과 지식, 그리고 삶의 교훈을 습득하고, 인간성 자체가 변화할 수 있다는 사실은 일반인들도 잘 아는 하나의 상식이다. 텍스트란 쉽게 말하자면, '작품(work)'과 유사한 용어지만, 작품이 의미의 주체로서 작자에 초점을 두는 반면 텍스트는 의미의 주체로서 독자를 강조하고, 다양한 해석과 비판이 제기될 수 있는 공론의 장에서 작품을 객관적으로 지칭하는 용어라는 점에서 다르다.

그런데 이런 개념을 지닌 텍스트와 독자와의 관계가 상호간의 소통이나 대화적 관계라는 다양한 이론적 관점은 이미 오래전부터 제기되어왔지만, 독자와 텍스트 간의 관계를 뇌 신경과학적 관점에서 고찰한 이론적 견해는 드물었다. 이 점에서 『프루스트와 오징어』의 저자 매리언 울프의 견해는 매우 큰 설득력을 지니고 있다.

울프는 저서 곳곳에서 독자와 텍스트의 관계는 '양방향적 역학(bidi-rectional dynanics)' 관계라는 점을 강조하고 있다. 울프에 의하면 독서 발달 단계에서 가장 높은 수준에 오른 숙련된 독자의 경우, 독자와 텍스트의 상호적 관계는 양방향적인 역학적 관계다. 독서할 때 독자는 자신이 그동안 겪고 쌓은 삶의 체험을 텍스트에 가져오고, 그리고 텍스트는 독자를 변화시킨다.[〈80〉, 160]

울프는 독서가 숙련 단계에 이르렀을 때 뉴런 수준에서 야기되는 변화를 마셀 저스트 등의 연구를 인용하여 요약하고 있다. 숙련된 독서가는 자신이 이미 갖고 있는 상이한 의미론적·통사론적 과정뿐 아니라 다양한 독해 과정을, 이 모든 과정에 상응하는 대뇌피질 부위들을 사용해서 텍스트를 이해한다. 예를 들어 텍스트의 의미에 관해 독자가 추론할 경우, 좌뇌와 우뇌의 전두 체계가 브로카 영역 주위를 활성화시킨다. 이어 독자가 이렇게 산출된 추론을 자신이 이미 갖고 있는 배경지식과 통합시킬 때, 우반구의 모든 언어 관련 체계가 사용된다. 결국 숙련된 독자의 경우 우뇌의 각이랑 영역, 소뇌의 우반구를 포함해서 다양한 측두와 두정 영역과 아울러, 좌반구와 우반구의 브로카 영역의 사용이 더욱 많아지게 된다.[〈80〉, 161]

독자와 텍스트 간의 양방향적 역학 관계는 보통 독자들의 독서 체험을 통해서도 쉽게 확인될 수 있다. 즉, 동일한 텍스트[예 : 서사 텍스트(소설)]를 다른 연령대[예 : 20대, 40대, 60대 등]에서 다시 읽을 때 독자가 받는 정신적 영향에 큰 차이가 있을 수 있다는 것은 비평가는 물론, 일반 독자들도 흔히 갖는 공통적인 독서 체험이다. 이처럼 동일한 텍스트의 독서에 의해 독자의 정신적 영향이 달라지는 것은 텍스트의 독서가 독자의 뇌에 변화를 초래했으며[20대], 그리고 그 변화된 뇌가 후일 [50대] 텍스트의 독서 과정에서 역동적으로 작용하고 영향을 줌으로써 청년기에는 찾아내지 못했거나 간과해버렸던, 독서하는 현재[50대]의 '나(자아)'와 관련된 심층적인 의미까지 찾아내고 음미하고 비평할 수 있게 되었기 때문이다. 독서 체험이 쌓여감에 따라 이런 양방향적인 역학 관계는 더욱 역동적이고 생산적·독창적인 과정이 될 가능성이 분명하다. 이런 점에서 울프가 프루스트의 다음의 말을 인용하는 것은 매우 깊은 함축을 지닌다. "작가의 지혜가 끝나는 곳에서, 우리의 지혜가 시작된다는 말은 진정 참으로 느껴진다."[〈80〉, 17]

시뮬레이션설

▶요약

허구적인 서사 텍스트(소설)의 독서 과정은 마치 항공기의 조종사가 비행 시뮬레이터 안에서 시뮬레이션 연습을 하는 것처럼 사회적 체험이나 세계를 시뮬레이션함으로써 사회적 능력을 향상시키는 체험이다.

뇌 신경과학 분야에서 20세기 말에 이룬 하나의 획기적인 성과는 이른바 '거울 뉴런(mirror neuron)'의 발견이었다. 일부 뇌 신경과학자들은 거울 뉴런을 최근 발달한 신경과학 분야에서 가장 중요한 발견으로 보았으며, 저명한 신경과학자인 라마찬드란은, 거울 뉴런이 생물학에서 DNA가 갖는 역할과 같은 역할을 심리학에서 하게 될 것이라고 예측하기도 했다. 그에 의하면, 거울 뉴런은 아이들의 성장 과정에서 모방을 통한 언어 습득, 각종 학습, 그리고 사회화에서 가장 중요한 역할을 한다.[〈40〉, 17]

거울 뉴런은 주로 인간이 스스로 어떤 행동을 하거나, 타인이 실행하는 어떤 행동을 관찰할 때 발화하는 뇌 신경세포들이다[제3부에서 상세히 기술]. 거울 뉴런은 타인의 행동을 마치 관찰자 자신이 스스로 행동하는 것처럼 느끼고, 이를 뇌 속에서 '거울처럼 반영한다(자동적인 내적 모방 행동으로 재상연한다)'[예 : 자신이 직접 공을 차거나, 타인이 차는 행동을 관찰하거나, 문장에서 '차다'라는 단어를 읽거나, 동일하게 반응해서 활성화된다]. 좀더 넓게 보면 거울 뉴런은 타인의 행동은 물론, 타인의 의도, 정서까지도 운동·근육적으로 변환하는 활성화를 통해서 이해할 수 있게 해주는 뇌 신경 체계다. 그리고, 이런 거울 뉴런은 인간의 운동 행동과 지각을 연결하는 뇌의 다양한 영역들, 즉 전운동 피질을 비롯한 여러 영역들[후두정엽, 상측두고랑, 뇌섬을 포함]에서 발견되었다.[〈40〉, 15, 21, 44]

거울 뉴런은 인간의 행동과 감각적 지각의 언어적 묘사를 이해하는 이른바 체화인지/의미 과정을 밑받침하는 기능적 역할을 수행한다. 그리고, 이 체화인지 과정, 즉 사회적 세계와 체험의 '시뮬레이션'을 통해 독자는 텍스트, 특히 서사 텍스트(소설)의 독서 과정에서 작중인물의 행동과 정서, 감각적 지각을 이해하게 된다. 체화인지/의미론에 의하면, 독자의 서사 텍스트의 독서 과정은 작중인물, 특히 주인공의 행동이나 정서, 감각적 지각에 대한 묘사를 '동일화(identify)'하고 그에 '공감(empathy)'하는 대리 체험으로, 이는 독자가 자신의 독서 체험에 대한 내적인 시뮬레이션을 실행함으로써 그 묘사된 행동이나 정서·감각적 지각을 이해하는 과정이다. 이런 내적인 시뮬레이션은 텍스트에 묘사된 행동이나 정서·감각적 지각에 관해 독자가 과거에 저장된 지식[scheme(스키마), 배경지식 혹은 사전지식]을 활성화함으로써 독자의 마음속에서 실행되는 것이다[축구나 신체 운동에 관해 전혀 모르는 외계인이 지구에 처음 와서 축구 경기를 보면, 선수들의 행동과 경기 규칙에 대한 시뮬레이션을 전혀 할 수가 없을 것이다]. 언어로부터 의미를 만들기 위해, 인간의 뇌는 운동과 감각을 처리하는 뇌의 보다 오랜 기존의 구조를 사용하며, 그리고 현재의 체험을 이해하기 위해 과거의 체험의 정신적 시뮬레이션을 창출한다. 즉, 인간은 과거의 체험으로부터 마음속에서 현재의 의미를 구성하며, 이 과정이 이른바 '체화 시뮬레이션'이다.

서사 텍스트의 독서 체험을 사회적 세계와 체험의 시뮬레이션으로 보는 일부 연구자들에 의하면, 이는 마치 항공기 조종사가 비행 시뮬레이터 속에서 실제 비행에 대비한 시뮬레이션을 하는 상황과 유사하다. 독자는 이러한 사회적 세계의 시뮬레이션을 통해 '자아'의 변화를 체험하며, 사회적 통찰력과 사회적 기능을 향상시키고, 시뮬레이션적 상상력의 증가를 통해 미래에 닥칠 사회적 상황을 예측할 수 있다. 결국 소설의 독서는 단순한 오락이나 쾌락의 제공에 그치지 않고 보다 큰 실제적 효용성, 즉 독자의 사회적 능력을 향상시켜 사회적 현실에 대한 이해, 적응, 교섭, 그리고 예측을 가능하게 한다.

독자가 서사 텍스트를 읽을 때 체화인지/의미론에 뿌리를 박고 있는 체화 시뮬레이션의 개념은 허구적인 서사 텍스트(소설)의 독서에서, 텍스트의 이해는 물론, 텍스트의 독서가 얼마나 많은 뇌 부위를 역동적으로 활성화시키는가, 또 독자가 서사 텍스트를 읽을 때 스토리가 왜 그렇게 생생하게 느껴지는가, 서사 텍스트가 독자에게 주는 고유한 정신적, 심리적 영향이나 효과는 무엇인가 등 다양한 질문에 대한 해답을 제공해준다.

2장 출생부터 독서 출발 시기까지
: 독서 준비기의 중요성

아이가 초보적인 단계에서 독서를 시작하기 전에, 아이는 기본적으로 독서를 할 수 있는 뇌 기능과 언어 발달 과정을 거쳐야 한다. 앞에서 이미 뇌의 기본적 구조에 대해 간략히 검토했지만, 여기에서 어머니의 태내에서부터 아동기에 걸쳐 아이의 뇌 기능과 언어가 어떤 과정을 거쳐 발달하는지를 간략하게 기술할 필요가 있다.

임신, 출생 이후 아이의 뇌와 언어의 발달

아이의 뇌 발달 과정

아이의 뇌 발달은 임신 직후부터 시작된다. 뇌의 뉴런, 즉 신경세포는 수정 후 4개월 무렵이면 이미 완성된다. 이어서 출생할 때 아이는 약 1,000억 개의 뉴런과 50조 개의 시냅스(연결)를 가지고 있다.

출생한 이후 초년기에 아이가 겪는 갖가지 감각 체험(시각, 청각, 미각 등)은 뇌의 신경회로들이 배선되는 방법에 극적인 영향을 끼치며, 물리적으로 이 방법을 결정한다.

출생 후에 뇌의 신경회로가 복잡한 배선을 이루는 과정은 가히 경이적이다. 출생 후 최초 수 개월 안에 시냅스의 수는 20배 정도 증가해서 약 1,000조 개에 이른다. 즉, 출생 후 초년기의 갖가지 감각 체험은 새로운 시냅스들을 창조하며, 체험이 반복되면서 시냅스들이 더욱 강화된다.

아이의 성장이 계속되면서, 하나의 뉴런은 약 15,000개 정도의 많은 다른 뉴런들과 연결을 이룰 수 있다. 세 살짜리 아이는 성인보다 약 2배 이상의 많은 연결을 가진다. 그리고 이런 연결들의 수는 아이가 문화적 · 언어적으로 유리하고 풍요한 환경 속에서 성장하느냐 여부에 따라 25퍼센트 혹은 그 이상까지 증가하거나 감소할 수 있다. 이는 아이의 뇌 발달에 아이를 둘러싸고 있는 문화적 · 언어적 환경의 중요성을 시사해준다. 아이가 다섯 살이 될 때까지 뇌의 연결들의 약 90%가 형성된다. 아이들의 삶에서 겪는 갖가지 체험이 아주 큰 중요성을 갖게 될 때는 이 무렵밖에 없을 것이다.

출생 후에 아이의 뇌 속에서는 구조적 · 기능적 변화가 지속되는데 특히 피질 구조들, 감각과 운동 부위들 내의 변화와 발달이 가속화된다. 시각 체계에서 아이는 외적 환경에 대한 시각 인지를 발달시키고, 사물의 시각적 자질을 탐색하는 능력을 향상시킨다. 청각 체계에서 아이는 외적 환경에서 오는 청각 인지를 발달시키며, 소리의 빈도와 진폭의 변화, 그리고 무엇보다 자신의 말소리를 인지하기 시작한다. 말의 경우, 발음 운동 체계가 민감해지고 발달한다. 서로 다른 감각 양식[예 : 시각, 청각, 촉각 등] 간의 상호작용과 뇌의 대뇌피질의 연합 영역들[전체적 체험을 산출하는, 상이한 유형의 정보를 결합하는 뇌의 부위들]이 뉴런의 연결들과 그 기능이 증가함에 따라 이 기간 중에 발달한다. 또한 인지적으로 아이는 주의를 기울이는 시간을 증가시키며, 기억 능력을 향상시킨다. 특정 사물이나 문자나 그림에 대한 '이름 붙이기(명명)'를 배움으로써 기초적인 유추 혹은 추론 능력이 발달하기 시작한다.[(132)]

그러나 이런 뇌 신경 체계의 발달 과정이 그대로 계속되지는 않는다. 약 10세 무렵이 되면 뇌는 극적으로 사용하지 않는 잉여 연결들을 '가지치기(전지)'하고, 복잡하게 뒤엉킨 신경회로에 새롭게 질서와 체계를 부여하기 시작한다. 이 뒤의 긴 삶의 과정에서 인간은 평생 새로운 연결들을 형성하며, 이는 성인이 되어서도 학습이나 훈련을 통해 지속된다. 그러나 성인들은 아이들에 비해 새로운 많은 기능을 빠르게 학습하지도 통달하지도 못하며, 혹은 좌절이나 역경으로부터 그리 쉽게 재기하지도 못한다.

아이의 언어 발달 과정

이상 기술한 아이의 초년기의 뇌 발달 과정에서 '언어의 발달'은 가장 핵심적이다. 언어는 마치 거미가 본능적으로 거미줄을 자아내듯 인간의 본능 중 하나다. 언어가 본능인 이유는 언어 그 자체가 뇌의 하드웨어에 내장되어 있기 때문이다. 즉, 인간의 뇌에는 언어를 인식하고, 분석, 구성, 생산할 수 있는 고유하고 복잡한 신경회로가 갖추어져 있다.[〈34〉, 456]

인간만이 지닌 이런 언어적 능력에도 불구하고, 그 습득과 표출은 출생 후 초년기인 영·유아기에 집중되어 있다. 이 시기에 영아와 유아의 언어 능력의 발달은 가히 경이적이라 할 만하다. 아이는 생후 한 달부터 벌써 '말소리'의 차이를 구별하고 '단어'를 구별한다. 즉, 말의 의미를 어느 정도 인식하고 의미를 확대 적용하기 시작한다. 생후 18개월 무렵에 이른바 사물에 대한 '이름 붙이기'가 본격 시작된다. 즉, 아이는 부모(주양육자)가 주는 언어 자극, 언어 체험을 통해 이제 본격적으로 언어와 사물(지시 대상)과의 관계[일치 혹은 동일성 관계], 사물의 속성, 특징을 배우며 기억하기 시작한다. 이 시기의 아이의 언어 발달은 이른바 '빅뱅(big bang)'이라 부를 만큼 폭발적이다.

부모가 아이에게 자주 말을 걺으로써 아이에게 청각, 시각, 운동 감각, 촉각 등 다양한 감각적 자극과 체험을 주게 되면, 아이는 마치 스펀지처럼 부모가 사용하는 말을 흡수해서 기억 속에 저장해둔다. 이처럼 아이가 듣고 기억해둔 '구어' 자원은 후일 언어, 사고, 독서 능력 발달의 기본적인 '배경지식'이 된다.

언어가 발달하면서, 아이의 청각, 시각, 운동 감각, 촉각 등 감각적 능력, 즉 뇌의 신경 체계의 기능이 발달하고 함께 상호작용을 하면서 언어와 뇌의 발달이 병행적으로 촉진된다. 그런데, 이처럼 출생 후부터 전개되는 아이의 언어 습득은 대부분 '결정적 시기(critical period)'라고 불리는 초년기 약 6년 동안에 집중적으로 이루어진다. 그리고, 이 시기는 다시 1세, 18개월, 4세 무렵 등 짧고 세분된 시기로 나뉜다. 이 시기에 아이는 '단어'→'의미'→'통사' 순으로 언어를 습득해 간다. 이른바, '기회의 창문'이라고 불리는 이 시기는 아이가 좀 더 성장한 시기인 대략 10~12세 무렵에 서서히 닫힌다. 즉, 사춘기 전후의 시기에 이르면, 언어를 위해 특화된 뇌 영역에서 언어의 습득이 감소하기 시작한다.

언어 습득의 이른바 '결정적 시기'가 중요한 이유는 이 시기를 지나면 아무리 노력을 기울여도 언어 습득이 불가능하기 때문이다. 특히 어법이나 통사구조의 경우, 이 시기를 지나서도 단어의 습득은 어느 정도 가능하지만, 이를 어법에 맞게 문장으로 말하는 일은 불가능하다. 출생 후 초기 수 년 동안에 언어 습득이 집중적으로 이루어져야 하는 결정적인 이유가 바로 여기에 있다.

아이의 언어 능력의 발달 과정에서 부모가 할 수 있는 가장 중요한 방법은, 아이를 품에 안거나 옆에 앉히고 소리내어 책[주로 그림책]을 읽어주는 것이다. 이 방법은 출생 직후부터 시작하는 것이 바람직하다. 소리내어 책 읽어주기는 '구어(口語, oral language)'와 병행되지만, '문어(文語, written language)'를 통한 보다 다양하고 복잡하고 수준 높은 언어적 자극과 체험을 아이에게 줌으로써 언어 발달과 뇌 발달을 지속적으로 높여가는 최선의 방법이다. 단, 영·유아기에 조기 문자 혹은 읽기 교육은 바람직하지 않다.

아이에게 영향을 끼치는 부모의 언어 행동과 습관

아이에게 자주 말 걸기

이 시기 아이의 언어 발달과 뇌 발달은 본격적인 독서를 위한 기반으로서 매우 중요하다. 그리고, 이런 점에서 아이를 양육하고 가르치는 부모의 역할이 무엇보다 중요하다. 그런 역할 중 가장 핵심적인 것은 부모가 아이에게 말을 자주, 많이 거는 것이다. 또한 부모가 아이에 관해, 그리고 집에서 서로 많은 말을 주고받는 것이다. 많은 말을 듣는 환경 속에서 자란 아이는 많은 어휘를 습득할 수 있을 뿐 아니라, 언어에 대한 이해, 그리고 언어 사용법에 대한 기본적인 인지 능력을 갖게 된다. 미국에서의 일부 연구에 의하면, 가정이 속한 계층에 따라 아이가 시간당 듣는 단어의 수에 큰 차이가 있다고 한다. 즉, 전문직 계층에 속한 가정의 아이는 시간당 모두 2,153개의 단어를, 노동 계층에 속한 가정의 아이는 모두 1,251개의 단어를, 그리고 생활보호대상 계층에 속한 가정의 아이는 겨우 616개의 단어를 듣는다는 것이다.[(181)]

특히 부모를 비롯한 가족이 밥상머리에서 대화를 주고받는 시간은 아이가 안락한 가정의 분위기를 느끼면서 언어를 습득할 수 있는 중요한 기회다. 또한 부모가 아이를 무릎에 앉히고 말을 걸거나 주고받는 행동은, 아이에게 부모와의 신체 접촉을 통한 '사랑의 감정'을 느끼게 해줌으로써, 아이의 언어 발달은 물론 뇌 발달에 긍정적인 기여를 한다. 아이는 이런 부모나 다른 가족의 말을 그저 스치지 않는다. 앞에서 지적했지만, 아이는 부모의 말을 놀라운 언어 본능에 의해 스펀지처럼 흡수해서 기억 속에 저장했다가 이른바 언어 '빅뱅' 시기에 폭발적으로 표현한다. 부모가 내 아이가 혹시 영재나 천재가 아닐까 즐거운 의심을 하는 때가 바로 이 무렵이다. 그리고 이런 모든 언어 습득 과정은 주로 앞에서 언급한, 아이의 뇌 속의 '거울 뉴런' 체계의 작용에 의한 언어 모방을 통해서 이루어진다[제3부에서 상세히 기술].

아이의 구어 습득을 통한 독서 준비

보통 아이들은 대체로 출생 후 네댓 살이 될 무렵 독서를 준비한다. 이 시기에서 아이는 말(구어)에서 '음운'[말의 뜻을 구별하여 주는 소리의 가장 작은 단위]을 처리하는 능력을 갖게 된다. 즉, 아이는 말에서 소리(음소·음운)에 관한 지식과 소리를 분리하고 결합하는 능력을 점차 갖게 되는데, 이 능력은 후일 독서 성공에 영향을 주는 결정적인 요인이 된다. 특히 일부 연구자들은 신경영상 자료들에 의해 음운 처리를 하는 뇌의 특정 부위를 좌반구의 뒤쪽 실비우스 주위 내의 영역으로 국지화했다.[(170)]

아이가 부모로부터 주로 습득하는 구어에는 문어와 다른 몇 가지의 특징이 있다. 첫째, 구어에서 아이의 음운 처리 능력은 말을 듣고 표현하는 언어 체험을 거듭 쌓으면서 점차 발달하며, 후일 본격적인 독서 발달에 중요한 요인으로 기여한다. 둘째, 구어의 통사구조[단어의 순서]는 문어와 달리 맥락이나 제스처에 많이 의존하고, 어절과 어구의 혼합, 부적합한 시작과 반복, 단어 순서의 혼선, 핵심어 위주의 단어 선택 등과 함께 파편화되는 경향이 두드러진다. 셋째, 어휘 면에서 구어에는 문어에서 사용되는 희귀어나 추상어의 사용이 적다. 보통 문어에서는 수적으로 구어에서 사용되는 희귀어의 2배 정도가 사용된다고 한다. 또한 구어에 비해 더 많은 '독특한 단어 유형들'을 담고 있다. 이런 점에서 문어는 구어에서 사용되는 통사와 어휘의 모델을 제공하는 역할을 한다고 말할 수 있다.

아이에게 이야기책 읽어주기

이 시기에 아이의 언어 발달과 뇌 발달은 구어에만 의존해서는 한계가 있다. 따라서 문어의 사용이 반드시 필요하며, 그 최선의 방법은 본격적인 독서에 들어가기 전에 부모가 아이에게 이야기를 들려주거나 이야기책을 소리내어 읽어주는 것이다. 이른바 '잠잘 때 이야기'라고 불리는, 잠잘 때 부모가 아이의 옆에서 재미있는 이야기를 들려주거나 이야기책을 읽어주는 습관은 아이에게 부모와의 정서적 유대감을 주어 신체의 기능을 향상시킬 뿐 아니라, 아이의 언어 발달과 뇌 발달을 촉진한다.

또한 아이에게 이야기 책을 읽어주는 행동은 그 일방성에서 벗어나 아이와 책을 '함께 보며' 읽어주는, 즉 아이와 책을 '공유하는' 방식으로 발전할 수도 있다. 이 경우, 아이와 책을 함께 보면서 책의 내용에 대해 짧막한 설명을 곁들이거나 아이와 간단한 대화를 나누는 것[대화적 읽기]은 아이와의 정서적 밀착을 강화할 뿐 아니라 책의 내용을 이해하는 데 큰 도움을 줄 수 있다.

그러나 아이에게 책을 읽어주는 행동은 부모의 일시적인 동기나 즉흥적인 기분에 의해서가 아니라, 일상생활에서 반복되는 일과의 일부로서 습관화되어야 한다. 세계 각국에서 널리 읽히고 있는 명저 『소리내어 책 읽어주기 안내서』의 저자 짐 트렐리즈는 '아이가 태어나자마자, 그리고 매일 15분씩 아이에게 책을 읽어줄 것을 강력하게 권유'하고 있는데, 매일 15분씩이라는 대목보다는 책을 읽어주는 행동을 습관화해서 아이들이 책을 가까이하고, 책이 무엇인지 점차 이해하고, 후일 본격적인 독서의 세계로 진입할 수 있게 안내하는 것이 필요하다.

책을 읽어줄 때 아이의 언어와 뇌는 어떻게 발달하는가?

부모가 아이와 함께하는 그림책 읽기는
아이의 언어와 뇌 발달에 어떤 영향을 끼치는가?

그림 수월 효과

많은 연구자는 유아·아동기에 아이에게 책을 읽어주는 행동은 아이의 뇌 발달을 촉진한다는 견해를 밝히고 있다. 특히 책 중에서도 그림책을, 부모가 아이와 함께 읽으면 아이와의 상호작용에 의해 아이의 문해력과 뇌 발달을 촉진한다고 한다. 그 이유는 인간의 감각 중 시각이 모든 감각을 능가하며, 인간이 어떤 것을 학습하기 위해 갖고 있는 최선의 단일한 도구이기 때문이다. 바꿔 말하면, 시각 자극은 대부분의 시간에, 특히 시각 자극이 활동할 때 다른 자극들을 능가한다. 인간이 우선적으로 시각 정보에 주목하는 것은 생존 메커니즘에 기인하며, 이는 시각 정보가 많은 신경 자원(약 50%)을 차지하고 있는 이유다.[(50)]

그러나 모든 시각 정보가 동일하지는 않다. 그림은 문자 텍스트나 구어 표현을 능가한다. 이는 아주 일반적이어서, 일부 인지과학자들은 이를 '그림 수월 효과(pictorial superiority effect)'라고 부른다. 그림은 기억하기가 보다 쉬울 뿐 아니라, 더욱 중요한 정보로 저장될 수 있고 훨씬 잘 인출될 수 있기 때문이다. 이런 견해는 독서의 대상, 특히 유아·아동기에 부모가 아이와 함께 읽는 책으로는 그림이 곁들인 그림책이 적합하다는 결론을 내리게 한다.[(50)]

그림책을 함께 읽을 때 부모의 역할

그러면 부모가 아이와 그림책을 공유하는 방식의 그림책 읽기는 아이의 뇌에 어떤 영향을 끼칠까? 쇼헤이 등 신경과학자들은 어머니가 아이와 함께 그림책을 읽을 때 아이의 뇌 활성화 패턴을 측정했다. 그들은 평균 2~3세 정도의 일본인 아이 15명을 대상으로, 이들이 어머니와 함께 그림책을 읽고 있을 때 그들의 뇌가 활성화되는 모습을 신경영상술로 측정했다. 그들이 측정한 대상은 그림책을 읽는 중 일어나는 아이들의 전두엽 내의 혈류역학적 반응이었다. 그 결과 아이들에게서 산화헤모글로빈의 의미 있는 증가가 우측과 좌측 전두 영역들 모두에서 관찰되었다. 특히 책 읽기 중에서 어머니의 역할이 중요했는데, 어머니와 아이 간에 언어적 행동[글이나 그림에 대한 언급이나 대화]이나 비언어적 행동[제스처 등]을 통한 풍부한 상호작용이 전두 영역들의 활성화를 촉진시킴으로써 아이의 언어 발달과 인지 학습 능력을 높일 수 있음이 확인되었다.[(125)]

스토리의 시뮬레이션을 통한 대리 체험

부모가 아이들에게 책, 특히 스토리를 읽어주어야 하는 가장 중요한 이유에 대해 일부 연구자들은 이른바 '시뮬레이션' 개념을 원용하고 있다[서사적 허구와 시뮬레이션 이론에 대해서는 제3부에서 상세하게 기술].[(167)] 이들의 주장에 의하면 허구적인 스토리에 대한 매혹은 아주 일찍 어린 시절부터 나타나는데, 이는 전세계의 모든 인류가 허구적인 스토리에 매혹되는 가장 원초적인 형태다. 이런 스토리는 사람들이 서로 갈등을 빚고 상호작용하며 문제의 해결을 위해 투쟁하는, 복잡한 실제의 세계를 이해하고 원활한 항행을 하도록 돕는 단순한 시뮬레이션 세계를 제공한다. 이는 비행기 조종사가 실제 비행을 위해 비행 시뮬레이터 안에서 반복해서 갖는 시뮬레이션 체험과 흡사하다. 최근의 한 일련의 실험에서는 네 살 먹은 어린아이들이 실제의 동물이나 사물에 관한 스토리보다는 사람이나 사람 같은 동물에 관한 스토리를 선호하는 분명한 태도를 보여주었다. 이들은 또한 주인공이 달성하려고 투쟁하는 어떤 욕망이나 목적, 혹은 극복을 위한 문제를 담고 있는 스토리를 더 선호했으며, 한 사람이 홀로 벌이는 행동에 관한 스토리보다는 스토리 전반에 걸쳐 두 사람이나 둘 이상의 사람들 간의 상호작용에 관한 스토리를 더 선호했다.[(167)]

시뮬레이션 세계의 체험은 아이들에게 스토리에 등장하는 작중인물들—동물이나 식물의 경우에도 모두 인간화되어 있는—과 동일화됨으로써 공감의 체험을 갖게 하고 그 발달을 촉진한다[제3부에서 상세히 기술]. 동일화의 과정에서 스토리를 듣는 아이들은 작중인물들의 슬픔, 승리, 패배, 그리고 윤리적 갈등을 대리 체험한다. 그리고 많은 심리학자는 동일화에 의한 공감은 인간의 도덕성을 위한 생물학적인 기반이라고 믿고 있다. 공감 체험은 어느 정도는 다른 사람의 입장이나 관점에서서 세계를 보는 것, 다른 사람이 체험하고 있는 것을 최소한 부분적으로 체험하는 것이다. 유아들조차도 공감의 원초적 형태를 보여주는데, 예를 들어 한 유아가 다른 유아가 울음으로 터뜨렸을 때 그에 대한 반응으로 더불어 울음을 터뜨리는 경우다. 아이들이 발달함에 따라 그들의 공감 능력은 삶의 조건에 따라 성장하거나 감퇴될 수 있으며, 이는 또한 조건에 따라 다양한 방향으로 발달할 수 있다. 공감의 성장에서 결정적인 역할을 할 수 있는 일부 조건은 아이들이 부모로부터 듣는 스토리로

책을 읽으면 왜 뇌가 좋아질까? 또 성격도 좋아질까?

82

구성된다.[(167)]

성인들을 포함하는, 아이들에 관한 많은 연구는 스토리가 아이들의 공감 발달을 촉진한다는 견해를 밑받침한다. 일례로, 토론토의 저임금 지역에서 수행한 한 실험에서 네 살 먹은 아이들이 다른 사람들의 입장이나 관점을 대신 취하는 능력, 그리고 그런 입장에 서서 추론하는 능력[이른바 '마음의 이론']은 부모나 교사 등이 아이들에게 많은 스토리를 들려준 교육적 중재의 결과에 의해 크게 증가했다. 또한 1970년대에 미국에서 수행된 또 다른 실험에서, 흑인 아이들에 대한 백인 아이들의 태도는, 주인공이 흑인 아이인 스토리를 백인 아이들에게 들려준 결과 유의미하게 개선되었다.[(167)] 이런 사례들은 부모나 교사가 아이들에게 스토리를 읽어주는 행동이 아이들에게 도덕적인 능력의 향상을 위한 기회를 제공한다는 것을 시사해준다. 즉, 아이들이 그들의 본능적인 충동과 자기중심성에서 벗어나, 그들의 세계를 좀더 확장시켜, 보다 넓은 범위에 있는 다른 사람들과 동일화하고 공감할 수 있도록 학습시킨다는 것이다[위의 요지는 제3부에서 상세하게 다시 기술됨].

책을 읽어줄 때 뇌 신경 메커니즘의 작용에 관한 주요 연구

스토리를 듣고 있는 아이의 뇌 신경 메커니즘에 관한 연구

2014년 미국소아과학회는 모든 소아의 1차적인 양육은 출생 시부터 시작하는 문해력의 촉진을 포함해야 한다는 강령 지침을 발표했다. 이것은 소아과 의사들이 아주 어린 아이들에게조차도 부모가 책을 읽어주는 것이 얼마나 중요한가에 관해 관례적으로 권고를 해야 한다는 것을 의미한다.[(171)] 그런데 많은 부모들 사이에 아이에게 책을 읽어주는 행동이 중요하고 가치가 있다는 사실이 널리 알려져 있는 반면, 지금까지 그 뇌 내부의 신경 메커니즘에 대해서는 잘 알려지지 않았다. 성인들과 달리 아이들의 뇌를 신경영상술로 촬영하기가 쉽지 않았기 때문이다.

그런데 2015년에 미국의 소아과 의사인 존 허튼 등 연구진이 어린아이들을 대상으로 기능적 자기공명영상술(fMRI)을 이용해서 아이들이 스토리를 듣고 있는 중에 뇌의 활성화 영상을 촬영, 뇌의 신경 메커니즘을 밝혀보려는 희귀한 실험을 했다.[(92)] 허튼 등은 3~5세의 아이들 19명에게 스토리를 읽어주고 아이들이 스토리를 듣고 있는 중에 뇌에서 활성화가 뚜렷하게 야기되는 특정 부위를 발견하려 했다.

아이들은 스토리를 시각화함으로써 이해한다

실험 결과 허튼은 아이들이 그들에게 읽어주는 스토리를 '시각화(visualize)' 하는 뇌 부위를 발견했다. 나아가 가정에서 아이들에게 더 많은 책을 읽어주고, 집에 더 많은 책이 있는 아이들은 두정-측두-후두 연합 피질이라 불리는 좌반구 부위에서 유의미한, 더욱 큰 활성화를 나타내는 것을 발견했다. 이 영역은 청각과 시각, 체성감각 자극의 통합을 담당하는 대뇌피질 중 하나다.

그러면 이런 영역의 발견은 무엇을 의미하는가? 이 영역은 뇌가 청각을 통해 들은 단어들을 시각 이미지로 처리하도록, 즉 시각화하도록 돕는 영역이다. 이 영역은 아이가 자기가 듣고 있는 것이 무엇인가를 '이해하기' 위해 듣고 있는 것 전부를 조합한다. 예를 들어, "나비가 꽃밭 위를 날아간다."라는 스토리를 듣고 있다면, 아이는 이 영역 중 시각 부분을 동원해 "나는 나비가 어떤 모양인지 알아. 나비의 모양 전부를 조합하자."라고 속으로 말한다. 그다음에 아이는 '나비'에 대한 '정신적 그림(mental picture)'을 그린다. 물론 이런 사고는 아이가 실제 체험을 통해, 혹은 그림책을 통해 이미 '나비'에 대한 표상[이미지]을 갖고 있을 때 가능하며, 태어난 뒤 한 번도 '나비'를 본 적이 없는 경우에는 불가능하다.

시각화 능력은 후일 사물과 언어를 이해하는 기반이 된다

그러나 여기에서 중요한 것은 후일 뇌의 이 영역이 일단 아이가 실제로 읽기를 학습, 실행할 때에, 독서에서 사물을 상상적인 '시각화(visualize)'를 통해 이해할 수 있도록 동원된다는 점이다. 따라서 가정에서 부모가 많은 책을 읽어주고, 함께 읽고, 집에 많은 책이 있는 아이는 이 영역이 발달하며, 그의 '마음의 눈'으로 사물을 특별히 더 잘 회화화(picturing)함으로써 시각적 상상력을 발달시킨다. 그리고 이런 행동 습관을 통해 발달하는 뇌의 영역, 즉 두정-측두-후두 연합피질은 후일 성장해가면서 독서를 학습, 실행할 때 단어로 시각 이미지를 형성하는 것을 돕고, 아이가 읽고 있는 것을 더 잘 이해하는 데 기본적으로 큰 도움을 준다.

허튼 등은 뇌의 발달을 근육의 발달에 비유한다. 부모의 무릎 위에서 많은 스토리를 들으면서 뇌의 근육을 유연하게 하는 실행을 더 많이 하는 아이들은 그 근육이 더욱 강해질 것이다. 그들은 또한 나이가 들면서 이런 스토리들을 자신의 삶에 가져옴으로써 그들의 뇌의 이런 부위를 발달시킨다. 허튼 등의 연구는 어린아이들을 대상으로 시도된 최초의 주목할 만한 연구의 하나라는 것, 그리고 무엇보다 가정에서 부모가 아이에게 책을 많이 읽어주거나 아이와 책을 함께 읽는 습관, 그리고 집 안에 많은 책을 구비해놓고 아이가 항상 책과 쉽게 접촉하고 친할 수 있는 문화적 환경을 갖추는 것이 아이의 언어 발달, 뇌 발달에 얼마나 중요한가를 시사함으로써, 출생 직후부터 초보적인 독서 시작 단계까지 이른바 독서 준비기가 결코 그냥 지나칠 수 없는 중대한 시기임을 강조하고 있다.[(4)][(171)][(91)]

독서 첫걸음을 위해 아이가 쌓아야 할 언어 능력들

출생 후부터 초보적인 독서 출발기까지의 독서 준비기는 구어가 중심이 되는 시기다. 물론 부모가 아이에게 책을 읽어주거나 아이와 함께 책을 읽는 행동, 또 집 안에 많은 책이 구비된 문화적 환경 등이 아이의 뇌와 인지 능력의 발달에 크게 기여하긴 하지만, 양적인 측면에서 구어가 차지하는 비중은 압도적으로 크다. 따라서 이 시기는 구어를 중심으로 문어와 구어, 그리고 아이의 뇌, 인지 발달이 함께 어울려서 발달해가는 시기이며, 이 중에서도 구어의 몇 가지 측면의 발달이 본격적인 독서의 출발과 발달을 위한 중요한 밑받침이 된다.

구어의 여러 측면 중 첫째는 '음운론적 발달'이다. 이것은 아이가 단어 안에 들어 있는 음소를 듣고 구별하고 분절하고 다루는 능력을 발달시킴으로써 단어는 음소로 구성되어 있다는 인지를 갖게 되는 경우다. 예를 들어, 아이가 음소의 인지 능력을 갖게 되면 '나비'라는 단어에는 네 개의 변별적인 음소, 즉 '/ㄴ/-/ㅏ/-/ㅂ/-/ㅣ/'라는 음소가 들어 있다는 사실을 깨닫게 된다['음소'는 단어를 구성하는 각 문자가 나타내는 소리의 최소 단위; '음운'은 이 소리를 추상화한 개념].

둘째는 '의미론적 발달'로, 아이가 어휘를 많이 습득해서 점차 어휘 발달이 이루어짐으로써 단어의 의미에 대한 이해가 증가되는 것을 의미한다. 이 시기에 아이의 어휘 증가는 앞에서 지적한 언어 '빅뱅'기 이후 가속화되며, 이것은 언어 발달의 엔진을 발화시키는 역할을 한다.

셋째는 '통사론적 발달'로, 이것은 아이가 문장 속에 들어 있는 단어의 순서, 단어 간의 관계 등 문법 관계를 인지하고 사용할 수 있는 능력이다. 단순한 문장으로부터 점차 구조가 복잡해지는 문장을 이해할 수 있게 해준다. 예를 들어, "왕자가 공주를 구했다."라는 문장은 "공주가 왕자를 구했다."라는 문장과 그 의미가 아주 다르다 사실을 이해하는 것은 통사론적 발달의 결과다.

넷째는 '형태론적 발달'로, 이는 아이가 의미의 최소 단위를 알고, 그 사용법을 인지하는 것이다. 문장 속에 들어 있는 단어들의 종류와 문법적 용법을 이해하게 해준다. 예를 들어, 한국어에서는 동사에 붙는 활용어미에 따라 동사의 의미가 달라지며[가다(원형), 간다(현재), 갔다(과거), 가겠다(미래)], 명사 단어에 접미사 '-들'을 붙여 복수의 의미를 나타낸다. "사람이 많다."와 같은 문장에서 주격 조사 "-이"를, 특수 조사 "-도"로 바꾸어 "사람도 많다"로 표현하면, 그 의미가 크게 달라지게 된다.

다섯째는 '화용론적 발달'로, 자연스러운 언어적 맥락 속에서 언어 사용의 사회문화적 '규칙'을 이해하고 사용하는 능력을 의미한다. 예를 들어, 한국어에는 언어 표현의 존비법이 발달해서 이를 적절하게 사용하지 못하면 큰 실수를 범하게 된다. 나이 많은 노인에게 해라체(-하느냐?)를 사용하거나 어린 아이에게 합쇼체(-합니까?)를 사용하는 경우 등이다. 따라서 말하는 사람은 말을 하는 상황, 즉 말하는 이, 듣는 이, 말하는 내용(대화, 토론 등)에 따라 상황에 알맞은 어휘, 문장, 어조 등을 선택해서 사용해야 의미를 효율적으로 전달할 수 있다.

이 시기의 아이는 위에서 기술한 구어의 다섯 가지 측면을 배우고 그 능력을 발달시켜가며, 이런 능력은 본격적으로 독서를 학습할 때 책에서 서술하고 묘사하는 단어가 어떤 방식으로 사용되는지를 이해할 수 있는 밑받침이 된다.

3장 독서 발달의 단계

독서는 앞에서 이미 다룬 독서 준비기를 거쳐, 아이가 초보적인 수준에서 독서를 시작하는 초보 독서 단계에서부터 점차 독서 능력을 향상시켜 능숙한 수준에서 독서를 수행하는 숙련된 독자에 이르기까지 몇 가지 발달 단계를 밟게 된다. 그리고 이런 독서 체험과 그에 따른 독서 능력의 발달 과정에서 독자의 뇌의 수많은 신경 부위와 영역이 기능적 · 역동적으로 상호작용하게 된다.

독서 발달 단계에 대해서는 연구자의 관점에 따라 여러 가지 모델이 제기되어왔다. 여기에서는 이런 여러 모델을 고려해서 본격적인 독서 출발기 이후의 단계를 ① 독서 초보 단계(초보 독자), ② 독서 해독 단계(해독하는 독자), ③ 독서 독해 단계(유창한/능숙한 독자), ④ 독서 숙련 단계(숙련된 독자)로 나누었다. 그리고 점차 상승, 발달하는 각 단계의 특징, 즉 독자가 학습하고 습득해야 할 주요한 언어 기능과 지식, 그리고 행동 특성을 간략하게 요약, 기술한다.

독서 초보 단계 : 6~7세

▶요약

처음 문자와 한글 원리를 배우고 익혀 읽기를 시작하는 단계

한글 원리 배우고 익히기

독서 초보 단계(novice stage)는 수 년간의 독서 준비기를 거친 아이들이 처음으로 문자를 배워서 초보적인 독서 과정으로 들어가는 단계다. 이 단계에서는 무엇보다 '한글 원리'를 배우고 익혀야 한다. 한글을 구성하는 자음과 모음을 구별할 수 있어야 하고, 그 문자를 학습해야 하며, 자음과 모음이 합쳐져 단어를 구성한다는 사실을 배워야 한다.

이런 문자 학습은 부모나 교사[유치원, 초등학교]의 직접 지도에 의해 이루어져야 한다. 한글을 지도하는 방법에는 크게 '발음 중심법'과 '의미 중심법'이 있다. 발음 중심법은 한글의 문자(자음, 모음)를 체계적으로 도식화한 이른바 '한글 기본 음절표'를 사용해서 지도하는 방법이다. 의미 중심법은 단어나 문장을 통하여 문자를 지도하는 방법이다. 두 가지 방법 모두 장단점이 있어, 오늘날 가정이나 학교[유치원, 초등학교]에서는 대체로 이 두 방법을 절충해서 한글 읽기를 지도하고 있다. 즉, 한글 지도의 가장 바람직한 방법은 이른바 절충식 지도법으로, 한글의 자음과 모음을 도표로 그린 '한글 기본 음절표'로 한글 자모를 체계적으로 반복해서 익히면서, 개별 단어를 반복해서 읽거나 문장을 반복해서 읽고 익히는 방법을 병행하는 방법이다.

한글 맞춤법 배우고 익히기

한글은 문자의 본질상 표음문자로 규정되지만, 한글 맞춤법은 표음주의를 반영하면서 표의주의를 근간으로 삼는 원리[한글 맞춤법 제1항은 "소리대로 적되 어법에 맞도록 함을 원칙으로 한다."고 규정하고 있다]를 천명하고 있다. 가령 '앞에'의 경우, 표음주의는 소리나는 대로 '아페'로 표기하며, 표의주의는 원형인 '앞'을 밝혀 '앞에'로 적는다. 언어 생활에서 표음주의는 쓰기에 편하고 표의주의는 읽기에 더 유리한데, 쓰기보다는 읽기가 차지하는 비중이 더 크므로 읽기의 편의성과 효율성을 위해 표의주의를 근간으로 삼은 것이다. 그렇지만 문자의 본질상 표음문자로서의 한글의 독창성과 우수성이 훼손되는 것은 아니다. 그것은 '한글 기본 음절표'를 사용하는 방법만으로도 아이들이나 성인 문맹자들에게 단시일 내에 효율적인 한글 지도를 할 수 있었던 과거의 오랜 전통(주로 개화기 이후 해방까지)의 예에서 알 수 있다.

문자와 음소의 상응 관계를 배우고 익히기

이 단계에서 초보 독자들은 한글을 배우고 익히며, 자음과 모음이 합쳐져 단어를 구성한다는 사실을 또한 분명히 배워야 한다. 일부 연구자들은 또한 단어를 구성하는 문자(문자소)가 '말소리'(음소)를 나타내고, 단어 안에서 이런 말소리가 각각 서로 다르다는 것을 구별해내는[음소 인지] 능력은 아이들의 후일의 독서 성공의 중요한 예측자[예측 척도]가 된다고 주장한다. 이미 이 단계에서부터 아이들이 그들이 배우는 문자와 그 문자로 구성된 단어가 말소리로 변환되지(translate) 않으면, 그 단어의 의미를 이해할 수 없기 때문이다. 이런 주장은 독서에서 단어의 의미를 이해하는 기초는 앞의 독서 준비기에서 습득한 구어와 문어가 바탕이 된다는 사실을 상기시켜준다. 따라서 이 시기에 초보 독자로 하여금 단어나 간단한 문장을 큰 소리로 읽게 하는 행동은 아이에게 구어와 문어 간의 관계를 분명하게 강조, 인지시키는 효율적이며 필수적인 학습 방법이 된다.

아이들에게 문자와 음소를 지도할 때에는 더 나아가 단어를 구성하는 문자[문자소]와 말소리[음소]가 체계적인 상응 관계를 이룬다는 사실을 배우고 익히도록 해야 한다. 단어를 구성하는 우리 문자, 즉 한글은 본질적으로 표음문자로서 일부 예외를 제외하고는 개별 문자가 개별 소리[음소]와 일대일로 대응하는 규칙성이 두드러지며, 아이는 한글 학습을 통해 문자소와 음소 간의 상응 규칙을 모두 배워야 한다. 영어의 경우, 알파벳 문자가 26자고, 이 26자를 나타내는 음소가 44개, 그리고 이 음소들을 발음하는 방법이 150개가 넘는다고 한다. 이런 영어에 비할 때 문자와 소리의 일대일 상응 규칙성이 우수한 우리 한글이 얼마나 배우기 쉬운 문자인지 잘 알 수 있다. 한글은 독일어 같은 언어와 같이 문자소와 음소의 상응성이 규칙적인 철자 체계를 가지고 있는데, 이런 철자 체계를 '얕은 철자법'(혹은 '투명한 철자법')이라 하고, 영어나 프랑스어와 같이 그 상응성에 불규칙과 예외가 많은 언어의 철자 체계를 '깊은 철자법'(혹은 '불투명한 철자법')이라고 한다. 여하튼 세계 어느 나라 문자보다 배우기 쉽고 읽기 쉬운 독창적이고 효율적인 문자를 창제하신 세종대왕의 위대한 업적을 새삼 기리지 않을 수 없다.

초보 독자는 또한 문자로 구성된 단어가 특정한 사물이나 현상을 대신 나타낸다는 사실을 알아야 한다. 즉, 단어가 특정한 사물이나 현상을 대신 나타내거나 그에 관한 개념이나 의미를 표상한다는 사실을 알아야 한다. 또한 초보 독자는 쓰여진 단어를 '해독(decode)'하고, 이렇게 해독된 것의 의미를 이해해야 한다. 즉, 아이는 단어를 해독하고, 이 해독된 것을 이해함으로써 글 읽기를 시작해야 한다. '해독'이란 기본적으로 한 단어를 구성하는 개별 문자나 문자 패턴을 인지하고, 이 문자를 분석해서 말소리로 바꿈으로써 단어의 의미를 이해하는 행동을 의미한다. 즉, 아이는 문자로 쓰여진 단어 '엄마'가 개별 소리를 나타내는 개별 문자로 구성되어 있다는 사실(엄마=ㅇ+ㅓ+ㅁ +ㅁ+ㅏ), 그리고 이 개별 문자가 합쳐져서 단어 '엄마'가 된다는 사실을 배워서 알아야 한다.

독서 조기교육은 바람직하지 않다

독서를 아주 어린 나이에 가르치는, 이른바 독서 조기교육에 관해서는 찬반으로 나뉘어 많은 주장이 제기되어왔다. 그러나 뇌 신경과학적 관점에서 많은 연구자는 독서의 조기교육을 반대한다. 그 주요 이유는 어린 시절에 감각 및 운동 정보를 처리하는 뇌 부위들이 이미 5세 이전에 완전히 미엘린화되고 독립적으로 기능하는 데 반해, 독서를 밑받침하는 시각, 언어, 청각 정보를 신속하게 통합하는 인지 능력의 근저에 놓여 있는 중요한 뇌의 구조들이 5~7세에도 완전히 미엘린화되지 않고, 일부 소년들은 더 늦게 미엘린화되어 그 발달이 지체되기 때문이다. 만일 이처럼 뇌의 주요 구조들의 발달이 미숙한 아이에게 조기 독서 학습을 강요하면, 아이의 뇌는 읽기 과제를 수행하기 위해 다른 비효율적인 방식─일부 수준 낮은 방식으로 뇌의 신경회로를 배선하는─을 사용해서 비틀거리고 절름거릴 것이며, 이는 후일에 시각 처리의 결함을 포함하는 독서 곤란 혹은 학습 불능증으로 귀결될 가능성이 있다. 또한 소녀들의 뇌는 소년들의 뇌와 다르게 배선되어 있기 때문에[소녀의 뇌량이 소년보다 더 크다], 소녀들은 소년들보다 약 9개월 일찍 읽기를 시작하며, 읽기 및 읽기 학습 체험을 더 즐거한다.[(79)][(180)][(181)(179)]]

독서 해독 단계 : 8~9세

> **▶요약**
>
> 단어를 구성하는 문자나 문자 패턴을 분절하여 말소리로 바꿈으로써 단어나 문장의 의미를 이해하는 단계

해독 : 문자를 분절하여 말소리로 바꿈으로써 의미 이해

해독은 영어 '디코딩(decoding)'의 번역어다. 디코딩은 'de'와 'coding'을 합친 말로, 단어를 구성하는 문자나 문자 패턴을 분절하여[de-] '말소리'로 바꾸는 것이다[예 : beau+ti+ful=beautiful]. 거듭 강조하지만, 많은 연구자들은 단어를 읽는 독자가 자신이 읽는 단어를 구성하는 문자나 문자 패턴을 분절해서 이를 '말소리'로 변환하지 않으면, 결코 그 단어의 의미를 이해할 수 없다고 주장한다.

그런데 영어와 같이 여러 나라의 언어를 어원으로 삼고 있고 철자법

이 어렵고 예외가 많은 언어는 발음을 가르쳐 소리를 내게 하고 이를 통해 철자법을 가르치기 때문에, 그 자체에는 뜻이 없는 음절을 중심으로 단어를 나눌 필요가 있다. 그러나 한국어는 문자가 이미 자음과 모음으로 나뉘어 있고 음절 문제가 없는 배우기 쉬운 언어이므로, 이런 방식의 해독은 특별히 문제가 되지 않는다. 따라서 한국어에서는 어떤 의미를 중심으로 단어와 단어를, 단락과 단락을, 문장과 문장을 나누는 것을 '해독'이라고 부를 수 있다.[〈20〉, 188] 그리고 디코딩의 개념에 관한 이런 관점에서 볼 때, 이 단계는 부분적으로 문자를 포함하되 주로 의미를 중심으로 단어와 단어 사이, 문장과 문장 사이를 나누어 읽고 이해하는 기능을 배워야 하는 단계다.

'시각 덩어리'를 읽어 시각 어휘를 확장하며 더욱 빨리, 능숙하게 읽고 이해하기

해독 단계(decoding stage)의 독자는 이미 단어의 발음에 어려움이 없으며, 발음하는 소리는 정확하고 부드럽다. 또한 수천 개의 단어를 해독할 수 있으며, 단어의 구성을 돕는 문자 패턴을 습득한다. 단어 내부의 요소들, 즉 단어의 형태소를 구성하는 어간, 어근, 접두사, 접미사 등을 학습해서 단어와 문장의 의미를 보다 정확하게 읽는다. 특히 단어를 결합해서 '시각 덩어리(sight chunking)'로 읽음으로써 '시각 어휘'을 확장하고, 더욱 능률적·효율적으로 빠르게 읽고 이해하는 방법을 학습한다. 어휘를 확장해서 많은 어휘를 습득·저장해야 하고, 문법에 관한 기본적인 지식을 습득·활용함으로써 이해를 촉진한다. 단어, 단어를 구성하는 문자, 문자 패턴, 형태소의 문법적 기능에 관한 모든 기본적인 지식을 활용해서 단어나 문장을 능숙하게 빨리 읽고 이해한다.

이 단계에서 독자는 읽는 내용을 이해하기 위해 어휘를 확장하는 언어 지식과 발달하는 추론 능력을 사용하는 방법을 이해하고 학습하기 시작한다. 단어는 물론 문장이나 단락의 완전한 이해 능력을 향상시키기 위해 반복해서 읽어야 하는지를 판단하고 실행해야 한다. 특히 스토리를 읽을 경우, 특정 스토리가 실제로 무엇에 관한 이야기인가, 그 근저에 놓인 의미를 이해해야 한다.

독서 독해 단계 : 9∼17세

▶요약

유창하고 능숙하게 읽음으로써 진정한 의미에서 글을 읽고 이해하는 단계. 자동성, 정확성, 신속성은 유창한 독서의 필요 조건

유창한 독서 : 글을 다양한 전략으로 깊고 정밀하게 읽고 이해하는 독서

독서 독해 단계(comprehending stage)는 독자가 유창하고 능숙하게 글을 읽을 수 있는 단계다. 따라서, 이 단계의 독자를 '유창한 독자' 혹은 '능숙한 독자'라고 부른다. 유창한 독자는 기본적으로 해독 단계를 거치면서 독서 기능을 향상시켜 단어, 문장, 텍스트를 능숙하게 읽고 이해할 수 있는 독자다. 그 요점은 무엇보다 진정한 의미에서 글을 읽고 이해하

는 능력이다.

유창한 독자는 각종 비유적 언어, 아이러니 등에 관한 지식과 이해 능력이 발달하여, 쓰여진 단어나 문장의 문자적·축어적 의미[문자 그대로의 의미]를 초월해서 그 암시적·함축적 의미까지 이해할 수 있다. 또한 스토리를 읽을 경우 작중인물, 특히 주인공의 내면 속에 들어가 동일화할 수 있다.

유창한 독자는 독서 과정에서 읽는 내용을 이해하기 위해 여러 가지 독서 전략을 알고 이를 활용할 수 있다. 읽는 내용과 배경지식을 연결하는 방법, 이해에서 틈새[문장 사이 혹은 행 사이]를 탐색하는 방법, 스토리에서 전개될 사건을 예상하고 불행한 결말이나 행복한 결말을 예측하는 방법, 사건 간의 인과관계를 추론하거나 위기의 국면에서 추론을 도출하는 방법, 새로 나타나는 단서나 계시를 통해 이미 알고 있는 내용을 재해석하는 방법 등을 알고 이를 효율적으로 활용해야 한다. 나아가 이러한 독서 전략들을 활용함으로써 단어나 문장 혹은 텍스트를 읽으면서 다층적인 의미의 층을 벗겨내어 그 의미를 이해하고 때로 심오한, 암시적인 함축적 의미도 음미할 수 있어야 한다.

유창한 독서의 조건 : 자동성, 정확성, 신속성

유창한 독자의 독서는 자동성, 정확성, 신속성이라는 세 가지 조건을 갖추어야 한다. 독서가 유창한 독해 수준에 오르면, 독자의 독서는 자동성을 띤다. 자동성은 개별적인 단어나 문장의 철자 형태나 해독 과정을 의식함이 없이, 단어나 문장을 문자 그대로 자동적으로 읽어가며 그 의미를 이해하는 기능이다. 정확성은 단어나 문장을 정확하게 읽으며 그

의미를 이해하는 기능이다. 신속성은 단어나 문장을 자동적으로, 정확하게 읽어가되, 빠른 속도로 읽는 기능이다. 이런 기능들을 최대한 효과적으로 활용하여 독서를 실행할 때 유창한 읽기가 가능하다. 특히 자동성의 증가는 독자의 인지적 자원을 감소시켜줌으로써 독자가 글의 의미에 관해 사색할 수 있는 공간적·시간적 폭과 여유를 갖게 해준다.

유창한 독해 수준의 발달 과정에서 독자는 더욱 높은 비유적·추론적·유추적 사고 기능을 향상시키며, 배경지식과 경험적 지식을 순식간에 통합하는 기능을 학습한다. 학습을 통한 이런 여러 기능이 통합되어 숙련 독서 단계로 상승, 발달한다.

독서 숙련 단계 : 18세 이상

> ▶요약
>
> 텍스트와 자아를 초월해서 가장 높은 수준에서 보다 새롭고 높은 가치의 차원을 지향하는 독서의 최고 단계

독서 숙련 단계(expert stage)의 숙련 독자는 그동안 학습한 독서 기능과 많은 독서 체험을 더욱 발전시켜, 가장 높은 수준의 독서를 할 수 있는 능력을 쌓는다. 무엇보다 그동안 학습하고 체험한 다양한 독서 전략을 활용해서, 자신의 필요와 목적을 위해 적절하고 광범한 독서 자료를 선택해서 읽을 수 있어야 한다. 또한 새로운 지식을 종합하고 창조하기 위해 다양한 관점에서 자신의 지식을 텍스트에서 추출한 지식과 통합할

줄 알아야 한다.

숙련 독자는 자신의 관점에서 텍스트에 대한 다양한 해석적 반응과 텍스트의 내용과 작자의 시점을 비판할 수 있어야 한다. 궁극적으로, 숙련 독자는 시공간을 초월하여 텍스트의 저자와 심층적인 대화를 추구할 수 있어야 하며, 자아를 초월하여 보다 새롭고 높은 가치의 차원을 지향해야 한다.

4장 독서 능력 발달에 포함되는 뇌 부위들과 그 기능

독서는 정신적 자극에 의해 독자의 뇌 구조와 기능을 변화, 발달시키는 최선의 방식이다. 구체적으로 독서는 독자의 정신을 자극함으로써 뇌의 신경 체계에 새로운 뉴런들과 무수한 신경 연결들을 창출함으로써 뇌의 구조와 기능을 변화, 발달시킨다. 이런 뇌의 변화와 발달을 통해 높고 깊은 수준의 사고를 가능하게 함으로써 독서는 세계에 대한 우리의 지각을 변화시키고, 현실을 체험하고 구성하는 방식을 변화시킨다. 독서 이외에 어떤 행동이 궁극적으로 인간이 현실을 체험하고 구성하는 방식에 변화를 주고 거대한 영향을 끼칠 수 있는지 알 수 없다. 어떤 관점에서 보면, 우리 인간은 '무엇'을 읽는가와 '어떻게' 읽는가 두 가지의 조건에 그 지적·인격적 특성이 결정된다고 해도 과언이 아니다.

독서 발달 단계에 의한 독서 능력의 발달은 독자의 많은 뇌 신경 체계나 부위의 지속적인 점증적 참여와 기능적·역동적·확산적 작용을 통해 이루어진다. 오늘날의 뇌/인지 신경과학은 단계별로는 초보 독서 단계에서 숙련 독서 단계까지, 독서 단위로는 단일 단어 읽기부터 완성된 텍스트 읽기까지, 독서 능력의 발달 과정에서 뇌 속에서 무슨 일이 일어나고 있는가를 다양한 방법과 절차를 통해 탐구해왔으며, 방대한 연구 성과를 축적해왔다.

이 장에서는 독서 발달 단계에 따른 독서 능력의 발달 과정에서, 이들 연구 성과에서 공통적으로 제기된 주요 과제를 중심으로 독서 중에 활성화되는 뇌 부위들과 그 작용을 간략하게 요약, 기술하려 한다. 다만 여기에서 제기되는 주요 과제는 저자가 주목, 선택한 범주에 한정된 것임을 밝혀둔다.

문해력의 습득과 뇌의 발달

> ▶요약
>
> 문해력의 습득은 뇌의 방대한 신경회로에 변화를 초래하여 인간의 인지 능력 전반에 영향을 끼친다. 특히 문어가 구어 체계에 접근하는 능력을 강화함으로써 문어와 구어 모두의 의미를 보다 효율적으로 이해할 수 있게 한다.

문어가 구어 체계에 접근하는 능력의 강화

문해력(literacy)은 글을 읽고 쓸 수 있는 능력이다. 앞에서 이미 신경과학자 스타니슬라스 드앤을 중심으로 제기되어온 신경 재활용설을 간략하게 소개했지만, 주로 신경영상술을 사용한 그의 많은 실증적 연구는 또한 뇌 신경과학적 관점에서 '시각 단어 형태 영역'을 통해 습득하게 되는 문해력이 인간의 뇌에 어떤 영향을 끼치는지에 집중되어왔다. 그는 문해력의 습득이 인간의 인지 능력 전반에 영향을 끼치지만, 특히 문어가 구어 체계에 접근하는 능력을 강화한다는 점을 강조한다. 이 점은 앞에서 이미 강조하고 지적한 내용, 즉 독서 초보 단계에서부터 독자는 단어를 말소리(음소)로 변환[해독]하지 않으면 그 단어의 의미를 이해할 수 없다는 사실을 상기하면 그 중요성을 이해할 수 있다. 또한 영어나 프랑스어같이 문자와 발음 체계가 불규칙적이고 복잡한 언어의 경우, 단어의 시각 형태를 음운론적으로 변환하는 능력이 독서 학습에서 결정적으로 중요하다는 점을 상기시킨다.

독서 과정에서 핵심인 '의미'의 영역으로의 이행

드앤의 일련의 연구에 의하면, 인간이 읽기를 학습할 때는 뇌의 방대한 신경회로가 변형된다. 시각 단어 형태 영역은 물론 시각 피질, 측두평면[소리 신호, 즉 음소 표상을 지각, 처리하는 부위]이 문해력을 습득하는 중에 활성화된다. 특히 문자와 말소리 간의 신속한 양방향적 연결, 즉 뉴런의 축삭 다발에 의한 시각 단어 형태 영역과 측두평면의 연결을 강화한다. 그리고 이런 신경회로의 변화의 결과로 인간은 시각을 통해 구어 체계로 접근하는 능력을 얻는데, 이는 읽기 습득에서 결정적으로 중요하다. 나아가 문해력의 습득과 더불어 외측후두 영역이 단지 단어에 대해서만 아니라 모든 종류의 자극(얼굴, 집, 장기판 등)에 대해서도 활성화의 증가를 보이는데, 이는 문해력의 습득이 그림의 인지 능력을 정련시킨다는 점을 시사해준다. 요컨대 독서 학습은 인간이 초년기의 시각 능력에 의한 보다 낮은 수준의 자극을 처리하는 과정조차도 더욱 정확하고 효율적으로 만드는 것으로 보인다.

드앤에 의하면, 문해력은 구어의 처리를 위한 뇌 신경 연결망에 방대하고 능동적인 영향을 끼친다. 독서를 할 경우 대부분의 구어 영역에서 활성화의 감소를 확인할 수 있는데, 문어 문장과 동일한 구어 문장을 이해하는 데 우수한 독자들은 문맹자에 비해 구어를 위한 신경 연결망을 활성화할 필요성이 감소된다. 실로, 독자의 정신적 노력과 연관되는 몇몇 뇌 영역[앞쪽 띠와 같은]은 문해력과 함께 극적으로 활성화가 감소되는데, 이는 독서가 구조적으로 복잡한 문장을 듣고 이해하는 과정을 용이하게 한다는 사실을 확증하는 증거다. 이와 같은 근거는, 교실이나 강의실에서 수행되는 수업이나 강연에서 독서 능력이 우수한 사람은 미숙한 사람보다 그 내용을 훨씬 더 잘 이해할 수 있다는 유추를 가능하게 한다.

읽기를 처음 배우는 아이들의 경우, 독서 학습은 그들의 삶에서 매우 중요하고 획기적인 사건이다. 인지신경과학은 그 이유를 보여준다. 즉 문맹자의 뇌에 비해 문해자의 뇌는 거대한 변화를 겪는데, 초기에는 대부분 뇌의 시각 영역과 음운론적 영역, 이 두 가지 영역의 상호 연결을 통해 더욱 변화, 발달한다. 즉, 일단 아이가 문해력을 습득해서 독서하는 능력을 갖추기 시작하면, 그의 뇌는 문자 그대로 큰 변화를 겪는다. 그리고 이런 변화는 아이가 문자에 대한 시각 지각을 음운론적 과정과 연결지음으로써 '의미'라는 독서의 핵심적이고 방대한 영역으로 발전적으로 이행하는 데 초석이 된다.[(24)][(37)][(38)][(39)][(40)][(41)]

브라질인들을 대상으로 한 연구 : 문해력의 습득은
인간의 삶의 모든 측면에 영향을 끼친다

독서가 뇌에 끼치는 광범한 영향에 관한 드앤의 연구는 브라질인을 대상으로 한 연구에서 더욱 확대되고 있다. 그는 삶의 초년기에 독서 방법을 학습한 31명, 성인기에 독서 방법을 학습한 22명, 독서 방법을 전혀 학습한 적이 없는 10명, 모두 63명의 브라질인을 대상으로 그들이 구어, 문어, 시각 과제에 반응하는 동안 기능적 자기공명영상술(fMRI)을 사용해서 뇌 기능을 측정했다. 그리고 이 연구를 통해 독서가 뇌의 어떤 부위를 어떻게 향상시키는가에 관해 몇 가지 결론을 얻었다.[(41)]

그 첫째는, 독서가 후두엽을 학습시킨다는 것이다. 후두엽은 시각적 정보, 상상력을 처리하는 뇌의 영역이다. 실험 결과는 이 영역이 향상된 독자들 중에 문해력을 가진 사람들이 시각적 정보를 보다 정확하게 처리할 수 있음을 보여주었다. 그런데 독서는 우선 시각적 정보 처리를 학습하는 행동이다. 따라서 반대로 보면 독서의 시각적 자극은 후두엽을 학습시킨다. 이것은 상상력과 창조성의 향상을 도우며, 후두엽의 기능 중 일부인 의사 결정에 관해서도 큰 영향을 끼친다. 둘째는, 두정엽이 자극을 받고 그 기능이 향상된다는 것이다. 두정엽은 문자를 단어로, 단어를 사고로 전환시키는 뇌의 부분이다. 또한 두정엽은 주로 쓰기 기능을 증가시키고 독해를 돕는 역할을 하기도 한다. 독자가 독서를 하고 있을 때 두정엽이 크게 활성화되고, 정보를 저장하기 위해 측두엽과 협력한다.

이런 이유로 드앤은, 인간에게 독서는 인간의 삶의 모든 측면에 영향

을 끼친다고 결론짓는다.[(41)]

문자 교육 방법과 뇌의 발달

▶요약

한글과 한자를 읽을 때 활성화되는 뇌 영역에 차이가 있고, 한자의 경우 더 넓은 영역이 활성화되지만 이는 두 문자 체계의 차이에 기인할 수 있다. 다만 제한된 범위에서 한글과 한자의 병용 교육이 학습자의 뇌 기능을 더 향상시킬 수 있다는 가정을 검토해볼 필요가 있다.

문자 교육 방법을 에워싼 갈등 연구

독서를 위해 문자를 학습할 때 한글만 배울 것인가, 혹은 한글과 한문을 함께 배울 것인가에 관해 한글 전용론자들과 국한문혼 용론자 간에 오랫동안의 갈등과 논쟁이 있어왔다. 우리나라의 초 · 중 · 고등학교에서는 약 반세기 동안 한글 전용으로 쓰여진 교과서만을 사용해왔다. 비록 오늘날 고등학교까지의 문자 교육이 한글 전용으로 확정, 시행되고 있지만, 한글 전용과 한문 혼용 두 가지 대립되는 진영 간의 갈등과 논쟁은 교육정책이나 실제적인 효용성 면에서 아직도 지속되고 있다.

최근에 우리나라의 일부 과학자들이 신경영상술을 사용해서 이 문제에 대한 과학적 접근을 시도했다. 가천대학교 뇌과학연구소의 조장희 박사 등 연구진은 최근 한글과 한자를 읽을 때 활성화되는 뇌 부위와 인지 능력에 차이가 있는지를 탐구하기 위해, 기능적 자기공명영상(fMRI)

을 이용한 두 가지 비교 실험을 시행했다.[(149)][⟨28⟩]

첫째는 한자와 한글 읽기에 의해 대뇌피질이 자극을 받을 때 피질의 활성화의 차이를 발견하기 위한 실험이었다. 실험 참가자들은 한자를 잘 읽을 줄 아는 평균 나이 28세의 성인 12명(남여 각 6명)이었다. 연구팀은 이들에게 5급 수준의 2음절 한자 단어 150개와 자주 대하는 한글 단어 150개를 정한 뒤, 한 단어당 1초씩 30초 동안 30개 단어를 보여주고 30초를 쉬는 방식으로 발성 없이 속으로만 읽게 했다. 실험의 결과 한자를 읽을 때에 한글을 읽을 때보다 상대적으로 뇌의 넓은 영역들, 즉 좌반구의 브로카 영역을 비롯한 여러 영역[전운동 영역, 상두정엽, 방추형이랑]을 포함한 2차 시각피질 부위에 활성화가 나타나는 것으로 관찰되었다. 이에 비해 한글 단어를 읽을 때는 좌반구의 각이랑과 하전두엽에서만 활성화의 증가가 관찰되었다. 한글 읽기와 한자 읽기에서 뇌 활성화의 부위가 서로 다르다는 결과다.

둘째는 한자와 한글이 가지는 형태소적 특성에 따른 인지 기억력의 차이를 알아보는 실험이었다. 실험 대상은 평균 연령 27세의 성인 12명(남 7명, 여 5명)으로, 기능적 자기공명영상으로 뇌를 촬영하면서 네 가지 종류의 한자와 한글 이름 40개를 무작위로 보여준 뒤, 촬영이 끝난 뒤에는 40개를 포함한 80개의 이름을 1분, 10분, 120분 간격으로 섞어 보여주고 기억 나는 이름을 찾도록 했다. 이 실험에서는 한자 이름이 한글 이름보다 1분에서 120분까지 모두 인지 기억이 오래 유지되는 것으로 분석되었다. 한자의 경우 인지 기억의 정확도가 각 1분, 10분, 120분 후, 0.96, 0.88, 0.79로 나왔지만, 한글의 경우 상대적으로 낮은 0.52, 0.28, 0.12로 측정되었다. 연구진은 인간의 인지 기능이 시각 위주로 진화해왔고, 한자 자체가 한글보다 시각적 측면이 강조된 상형문자이기 때문에 이런 결과가 나온 것으로 분석했다.

제한된 범위에서 한자·한글 교육 병행의 검토

한자 읽기가 한글 읽기에 비해 뇌의 더 넓은 영역이 활성화되고 인지 기억이 더 오래 지속된다고 해서, 한자가 한글에 비해 더 우수한 문자라고 속단하는 것은 금물이다. 왜냐하면 두 가지 실험의 결과는 표의문자인 한자와 표음문자인 한글의 문자 체계의 차이에서 기인된 결과일 수 있기 때문이다. 그러나 뇌 신경과학의 방법을 이용한 이 연구를 통해, 제한된 범위에서 한자 교육과 한글 교육을 병행한다면 더 많은 뇌 영역을 활성화시킴으로써 학습자의 뇌 기능을 더 크게 향상시킬 수 있을 것이라는 가정을 신중하게 검토할 필요가 있다고 하겠다.[(149)][〈28〉]

초보 독자의 뇌에서 일어나는 작용

▶요약

초보 독자가 처음 단어를 보았을 때 뇌 속의 커다란 세 영역이 활성화된다. 문자와 단어를 시각적으로 처리하는 영역, 시각 처리 과정을 음운론적 과정과 의미론적 과정과 통합시키는 영역, 시각 처리 과정을 말소리와 연관시켜 단어의 의미에 통합시키는 영역. 초보 독서 단계에서부터 이미 문자와 말소리, 의미를 담당하는 뇌의 과정이 상호작용적 특화를 통해 강력한 연결을 형성하기 시작한다.

처음 단어를 보면 활성화되는 뇌 속 영역들

처음 문자[한글]를 학습하고 기초적인 단어 해독 기능을 갖게 된 초보 독서 단계의 아이가 문장 속의 단어를 보았을 때 그의 뇌 속에서 어떤 일이 일어날까? 어떤 뇌 부위들이 포함되고 활성화가 야기될까? 앞에서도 이야기했고 위의 드앤의 견해에도 시사되어 있지만, 매리언 울프는 이를 좀더 구체적으로 설명한다. 초보 독자가 처음 단어를 보았을 때 아이의 뇌 속에서는 세 개의 큰 영역이 활성화된다. 그리고 아이의 뇌가 해야 할 주된 일은 이 영역들을 연결하는 것이다.

성인과 달리 아이의 뇌에서 맨 먼저 활성화되는 영역은 시각 정보를 주로 처리하는 후두엽(시각 영역과 시각 연합 영역)과 측두엽에 인접한 방추형이랑[시각 단어 형태 영역을 포함]에 걸치는 매우 방대한 영역이다. 즉, 맨처음 활성화가 야기되는 영역들은 주로 문자와 단어를 인지하고, 이를 시각적으로 처리하는 과정에 포함되는 것들이다.[〈80〉, 124] 그런데 뇌의 시각 체계는 두 가지의 주요한 흐름으로 나뉜다. 첫째는 움직이는 자극을 처리하고 안구 운동과 시각 주의를 조절하는 등쪽[뒤쪽] 흐름, 둘째는 사물의 선명한 디테일을 처리하는 배쪽[앞쪽] 흐름이다. 독서할 때 등쪽 흐름은 단어 속의 문자, 문장 속의 단어의 순서를 이해하는 데 중요하며, 배쪽 흐름은 방추형이랑 내의 시각 단어 형태 영역을 통하여 개별 문자의 확인, 문자의 자동적인 인지, 문자와 단어의 패턴을 인지하는 중요한 작용을 수행한다.[(132)]

두 번째로, 뇌의 활성화는 두 반구에 걸쳐 넓게 나타나는데, 좌반구에서 좀더 크게 활성화가 나타난다. 여기에는 측두엽과 두정엽, 그리고 후두엽의 다양한 부위들이 포함된다. 초보 독자는 특히 측두-두정 접합부의 각이랑과 모서리위이랑을 더 많이 사용하는 것으로 나타난다. 이 두 영역은 시각, 철자 처리 과정을 음운론적 과정및 의미론적 과정과 통합시키는 매우 중요한 부위이다. 측두엽에는 언어의 의미를 이해하는 데 중요한 베르니케 영역이 있는데, 초보 독자의 뇌에서 이곳이 또한 크게 활성화된다. 초보 독자에게 세 번째로 중요한 뇌 영역은 전두엽의 일부, 특히 브로카 영역이라 불리는 좌뇌의 중요한 언어 영역이다. 브로카 영역은 인간의 조음이나 발음을 담당하는 음운론적 언어 처리 영역으로, 이 영역이 크게 활성된다는 것은 초보 독자가 문자나 단어의 시각, 철자 처리를 말소리와 연관시키고 이를 단어의 의미에 통합시키려 한다는 의미이다. 특히 전두엽이 기억이나 주의와 같은 뇌의 집행 과정과 음운론적·의미론적 과정과 같은 다양한 언어 과정을 담당한다는 점에서, 초보 독서 단계에서부터 이미 문자와 말소리, 그리고 의미를 처리하는 뇌의 과정이 상호작용적 특화(interactive specialization)를 통해 강력한 연결을 형성해가기 시작했음을 알 수 있다.

초보 독자의 경이로운 뇌의 작용

초보 독자인 아이의 뇌는 문자와 단어를 구별하고 인지하려 하는 노력이 두 반구의 시각 영역에 필요한, 커다란 양의 피질 공간에 반영되며, 또한 시각 영역에서부터 전두 부위에 이르는, 보다 느리고 덜 효율적인 신경회로에도 반영된다. 아이는 이와 같이 보다 느린 회로에 의존함으로써 단어 안에 들어 있는 음소들을 조합하고, 단어와 연관된 모든 다양한 표상들을 검색하느라 시간을 소요한다. 따라서 아이는 단어의

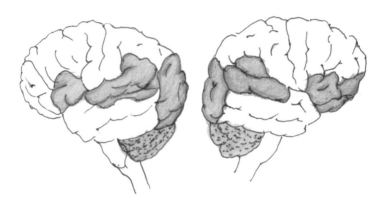

그림 7. 초보 독자의 뇌[(142)]

해독에 많은 시간을 들인다.[〈80〉, 141] 울프는 아이가 처음 독서를 시작할 때 뇌의 작용 과정을 경탄의 시선으로 기술한다.

> 요컨대, 나이 어린 초보 독자의 뇌 그림은 어떤 관찰자에게도 틀림없이 강한 인상을 줄 것이다. 바로 출발 시점에서부터 원래 다른 기능, 특히 시각, 운동 및 언어의 다양한 측면에 맞게 설계된 부위들이 점차 빠른 속도로 상호작용하는 법을 학습하는 것을 보면, 여기에서 이미 새로운 신경 연결들을 만드는 뇌의 능력 자체가 나타나고 있는 것이다.[〈80〉, 126]

유창한 독자의 뇌의 작용

> ▶ 요약
>
> 유창한 독자란 단일 단어에서 문장을 거쳐 텍스트에 이르는 읽기 수준의 상승에 따라 정확하고, 빠르고, 자동적으로 읽고 이해할 수 있는 독자다. 유창한 독자가 단일 단어를 읽을 때 단어의 철자법적·음운론적·어휘-의미론적 특질의 처리를 통합하는 고도로 조직화된

피질 체계의 발달이 필요하다.

유창한 독자가 문장을 읽을 때 문장의 이해를 위한 뇌 신경회로는 대체로 단일 단어 읽기를 위한 뇌 부위와 중복되며, 양식[시각, 청각 등] 독립적이다. 그러나 두 가지 사이에는 질적인 차이가 존재하며, 문장 이해를 위한 결정적인, 특화된 신경 연결망이 존재한다. 특히 우반구의 역할이 증가한다.

또한 텍스트의 이해에는 질적·양적인 차이가 있지만, 대체로 단어와 문장의 이해를 위한 뇌 부위들과 신경 연결망이 중복된다. 그러나 텍스트의 의미를 이해하기 위해서는 특히 우반구와 전두엽 부위의 포함이 증가하며, 소설과 같은 허구적인 텍스트의 이해를 위해 정서를 처리하는 대뇌변연계의 활성화가 증가한다.

유창한 독자의 의미와 읽기 수준의 상승에 따라 독자가 갖추어야 할 기능

유창한 독자 혹은 능숙한 독자란 독서의 해독 단계를 거쳐 단어에서 문장, 텍스트에 이르기까지 막힘없이 단어, 문장, 텍스트를 정확하게, 빠르게, 자동적으로 읽고 이해할 수 있는 독자다. 따라서 독자는 독서의 궁극적인 목표인 이해, 즉 텍스트의 이해를 위해 단일 단어 읽기에서부터 텍스트의 독해에 이르는 여러 수준에서 단어, 문장, 텍스트의 정확하고 신속한 처리를 위해 노력해야 한다. 가장 낮은 수준에서 독자는 정확한 단어의 처리를 해야 한다. 이는 문자나 문자 패턴을 말소리로 변환하기(해독)와 단어의 의미에 접근하기를 포함한다. 보다 높은 수준에서 독자는 단어를 결합해서 문장을 형성할 수 있고, 문장의 의미를 알기 위해 통사론을 알아야 한다. 끝으로, 텍스트 수준에서 독자는 문장과 단락을 연결할 수 있고 주어진 텍스트에 대한 총체적인 의미 표상[주제]을 얻을 수 있어야 한다. 이런 과정들은 그 자체로 독자성을 지니면서도 독자의 독서 유창성이 고도로 발달함에 따라 완전한 상호작용적 기능을 수행한다.[(73)] 요컨대, 독서 유창성은 많은 독서 체험을 쌓은 긴 발달 과정을 통해 습득되며, 독서 습득의 모든 초기 단계를 포함해서, 하위어휘적 문자 유창성에서부터 단어 수준, 텍스트 수준의 유창성까지 독서의 모든 수준을 포함한다.[(143)]

단어 읽기

▶요약

유창한 독자가 단어를 읽을 때 단어의 철자법적·음운론적·어휘-의미론적 특질의 처리를 통합하는 고도로 조직화된 피질 체계의 발달이 필요하다.

여러 기능적 신경영상 연구는 유창한 독자가 '단어'를 읽을 때 단어의 철자법적·음운론적·어휘-의미론적 특질의 처리를 통합하는 고도로 조직화된 피질 체계의 발달이 필요하다는 사실을 가리키고 있다. 연구자들에 따라 다소 차이는 있지만, 이 피질 체계는 앞에서 이미 대강 지적한 대로, 좌반구의 두 가지 뒤쪽 체계를 폭넓게 포함하는 것으로 알려져 있다. 즉, 등쪽(측두두정) 체계와 배쪽(후두측두) 체계, 그리고 하전두이랑 내부와 주위에 집중된 앞쪽 영역이다.

먼저 등쪽[측두두정] 체계는 문자를 말소리와 연관시키고, 말소리를 의미와 연관시키는 데 포함된다. 이 체계는 각이랑과 모서리위이랑 및 베르니케 영역[상측두이랑]의 뒤쪽 측면을 폭넓게 포함한다. 이 체계 내의 영역들은 문자의 시각적 측면을 그 음운론적 형태와 연관시키고, 음운론적 정보를 의미론적 표상과 묶는 과정 속에 포함되는 듯하다. 일반적으로 등쪽 체계는 독자가 새로운 단어를 학습하는 행동과 관련된, 여러 유형의 음운론적·의미론적 분석에서 중요한 역할을 수행하는 것으로 보인다.[(73)][(120)]

배쪽[후두측두] 체계는 시각 단어 형태 영역을 포함하며, 중측두이랑과 하측두이랑 안에까지 뻗친다. 독자의 독서가 유창해지면 시각 단어 형태 영역이 발달해서 문자 체계의 자질에 대한 반응을 미세 조정하기 때문에 단어의 보다 신속한 지각 향상으로 귀결된다.[(166)] 유창한 독자에게서는 문자에 대한 반응으로 배쪽 체계 내의 보다 앞쪽 영역들이 의미론적으로 조율되는 것으로 보이며, 이 체계의 보다 뒤쪽 측면이 빨리 활성화된다. 주목할 점은, 시각 단어 형태 영역이 포함된 후두측두 부위의 기능적 특화성이 뒤늦게 발달하며 아이들의 독서 기능의 발달과 긍정적으로 상관된다는 것이다.

하전두이랑에 집중되어 있는 앞쪽 체계는 독서 중에 상이한 유형의 정보를 처리하기 위해 이용되는 하위 부위들을 갖고 있는 것으로 보인다. 또한 하전두이랑의 더 많은 앞쪽 측면이 의미론적 인출에 포함된다. 또한 이 앞쪽 체계는 정상적인 독서 발달 중에 새로운 단어를 해독하기 위해 측두두정 체계와 밀접하게 협력하여 작용하는 것으로 추정된다.[(73)][(120)]

독서 유창성이 발달함에 따라 지배적인 등쪽 체계로부터 배쪽 체계로의 전이가 진행된다. 일부 연구에 의하면 이런 전이는 유창한 독자가 반복을 통해서 단어들에 대한 보다 큰 친숙성을 쌓음에 따라 비교적 단시간의 범위에서 일어날 수 있다. 독서 기능의 발달과 함께 좌측 하전두이랑을 비롯한 많은 부위[모서리위이랑, 보충 운동 영역, 그리고 소뇌를 포함]가 반복되는 단어들에 대해 활성화의 감소를 나타낸다. 결국 단어 인지에서 독서의 효율성의 증가의 신경 신호는 뒤쪽의 배쪽 부위 내에서의 활성화의 감소이며, 이는 독서의 자동성에 기인하는 것으로 보인다.[(73)]

문장 읽기

> **▶요약**
>
> 문장의 이해를 위한 뇌 신경회로는 대체로 단일 단어 읽기를 위한 뇌 부위와 중복되며, 양식 독립적이다. 그러나, 두 가지 사이에는 질적인 차이가 존재하며, 문장 이해를 위한 결정적인, 특화된 신경 연결망이 존재한다. 특히 우반구의 역할이 증가한다.

독서에서 '문장'의 이해는 단어의 인지로부터 보다 높은 수준의 언어 능력으로 이행하는 핵심 단계다. "하나의 문장은 뇌에 의해 추론되어야 하는 많은 정보를 위한 속기록이다."[(163)] 최근의 뇌/인지 신경과학 연구들은 문장의 이해를 위한 신경회로가 대체로 단일 단어 읽기를 위한 신경회로와 중복되며, 양식 독립적임을 가리키고 있다. 일반적으로 여러 연구는 단일 단어 읽기와 문장 이해에 포함되는 뇌 부위가 크게 중복되지만, 질적인 차이가 존재하며, 문장의 이해를 위한 결정적인, 특화된 연결망이 존재함을 가리키고 있다. 이런 신경 연결망은 문장 이해 과정 중에 활성화를 나타내는 좌측 하전두이랑을 감싸는 커다란 전두 부위를 비롯한 여러 부위[좌측 두정엽 내의 부위, 좌측 측두엽의 커다란 부위를 포함]와 함께, 우측 측두엽을 비롯한 여러 부위[우측 하전두이랑 및 우측 해마]를 포함하는 다수의 우반구 부위를 포함한다.

여기에서 주목할 점은 다수의 '우반구' 부위에서 큰 활성화가 나타나는 것이다. 즉, 문장의 이해에 우반구가 크게 동원되어 역할을 하는 것은 단어 처리 이상의, 그리고 단어 처리를 넘어서는 문장의 처리를 위해 필요한 신경 자원의 증가—추가적인 운율의 처리나 은유의 처리와 같이 섬세한 의미론적 정보 처리나 애매성의 해결을 위한 필요성의 증가를 반영하는 것일 수 있다.[(73)]

텍스트 읽기

▶요약

텍스트의 이해에는 질적·양적 차이가 있기는 하지만, 대체로 단어와 문장의 이해를 위한 뇌 부위들과 신경 연결망이 중복된다. 그러나 텍스트의 의미를 이해하기 위해서는 특히 우반구가 크게 포함되고 전두엽 부위의 포함이 증가한다. 소설과 같은 허구적인 텍스트를 이해할 때는 정서를 처리하는 대뇌변연계의 활성화가 증가한다.

단어와 문장 읽기를 넘어 보다 긴 '텍스트'의 이해에 포함되는 뇌 부위들에 대해서는 많이 연구되어왔다. 단어와 문장의 이해를 위한 뇌 부위들과 그 연결망의 형성에 질적 및 양적인 차이가 있지만, 좌측 하전두이랑을 비롯한 많은 부위[좌측 측두엽 부위, 좌측 뒤쪽 두정엽 부위를 포함]가 중복된다는 견해가 제기되었다. 그러나 텍스트의 이해를 위해서는 특히 우반구가 매우 크게 포함되고 전두엽의 포함이 증가하는 것으로 보인다. 즉, 텍스트가 더욱 길어지고 복잡해짐에 따라, 텍스트의 의미 유지와 추론 도출에서 섬세한 의미론적 처리와 높은 수준의 인지적 처리를 위해, 다층적인 의미의 이해와 텍스트의 구성 요소의 정연한 분석을 위해, 또 작업기억[문제 해결 혹은 과제 수행 중에 일시적으로 몇 가지 사실이나 사고를 기억 속에 유지하는 능력]의 점증하는 요구에 따라 우반구와 전두엽 부위들의 포함이 증가하는 것으로 보인다.[(73)]

유창한 독자는 독서 과정에서 읽는 내용과 관련성이 적거나 부적절한 정보를 억제한다. 이런 억제가 증가하면 정신적인 잡동사니와 작업기억의 후속적인 과부하를 감소시켜 독서 과정은 더욱 유창해진다.[(91)] 나아가, 텍스트 구성 요소의 처리를 분리하려고 시도한 여러 연구는 통사론적 처리를 위해 더욱 활성화되는 부위들, 즉 하전두이랑과 의미론적 처리를 위해 더욱 활성화되는 부위, 즉 베르니케 영역, 그리고 추론 처리를 위해 특별히 중요시 되는 영역인 우반구 부위들을 확인해왔다.[(73)]

이런 견해들에 덧붙여 일부 연구자는 텍스트, 특히 소설과 같은 서사 텍스트를 읽는 과정에서 뇌의 대뇌변연계의 점증적인 활성화와 그 인지 작용과의 연계를 강조한다. 대뇌변연계는 정서, 기억, 의식의 중재, 특히 정서의 처리에 결정적인 뇌 구조들이다. 뇌의 최상층 피질 바로 아래에 위치한 대뇌변연계는 특히 독자가 서사 텍스트를 읽으면서 그 내용에 대한 정서적 반응, 즉 쾌락, 혐오, 공포, 성취감 등을 느끼고 작중인물들의 체험을 이해하는 능력의 기반이 된다. 또한 대뇌변연계는 어떤 글을 읽든 독자가 우선 순위를 정하고 가치를 부여하는 데에도 도움을 준다. 이러한 정서적 기여를 기반으로 독자의 텍스트에 대한 주의와 이

해 과정이 각성되거나 둔해진다.[⟨80⟩, 140]

유창한 독자가 얻는 '시간'이라는 선물과
그 '휴지 버튼'으로서의 역할의 중요성

유창한 독자의 뇌는 해독하는 과정이 빠르게 거의 자동화되면서, 1밀리초(1000분의 1초)씩의 시간을 얻음에 따라, 점점 더 많은 은유적·추론적·유추적·감정적 배경을 체험적 지식과 통합하는 방법을 학습한다. 독서 발달 과정에서 최초로 뇌가 서로 다르게 생각하고 느끼기에 충분하도록 뇌가 빠르게 작용하게 되는 것이다. 이 과정에서 독자가 얻은 극히 짧은 '시간'이라는 선물은 독자가 '끝없이 경이적인 사고'를 할 수 있는 능력의 생리학적인 기반이다. 독서 행동에서 이보다 더 중요한 것은 없다.[⟨80⟩, 143]

유창한 독서 중에 독자가 얻는 시간이라는 여유는 독자가 읽는 내용에 대해 더 깊이 사고하고 이해하고 통찰할 수 있는 특유의 '휴지 버튼(pause button)'을 제공한다. 이것은 독서에서만 독자가 누릴 수 있는 이점으로, 구어나 다른 매체[예 : 영화, TV, 비디오테이프 등]에서는 결코 누릴 수 없는 이점이다. 독자는 읽는 내용을 더 깊이 심사숙고하고 단어와 문장의 다층적 의미를 풀어내기 위해 이 휴지 버튼을 효과적으로 활용한다. 반복적인 읽기, 되먹임(feedback), 앞먹임(feedforward), 선별적 읽기, 뛰어읽기(skip), 훑어읽기(skim) 등 자유로운 시간의 조작을 통한 다층적인 읽기가 가능해지고, 그만큼 독자의 이해의 폭과 깊이가 넓어지고 깊어진다.

숙련된 독자의 뇌의 작용

▶요약

숙련된 독자는 가장 높은 수준의 독서 능력을 갖춘 독자다. 숙련된 독자의 뇌는 철자 패턴에서 음운론적·의미론적 표상에 이르기까지 모든 부위의 뉴런들의 집단을 신속하게 연결해서 점차 확장되는 뇌 신경회로를 구축해 결국 뇌 전체에 분포되는 신경 연결망의 체계, 즉 진정한 연결망들의 '콜라주'를 만들어낸다. 이른바 '프루스트의 원리'에 의해 독자의 '깊이' 읽기 능력이 빛을 발하며, 피질의 네 개의 엽, 좌우 반구 등 모든 뇌 부위들이 참여한다.

숙련된 독자의 의미와 독자가 갖추어야 할 능력

숙련된 독자는 가장 높은 수준의 독해 능력을 갖춘 독자다. 그는 그동안 학습한 독서에 관한 지식과 독서 체험을 통해 갖춘 독서 능력을 사용해, 자기에게 필요한 텍스트를 선별해서 읽을 수 있을 뿐 아니라 자기의 지적 영토를 확장할 수 있고 자아에 대한 상위 인지적 성찰[메타인지, 즉 사고에 대한 사고]을 통해 자아를 확충할 수 있는, 이른바 난해한 '도전적' 텍스트를 즐겨 선택해서 읽을 수 있다. 그리고 이런 다양한 텍스트의 독서에서 이른바 텍스트의 '깊이 읽기'[심층적 읽기]를 능숙하게 수행할 수 있는 독자다. 독서 유창성의 증가와 더불어 그에게 자연스럽게 주어진 '시간'이란 선물과 독서 과정에서 중요한 이기인 '휴지 버튼'을 효율적으로 이용하여, 그는 텍스트에 대한 심층적 읽기를 통해 텍스트를 구성하는 다양한 구성 요소가 환기하는 다층적 의미를 정밀하게 탐색할 뿐 아니라, 단어와 문장이 함축하는 암시적 의미도 음미하고 감상

할 수 있다. 이런 독서 과정에는 시종 독서의 많은 구성 요소들을 효율적으로 다루는 인지적 유연성이 밑받침된다.

숙련된 독자의 독서에 포함되는
뇌 부위들과 그 상호작용

숙련된 독자가 독서를 할 때 뇌의 어떤 부위들이 포함되고 어떻게 상호작용을 하는가에 대해 매리언 울프만큼 독창적인 설명을 제기하는 연구자는 찾아보기 어렵다. 울프는『프루스트와 오징어』에서 숙련된 독자의 눈에 맨 처음 하나의 단어가 출현한 이후 거의 눈 깜짝할 사이인 약 0.6초 동안에 단어의 시각적 특성 분석에서부터 의미 및 음운론적 과정을 거쳐 이해의 과정에 이르는 시간 과정(time line)을 제시하고, 이 과정을 숙련 독서의 궁극적 과정, 즉 인지적 · 언어적 · 감정적 과정이 거의 순식간에 융합되는 순간, 수많은 뇌의 부위, 독서에 동원되는 수십억 개의 뉴런이 전부 합쳐지는 순간이라고 기술한다.[〈80〉, 145]

울프는 독서가 숙련 단계에 이르렀을 때, 뉴런 수준에서 일어나는 변화를 마셀 저스트 등의 연구를 인용해 요약하고 있다. 숙련된 독자는 자신이 이미 갖고 있는 상이한 음운론적 · 통사론적 · 의미론적 과정뿐만 아니라 다양한 독해 과정을, 이 모든 과정에 상응하는 대뇌피질 부위들을 사용해서 텍스트를 이해한다. 예를 들어, 텍스트의 의미에 관해 추론할 경우 좌뇌와 우뇌의 전두 체계가 브로카 영역 주위를 활성화시킨다. 이어 이렇게 산출된 추론을 자신이 이미 갖고 있는 배경지식과 통합시킬 때, 우반구의 모든 언어 관련 체계가 사용된다. 결국 숙련된 독자의 경우 우뇌의 각이랑 영역, 소뇌의 우반구를 포함해서 다양한 측두와 두정 영역과 아울러 좌반구와 우반구의 브로카 영역의 사용이 더 많아지게 된다.[〈80〉, 161] 요컨대 숙련된 독자의 뇌는 철자 패턴에서 음운론적·의미론적 표상에 이르기까지 모든 부위의 뉴런들의 집단을 연결해서 점차 확장되는 뇌 신경회로를 구축해 결국 뇌 전체에 분포되는 신경 연결망의 체계를 만들어내는데, 이를 진정한 연결망들의 '콜라주(collage)'라고 할 수 있다.[〈80〉, 148]

이 밖에 울프는 '깊이 읽기' 문제를 다룬 다른 논문에서도 숙련된 독서의 특성을 이른바 '프루스트의 원리(Proustian principle)'라고 지칭하는 개념으로 설명하고 있다.

> 독자에게는 텍스트 밖에는 주어진 것이 거의 없다. 이런 이유로, 독자들은 의미의 능동적 구성에 참여해야 하는데, 여기에서 그들은 질문, 분석, 탐구해 감에 따라 텍스트와 맞싸우고, …(중략)… 지식의 구축을 학습하고, 그들 자신의 사고를 생각하기 위해 저자의 지혜를 초월한다.
> 우리가 '프루스트의 원리'라고 지칭한 이 능력은 엄청난 양의 주의력, 노력, 동기화, 능동적 상상력, 그리고 시간—독자를 위한 시간과 뇌를 위한 시간, 정확하게 수백 밀리초—을 필요로 한다. 독서에서 이해에 관한 신경영상 연구에서 묘사된 바로는, 깊이 읽기에 포함되는 몇 밀리초는 뇌의 좌우 반구 모두의 광범한 활성화를 필요로 한다. 숙련된 독자가 심층적인 수준에서 텍스트를 이해하는 이 시점에 이르러, 뇌의 네 개의 엽 모두와 두 반구가 이 비상한 행위—포함되는 수많은 과정들의 신경적 반응—에 의미 깊은 기여를 하게 된다. 우리가 읽는 것과 우리가 얼마나 깊이 읽는가는 뇌와 사색인 모두를 만든다. 생리학적으로, 그리고 지적으로, 인간 존재는 시간의 흐름에 따라 독

서를 통해서 추가하는 신경 연결망의 진화하는 풍요로움에 의해 계속 변화하고 있다.[(142)]

결국, 숙련된 독자의 가장 높은 능력은 깊이 읽기에 의해 독자가 저자의 지혜가 끝나는 곳에서 텍스트를, 저자를, 그리고 궁극적으로 자기 자신을 초월하는 능력이다.

5장 독서하는 뇌의 신경 메커니즘에 관한 주요 논고

이 장에서는 독서하는 뇌의 신경 메커니즘에 관해 최근까지 많은 연구자가 탐구해온 수많은 논고 중 저자의 관점에서 주요한 것들을 가려 뽑아 그 논의의 중심 내용을 종합해서 요약, 기술하려 한다. 이 부분의 내용들은 앞에서 이미 기술한 개념이나 이론의 기술과 부분적으로 중복되기도 하지만, 좀더 상세화되어 독자의 이해를 돕고, 또 일부 내용은 학교나 가정에서 수행되는 독서 교육적 실천과 관련해서 특별한 함의를 갖고 있기도 하다. 또 많은 개념과 이론이, 모든 학문적 개념과 이론이 그렇듯이 가설적 수준에 있는 논의나 주장이 적지 않아 전체적 혹은 부분적으로 다른 논의가 제기될 여지를 안고 있음을 지적해둔다.

독서 과정의 이중 통로 이론

▶요약

많은 인지심리학자들은 독자가 맨 처음 페이지의 단어를 볼 때부터 맨 나중에 단어의 의미를 이해할 때까지의 과정은 두 가지의 경로를 따른다고 본다. 첫째는 음운론적 통로, 둘째는 의미-어휘론적 통로다. 이 두 가지 통로는 별개의 과정이지만, 전적으로 독립적으로 작용하는 경우는 드물다. 두 통로는 상호 보완적이고 병행적으로 진행되며, 특히 능숙한 독자는 가능한 가장 빠르고 정확한 이해를 위해 동시에 두 통로를 사용하는 경향이 있다.

언어 정보의 처리 과정을 설명해주는 이중 통로 이론

인지심리학자들은 대체로 독서 과정을 정보 처리 행동의 과정으로 본다. 음독은 문자를 말(구어)로, 독해는 문자를 의미로 변환하는 것이다. 독서에 관심을 가진 인지심리학자들은 독자가 이런 변환을 실행하기 위해 사용하는 정보 처리 체계의 본질을 이해하려 한다. 그리고, 특히 독서 학습에 관심을 가진 인지심리학자들은 독서를 배우는 아이들이 이런 정신적인 정보 처리 체계를 습득하는 방법을 이해하려 한다.

독서 행동을 연구하는 인지심리학자들은 독자가 독서를 할 때 독자의 마음속에서 어떤 종류의 정보 처리 행동이 진행되는가를 정확하게 이해하려 하며, 또한 오랫동안 독자들이 그들의 인지 체계 중 어떤 구조와 조직을 독서 학습으로부터 습득하는가를 이해하려고 탐구해왔다.[(33)]

많은 인지심리학자는 그들의 실험적 연구를 토대로 이른바 '독서의 이중 통로 모델(dual-route model of reading)' 이론을 제기해왔다. 이 이론적 모델은 오늘날 독서에서 언어 정보의 처리 과정을 설명해주는 매우 유력한 주장으로 인정되고 있다. 이중 통로 모델은 '단어' 인지의 수준에서 뇌 속에서의 독서 과정을 설명하는 이론적 틀을 제공한다. 인지 심리학자들은 독자가 맨 처음 페이지의 단어를 볼 때부터 맨 나중에 단어의 의미를 이해할 때까지의 과정은 두 가지의 경로를 따른다고 한다. 첫째는 음운론적 통로(phonological route), 둘째는 의미-어휘론적 통로(semantic-lexical route)다. 음운론적 통로는 간접적 통로, 혹은 비어휘론적 통로라고도 하며, 의미-어휘론적 통로는 직접적 통로 혹은 철자법적 통로라고도 한다.

이 두 가지 통로는 독자가 읽는 단어의 친숙도 여부(낯선 단어, 미지의 단어인가, 혹은 낯익은 단어, 기지의 단어인가)에 따라 상이한 방식으로 단어를 처리하는 신경 통로를 가리킨다.

음운론적 통로

첫째, 음운론적 통로에 대해서는 이미 앞에서 상당한 수준에서 기술했지만, 이는 주로 초보 독자가 처음 보는 낯선 단어나 미지의 단어를 읽을 때 사용하는 통로다. 이 통로에서는 단어의 시각적 형태(철자/철자 패턴)의 인지에서부터 단어의 이해에 이르는 전체 과정에서 단어의 해독이라는 중간 단계를 설정한다. 이 중간 단계는 독자가 단어 내의 문자소에 상응하는 음소 규칙을 사용해서 주어진 문자소에 대한 음운론적 표상을 결정할 때 야기된다. 독자는 단어 해독의 과정, 즉 단어 내의 문자소에 대한 음소를 인지하고, 그다음 개별 음소를 결합해 어떤 의미와 연결된 소리 패턴에 결합함으로써 단어의 의미를 이해한다. 독자가 어떤 단어를 소리내어 음독을 할 경우나 낯선 단어의 기억을 위해 이 단어의 철자를 '내적으로 발음'할 경우[예 : 전화번호부에서 찾은 전화번호를 기억해두기 위해 속으로 중얼거리는 행동]에 독자는 이 통로를 사용할 수 있다.

음운론적 통로를 사용하는 과정에서 초보 독자는 단어의 시각적 형태[철자]를 처리하기 위해 뇌의 시각 체계를 사용한 이후, 좌반구의 측두-두정 접합부의 각이랑과 모서리위이랑을 특히 더 많이 활성화시킨다[측두-두정 통로]. 이 두 영역은 시각, 철자 처리 과정을 음운론적 과정 및 의미론적 과정과 통합시키는 데 매우 중요한 부위다. 또한 여기에는 베르니케 영역을 포함하는 언어 피질 영역, 감각연합 피질, 감각 피질 등이 포함된다. 그러나 일부 연구자들의 주장에 의하면, 초보 독자 중 단어를 느리게 읽거나 단어 읽기에 곤란을 겪는 난독증자는 브로카 영역 혹은 하전두이랑을 사용하는 별도의 또 다른 통로에 의존한다고 한다.[(63)]

음운론적 통로는 단지 초보 독자뿐만 아니라 능숙한 독자, 유창한 독자가 처음 대하는 단어를 읽을 때에도 사용된다. 예를 들면, 도스토옙스키의 대표작 『카라마조프가의 형제들』을 읽는 독자는 거의 50명에 가까운 작중인물들의 이름을 기억하는 데 애를 먹는다. '마르파 이그나티예브나'란 이름은 제14장 뒷부분에서 처음 나타나는데, 이 이름은 러시아어권 밖의 독자들의 정신적 사전 속에는 존재하지 않는 낯선 이름이다. 그러나 이런 낯섦에도 불구하고 독자가 소설의 스토리의 흐름을 따라가며 이해하려면 기억해야 할 필요가 있다. 이 경우, 러시아어권 밖의 독자들은 이 낯선 이름을 자기 자신에게 발음(내적인 발언 혹은 언어 리허설, verbal rehearsal)함으로써, 그리고 이 발음을 기억함으로써 이 이름을 기억 속에 저장하게 된다. 즉, 능숙한 독자들도 제14장에서 마르파 이그나티예브라는 이름을 보고서는 이 낯선 문자 연속체로부터 발음을 산출하고 이를 기억 속에 저장한 다음, 시각적으로 낯선 이 문자 연속체가 제37장에서 다시 나타날 때에 이에 대해 산출되는 발음은 앞서(제14장에서) 저장된 발음과 일치될 것이고 따라서 제14장으로 되돌아가 두 발음 간의 연결이 만들어질 것이다. 왜 낯선 시각 형태보다 그 발음이 저장되는가? 그 이유는 사람의 시각 기억은 음운론적(청각) 기억보다 훨씬 용량이 적기 때문이다. 즉 사람은 단어의 시각 형태(문자)는 기억하기 어렵지만, 그 소리는 쉽게 기억할 수 있다.[(33)]

의미-어휘론적 통로

둘째, 의미-어휘론적 통로는 능숙한 독자, 유창한 독자가 낯익은 단어, 기지의 단어를 읽을 때 주로 사용하는 통로다. 이 통로는 음운론적 통로와 달리, 맨 처음 단어의 시각 정보의 인지에서부터 맨 나중의 단어의 의미 이해에 이르기까지 단어의 해독 과정, 즉 음운론적 처리라는 중간 단계(음운론적 우회로)를 사용하지 않기에 음운론적 통로보다 더 빠르다. 이 통로는 뇌의 후두엽과 측두엽이 모이는 뇌의 기저 가까이를 지나고, 좌측 하전두이랑, 좌측 뒤쪽 중이랑을 포함하며, 독자가 수용한 언어[읽기, 듣기]를 이해하는 기능을 담당하는 베르니케 영역에서 끝난다[후두-측두 통로].

능숙한 독자는 이 통로를 통해, 맨 처음 단어의 시각적 형태(철자/철자 패턴)를 인지한 뒤, 독자의 뇌 속에 저장하고 있는 시각 어휘 목록 혹은 '정신적 어휘 사전(mental leicon)'을 검색해서 순식간에 철자 혹은 철자 패턴과 일치하는 단어를 찾아내고, 이를 발음(음운)과 연결시켜 직접적·동시적으로 단어의 의미를 이해한다. 독자의 뇌 속에 저장되어 있는 정신적 어휘 사전 내의 어휘 목록은 모두 독자에게 낯익은, 기지의 어휘들로 그 수는 독자의 독서 체험과 방법에 따라 크게 다르다. 즉 많은 독서 체험을 쌓고 효율적인 독서 방법을 사용해서 독서를 한 능숙한 독자는 그의 정신적 어휘 사전 속에 미숙한 독자에 비해 훨씬 많은 단어 표상을 저장하고 있기 때문에 독서는 더욱 빠르고 유창해진다.[(44)]

여기에서 특히 주목할 점은 이른바 독자의 정신적 어휘 사전(정신적 체계)은 최소한 단어에 관한 세 가지 정보를 담고 있는 세 가지 사전(lexicon)을 포함하고 있으며, 그 각 사전 속의 정보는 단일한 정신 체계가 아니라 별개의 정신 체계 속에 저장되어 있다는 점이다. 세 가지 사전은 첫째, 단어의 시각 형태(철자)에 관한 지식을 표상하는 '철자 사전', 둘째, 단어의 발음에 관한 지식을 표상하는 '음운 사전', 셋째, 단어의 의미에 관한 정보를 담고 있는 '의미 사전'이다. 그리고 철자 사전은 뇌의 시각 체계 속에, 음운 사전은 뇌의 청각 체계에, 의미 사전은 뇌의 의미 체계 속에 각각 별도로 저장되어 있고, 독자가 이 통로에 의해 단어를 읽을 때 이 각 체계에 저장되어 있는 정보들이 광속처럼 빠른 속도로 통합된다.[(33)]

이중 통로의 상호 관계와 그 교육적 함의

독서 과정의 이중 통로 이론은 실제의 독서 행동이나 독서의 교수-학습 방법에 어떤 함의를 가질까? 이 모델을 지지하는 많은 이론가는 정

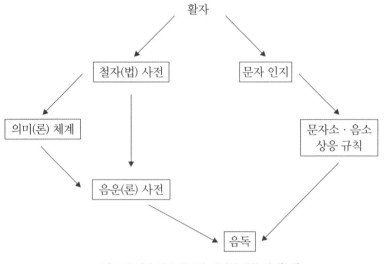

그림 8. 독서의 이중 통로와 정신적 어휘 사전[(33)]

상적인 독자들은 이 두 가지 통로를 모두 효율적으로 유창하게 사용한다고 주장한다. 두 가지 통로는 별개의 과정이지만, 전적으로 독립적으로 작용하는 경우는 드물다. 두 통로는 상호 보완적이고 병행적으로 진행되며, 독자는 가능한 가장 빠르고 정확한 이해를 위해 동시에 두 통로를 사용한다. 특히 능숙한 독자들이 단지 의미-어휘론적인 직접적 통로에만 의존하지 않고, 필요에 따라 음운론적 통로를 사용한다는 위의 사례는 두 통로의 상호 보완적, 병행적 사용에 대한 방안을 밑받침한다.[(169)]

먼저 음운론적 통로를 사용하는 초보 독자의 경우, 독자는 흔히 단어의 음운론적 인지를 실행하지만, 그의 음운론적 지식은 불충분하거나 불완전한 경우가 대부분이다. 이런 독자를 돕는 최선의 접근 방법은 이른바 음소론을 명시적으로 가르치는 것이다. 즉, 부분에서 전체로 접근하는 방법, 소리가 문자나 문자 결합에 의해 표상되며 단어를 발음하기 위해 소리를 결합하는 방법을 학습하고, 마지막으로 음소론적 지식을 일반화하는 방법을 학습한다. 이런 방법을 '귀납적인 음소론'이라고도 한다.[(63)]

다음, 의미-어휘론적 통로는 하나의 패턴으로 단어 전체를 직접적으로 인지하여 이해하기 위해 거의 즉각적으로 반응하는 통로다. 이 통로를 사용하는 독자는 대체로 능숙하고 유창한 독서 능력을 갖추고 있다. 따라서 독자가 독서 체험을 쌓아가는 과정의 학생일 경우 좋은 책을 제공하고 지속적인 독서 행동과 습관을 갖도록 격려하고 지원하면 충분하다.[(63)]

음소 접근법[상향식 과정]과 전체 언어 접근법[하향식 과정]

▶요약

  뇌/인지 신경과학은 독자의 뇌가 독서하는 방법에 대해 '음소 접근법'과 '전체 언어 접근법'이라는 두 가지의 교육 방법을 제기해왔다. 음소 접근법은 주로 초보 독자가 맨 처음 쓰인 문자의 인지에서 시작해서, 피질의 보다 높은 수준으로 상승, 진행하는 이른바 상향식 방법을 강조한다. 즉, 정보 처리의 계기는 수용되는 감각 자료로부터 피질 영역에서의 보다 높은 수준의 부호화로 진행된다. 반면, 전체 언어 접근법은 주로 유창한 독자가 먼저 전체로서의 단어, 문장, 텍스트의 의미에 초점을 맞추고 다음 부분으로 나아가는 이른바 하향식 방법을 강조한다. 즉, 독자는 자신의 체험적 배경에 입각해서 의미에 접근하며, 종국적으로 배경지식(스키마)의 인출을 통해 텍스트의 의미를 해석하고, 예측이나 확정을 통해서 텍스트를 이해한다. 많은 이론가들은 두 방법은 각각 강점과 한계를 갖고 있으며 두 방법을 절충, 결합하는 '상호작용적 접근법'이 바람직하다고 제안한다.

뇌/인지 신경과학에 기반한 독서 교육의 두 가지 방법

독서 교육의 이론가와 교육 현장의 교육자들은 독서를 배워가는 아이들에게 좀더 효율적이고 생산적인 학습 방법을 적용하기 위해 지난 수십 년 동안 괄목할 만한 발전을 이루어온 뇌/인지 신경과학의 성과를 이용하려 해왔다. 인지심리학자들은 이미 위에서 논의한 이중 통로 이론을 제기해왔지만, 이 이론을 뇌가 독서하는 방법이라는 관점에서 좀더 보충하고 상세화하려고 시도했다. 이런 과정에서 독서 이론가들이 제기해온 이론적 방법이 이른바 '음소 접근법(phonics approach)'과 '전체 언어 접근법(whole language' approach)'이다. 이 두 가지 방법은 위에서 이미 기술한 음운론적 통로와 의미-어휘론적 통로와 많이 중복되지만, 독서 교육의 관점에서 그 이론적 기반에 뇌/인지 신경과학의 성과를 이용한다는 점, 그리고 또한 특히 최근에 개발되어 뇌 내부의 신경 부위 및 신경 체계의 작용을 외부에서 촬영해서 볼 수 있는 이른바 신경영상술의 연구 성과를 반영하고 있다는 점에서 다소 차이가 있다.

음소 접근법의 의미와 그 교육적 강점 및 한계

첫째, 음소 접근법은 고전 신경과학의 밑받침에 의해 이론적 기반이 만들어졌다. 고전 신경과학은 인간의 감각 지각은 이른바 '상향식 경로'를 거친다고 제안한다. 즉, 모든 지각은 감각 자료의 단순한 수용으로부터 이 정보가 뇌의 위계 체계 상부로 이동함에 따라 상방을 지향하는 더욱 복잡한 표상으로 진행된다는 것이다. 이 경로와 형태는 선형적으로 단일한 방향을 지향하며, 오직 앞먹임(feedfoward) 메커니즘에 의해 결정된다. 위계 체계의 보다 높은 수준은 단지 그 하위 수준의 행동으로부터 즉각적으로 발생한다. 따라서 만일 이것이 뇌가 작용하는 방법이라면, 처음 문자의 인지에서 시작하는 독서는 필연적으로 상향식 과정을 따르게 된다.[(44)] 이 방법을 이론가들이 '상향식 과정(bottum-up process)'이라 부르는 이유는 여기에 있다.

상향식 방법은 앞에서 이미 거듭 기술한 바 있지만, 초보 독자가 맨 처음 문자의 학습으로부터 단어를 구성하는 문자나 문자 패턴을 인지하고, 이를 상응하는 음소와 연결하는 해독 과정을 통해 단어의 의미를 이해하고, 궁극적으로 텍스트의 의미를 이해하는 방향으로 진행된다고 가정한다. 비유하면, 직소 퍼즐을 만드는 것과 같이 읽기 퍼즐은 퍼즐의 한 조각을 인지하는 것으로 시작해서, 점차 이 조각을 합쳐 그림을 만듦으로써 해결된다고 주장한다. 따라서 독자는 단어를 하나씩 읽어가며 이해한다. 그리고 이 과정에서 '연결성'이 전부라 할 만큼 중요하다. 문자, 문자 패턴, 형태소가 이것들과 상응하는 소리와 연결되고, 합쳐서 단어가 되어야 한다. 형태소와 단어는 그 문법적 용법과 아울러, 그 다양한 의미와 연상과 자동적으로 연결되어야 한다. 초보 독자가 단어에 관해, 나아가 문장과 텍스트 내에서 단어가 기능하는 방법에 관해 많이 알수록, 이런 지식은 뇌의 신경 부위에서 더 빨리 활성화되고 신경회로의 작용 속도도 빨라진다.[(145)]

뇌 신경 체계의 위계상, 이 모델은 쓰여진 문자의 자극에서 시작해서 피질의 보다 높은 수준으로 상승, 진행하는 방식으로 작용한다. 즉, 정보 처리의 계기는 수용되는 감각 자료로부터 피질 영역에서의 보다 높은 수준의 부호화(encoding)로 진행된다.

음소 접근법의 연구 성과와 난독증 치료

음소 접근법은 지난 약 20년간, 이른바 '뇌-기반 학습법'으로서 미국과 같은 영어권 국가에서 크게 각광을 받아왔다. 영어와 같이 문자소와 음소의 상응 관계에 규칙성이 약하고 예외가 많은 언어[깊은 철자법]에서는 처음 독서를 배우는 아이들 중 난독증자가 많다. 일부 통계에 의하면, 미국에서 난독증 아동들의 비율은 약 20% 가깝다고 한다. 이에 비해 문자소와 음소의 상응 관계가 거의 규칙적인 한국어[얕은 철자법]를 사용하는 아이들의 경우 난독증자의 비율은 비율은 약 5% 안팎이며, 일부 통계는 약 10%까지를 제시하고 있다.

주로 미국을 중심으로 난독증 아이들의 비율이 높은 나라에서 난독증 연구자들은 고도로 발달하는 뇌 신경영상술을 사용해서 난독증의 원인을 밝히려고 지속적이고 다양한 연구를 수행해왔다. 이러한 연구에서 난독증의 종류가 다양하다는 것, 또 그 원인도 여러 가지가 있다는 사실 등이 밝혀지는 한편, 음운론적 접근의 문제가 난독증의 원인으로 가장 많은 연구가 이루어진 뇌 신경상의 구조적 가설로 등장했다. 그리고 많은 연구자들에 의해 난독증의 핵심 문제가 문자를 음소(말소리)로 변환하는 음운론적 접근상의 문제에 있다는 점이 명확해졌다.[⟨62⟩, 94] 음운론적 접근의 문제는 이런 이유로 독서를 처음 배우는 아이들에게 집중적인 음소 인지, 문자소와 음소의 상응 관계를 체계적·명시적으로 가르치는 방법이 다른 방법보다 훨씬 더 성공적으로 난독증을 치료할 수 있을 뿐 아니라, 아이들의 독서 교육에 가장 효과적이라는 주장이 방대한 연구 결과에 의해 뒷받침되었다. 상향식 독서 과정을 강조하는 음소 접근법은 오늘날 미국은 물론, 한국에서도 영어 교육의 현장에서 초보 독자들에 대한 명시적이고 집중적인 음소(phonics) 및 해독 교육으로 널리 실천되고 있다.

한국어 초보 독자들의 음소 교육의 필요성

한국에서도 독서 초보자에 대한 한국어 단어의 음소 혹은 해독 교육이 필수적이다. 다만, 한국어는 영어와 달리, 문자소와 음소의 상응 관계가 규칙적인 이른바 '얕은 철자법' 체계를 가진 언어로서 명시적 교육이 더 용이하며, 독자들도 이를 보다 짧은 기간에, 더 쉽게 학습할 수 있다는 장점이 있다. 그러나 한국어는 영어 등 다른 나라의 언어에 비해 추상적 개념을 나타내는 명사(개념)보다 사물의 동작이나 형상을 상세하게 묘사하는 부사나 형용사가 특히 발달한 언어로서 언어의 문법적 기능을 나타내는 형태소의 사용에 따라 표현되는 언어의 의미나 뉘앙스가 크게 달라지는 경우가 매우 많다. 예를 들어, "사람이 많다"와 "사람도 많다" 두 문장에서 주격 조사 "-이"가 "-도"로 바뀌면 문장의 의미가 크게 달라진다. 또한 한국어에는 복수의 의미를 나타낼 경우에도 복수를 가리키는 접미사 "-들"을 사용하지 않는 경우가 매우 많다. 특히 형식성을 중시하는 문장이나 텍스트[예 : 연설문, 논문 등]에서 단어의 단수와 복수 표현은 의미의 큰 차이를 나타낸다는 점에서 단어의 문법적 기능을 포함해서 그 해독 과정을 강조하는 음소 접근법은 결코 경시할 수 없을 것이다. 다만 영어와 같은 '깊은 철자법'을 사용하는 언어에 비해 독서 교육에서 가지는 비중은 훨씬 덜 할 것이다.

전체 언어 접근법의 의미와 강점 및 한계

둘째, 전체 언어 접근법은 상향식 과정과 대비해서 흔히 '하향식 과정 (top-down process)'이라고도 한다. 이 방법은 음소론이 초보 단계의 독자의 독서 교육에 매우 효과적이며, 능숙하고 유창한 독자도 독서 상황에 따라 부분적으로 음소론을 사용하지만, 독서 능력의 수준이 높은 능숙한 독자의 뇌 속에서의 독서 과정을 설명하는 데 한계가 있다는 점이 뇌/인지 신경과학자들의 연구에 의해 밝혀지면서 새롭게 조명을 받게 되었다.

역사적인 맥락에서 전체 언어 접근법은 일찍이 1970년대의 심리언어학자인 케네스 굿맨의 이론적 주장과 맥이 닿는다. 굿맨은 독서를 '심리언어학적 수수께끼'로 보았다. 그에 의하면, 독자는 텍스트를 읽을 때 모든 단어를 읽지는 않지만, 텍스트를 시험하고, 다음에 마주칠 단어를 가정하며, 예측을 확정하기 위해 텍스트를 시험하는 등의 과정을 이어간다. 독자에게는 단어나 어구의 의미를 추측하기 위해 텍스트를 충분히 보는 것만 필요하다.[(115)]

이러한 굿맨의 주장은 오늘날 뇌/인지 신경과학자들이 사용하는 다양한 신경영상술 연구에 의해 새로운 관점에서 그 이론적 타당성이 평가되며, 더욱 상세화되고 있다. 이 접근법의 초점은 음소 접근법의 경우와 같이 단어의 부분이 아니라, 하나의 전체로서 단어나 문장, 텍스트의 '의미'다. 즉, 이 방법은 음소 접근법과 반대로 전체에서 부분으로 나아간다. 그리고 의미에 대한 강조는 필연적으로 독서의 주체인 독자를 부각시킨다. 능숙한 독자는 독서할 때 전체로서의 단어, 문장, 텍스트의 '의미'에 초점을 맞춘다. 단어, 문장, 텍스트의 의미에 접근할 때 그는 그의 체험적 배경에 입각해서 이것들에 의미를 가져오며, 그의 사전지식 [schema, 배경지식]에 입각해서 궁극적으로 텍스트를 해석한다. 이 과정에서 독자는 또한 문맥에 따라 문자와 소리를 예측하고 확정하거나 수정함으로써 단어나 문장, 텍스트를 이해한다.

전체 언어 접근법의 강점을 부각시킨 계기
: '시상'의 역할에 대한 새로운 연구

음소 접근법이 강력하게 부각되고 교육 현장에서 널리 실천되는 데에 오늘날 뇌/인지 신경과학에서 사용되는 신경영상술이 크게 이바지했다면, 여전히 신경영상술을 사용하는 보다 최근의 일부 연구는 음소 접근법에 대해 강력한 이의를 제기하고 있다. 가장 두드러진 사례는 감각 정보를 처리하는 중요한 뇌 부위인 '시상'의 역할에 관한 연구다. 최근까지 뇌 신경과학에서는 시상[뇌간과 대뇌 사이에 있는 회색질의 한 쌍의 큰 덩어리. 뇌의 피질로 전달되는 감각 정보를 위한 핵심적인 중계소]을, 감각 정보가 피질로 상승, 전달되는 도중에 잠시 멈추게 하는 중계소의 역할을 하는 작은 핵심적인 뇌 구조로 간주해온 경향이 있었다. 예를 들어. 빛[시각]이 눈의 망막을 자극하면 그 정보는 시상에서 머문 다음 뇌의 피질 영역[사고하는 영역]에서 처리되도록 보내진다는 것이다.

그러나 신경과학자 브라이언 데이엘 등이 신경영상술을 사용해서 한 실험 연구에 따르면 감각 정보가 시상에서 피질로 전달될 뿐 아니라 피질로부터 시상과 후방으로도 강한 경로를 통해 전달된다는 것이다.[(196)] 이들은 시상의 역할을 재조명해서, 시상은 또한 피질 영역들 간에 정보를 전달하는 중심 허브이며 정보의 중계소나 교차로가 아니라 정보를 전달하는, 마치 오케스트라의 지휘자와 같은 역할을 한다고 결론짓는다.[(196)] 뇌 속의 피질과 시상 간의 정보 전달에 관한 또 다른 최근의 연구는 시상으로부터 뇌 신경의 활성화가 야기되는 피질을 향해 상향 진행되는 메시지들은 반대 방향(하향)에서 오는 메시지들에 의해 10배 이상 많아진다는 점을 밝히고 있다.[(133)] 이 연구는 피질 연결들은 감각 정보를 예측할 수 있다고 주장한다. 앞먹임(피드포워드)은 되먹임(피드백)에 의해, 상향식 과정은 하향식 과정에 의해 보완된다. 감각 정보에 대한 예측은 수용되는 감각 자료를 보충한다.[(44)] 여기에서 강조점은 하향식 과정에 두어져 있다.

일부 연구자들에 의하면, 이런 하향식 과정은 뇌 작용에 핵심적이다. 신경과학자 제프 호킨스는 신경과학의 최근의 연구에 입각하여, 이른바 '기억-기반 모델'을 제안했다. 즉 뇌는 세계에 대한 모델을 창조하기 위해 방대한 양의 기억을 사용하며, 미래의 사건들을 지속적으로 예측하기 위해 이 기억-기반 모델을 사용한다고 주장한다. 그는 이러한 미래에 대한 예측을 만드는 능력을 인간 지능의 핵심이라고 본다.[(44)] 사고의 영역인 뇌의 피질은 독자의 장기기억 속에 저장된 배경지식(스키마)을 인출, 사용해서 보일 것과 들릴 것을 예측한다.[(133)]

전체 언어 접근법은 발달하는 뇌 신경과학의 도움으로 이론적·실천적 타당성을 입증 받았지만, 이 방법에도 그 나름의 한계가 있다. 초보 독자가 단어의 해독 과정[음소 접근법]을 충분히 학습하지 못한 채 단어와 텍스트의 의미에 초점을 두는 전체 언어 접근법에 따라 독서를 하면 독서 곤란의 상황에 직면하고 좌절을 겪을 수 있다는 많은 사례들이 있다. 또한 독자에 따라, 독자가 읽는 텍스트에 따라 텍스트의 주제와 관련된 지식[스키마]을 갖고 있지 못하는 경우가 적지 않으며, 특히 초보 독자의 경우에는 텍스트에 대한 예측을 산출할 수 없는 경우가 많다는 것이다. 또한 설사 능숙한 독자가 예측을 산출할 수 있다 해도, 단어를 인지하는 것보다 훨씬 오랜 시간이 걸리기도 한다.

상향식과 하향식 교육방법을 절충, 결합한 상호작용적 접근법

이런 한계와 문제점을 안고 있지만, 결국 시상과 피질 간의 관계, 시상의 역할에 대한 뇌 신경과학의 최근의 여러 연구는 전체 언어 접근법이 음소 접근법의 문제점들을 보충하는 상당한 이론적 근거를 지니고 있음을 입증해왔다. 그리고 이런 이론적 맥락에서 많은 연구자가 상향식과 하향식 방법의 절충이나 상호작용이 가장 생산적이고 성공적인 독서 교육의 성과를 가져올 수 있다는 전망으로 여러 가지 절충적인 이론적 모델을 제안하게 되었다.

이상과 같이, 독서 교육의 음소 접근법과 전체 언어 접근법, 즉 상향식 방법과 하향식 방법 이 두 가지는 그 자체의 한계를 갖고 있고, 각각 강점과 약점을 지니고 있다는 점에서, 많은 독서 교육 이론가나 교육 현장의 교육자들은 이 두 가지 방법의 절충이나 결합이 최선의 방법이라는 견해를 제기했다. 이런 방법의 이론적 모델 중 가장 설득력 있는 것이 이른바 '상호작용적 접근법(interactive approach)'이다. 심리학자 데이비드 러멜하트에 의하면, 이 접근법은 독서를, 텍스트의 정보를 독자가 텍스트에 가져오는 것(스키마)과 결합하는 과정으로 본다. 이 방법은 페이지 위에 쓰인 것들(문자와 단어)과, 독자가 하향식 방법과 상향식 방법을 사용해서 이것들에 가져오는 것 두 가지를 모두 강조한다. 즉, 이 방법은 독서를 독자와 텍스트의 상호작용으로 보며, 유창한 독서는 능숙한 해독[음소론]과 텍스트의 정보를 배경지식과 관련시키는 것 두 가지 모두에 의해 가능하다고 주장한다. 따라서, 유창하고 능숙한 독서는 독자와 텍스트 두 가지 모두와 관계되는 양방향적 과정이다.[(1)]

오늘날 많은 교육 현장에서는 음소 접근법[상향식]과 전체 언어 접근법[하향식], 두 가지 방법을 모두 적용하는 상호작용적 방법이 실천되어 우수한 교육적 성과를 거두고 있다. 독서하는 뇌의 작용 메커니즘의 관점에서 볼 때, 이 방법이 결국 뇌가 독서를 학습하는 최선, 최적의 방법이라는 사실이 교육 현장에서 입증되고 있는 것이다.

뇌의 백색질과 독서

▶ 요약

백색질은 회색질과 함께 뇌를 구성하는 속층으로, 뇌에서 야기되는 신경 신호의 교류 통로이다. 비유하면, 백색질은 뇌 전체를 연결하는 고속도로서, 뇌 속의 많은 부위들은 백색질을 지나는 복잡한 통로를 통해 더 많은 뇌 부위들과 연결된다. 백색질은 인간의 사고 및 인지 능력을 높이는 데 중요한 역할을 한다. 즉, 사람이 생각을 많이, 깊이 할수록 백색질은 많은 연결을 만들어내고, 그 결과 사람의 사고 능력이 높아진다.

백색질은 독서 능력과 밀접한 상관 관계가 있다. 즉, 백색질의 구조적 연결성이나 통합성은 독서 능력과 상관성이 높다. 백색질의 미엘린화의 성숙도, 높은 농밀도, 미소 구조적 통합성을 지닌 독자는 우수한 독자가 될 가능성이 매우 크다.

또한 집중적인 독서 교육 프로그램에 의해 미숙한 독자들의 백색질의 용량과 통합성을

백색질의 의미와 그 역할의 중요성

인간의 신경계의 중심 역할을 하는 중추신경계는 뇌와 척수로 구성되어 있다. 그리고, 뇌와 척수의 층은 회색질(gray matter)과 백색질(white matter)로 나누어져 있는데, 회색질이 겉층을 이루고 백색질이 속층을 이루고 있다. 백색질은 뉴런을 연결하는 길고 가는 수많은 축삭으로 이루어져 있는데, 축삭의 덮개 역할을 하는 미엘린 수초를 구성하는 성분이 백색의 지방이기에 그 색깔이 하얗게 보인다. 일부 연구자는 뇌를 컴퓨터에 비유한다. 즉, 뇌는 두 개의 주요한 조직의 구성 요소로 나눌 수 있는데, 첫째는 신경 신호를 발화하고 수용하는 뉴런을 포함하고 있는 회색 빛깔을 지닌 회색질(외부의 피질)과, 둘째는 거리가 멀지만 신경 신호가 연결된 뇌 부위 사이를 여행하기 위해 사용하는 축삭(배선)을 포함하고 있는 백색질이다. 매우 단순한 공학적 관점에서 보면 뇌는 회색질에 위치한 미니 컴퓨터들의 네트워크인데, 이들 미니 컴퓨터 중 다수는 백색질에 상응하는 이더넷[ethernet, 여러 대의 컴퓨터로 네트워크를 형성하는 시스템] 배선을 거쳐 특수한 패턴으로 상호 연결되어 있다.[(15)]

백색질의 축삭은 언어 담당 피질과 청각 담당 피질 등 피질과 피질을 연결할 뿐만 아니라, 뇌의 여러 부위를 서로 연결한다. 백색질은 마치 전화의 교환 장치처럼 기능한다. 일부 축삭은 직접 연결되는가 하면, 일부 축삭은 다른 뇌 부위들을 거쳐 간접적으로 연결된다. 그렇다고 해도 실제 사고나 활동이 백색질에서 일어나는 것은 아니다. 백색질은 뇌에서 야기되는 신경 신호의 교류 통로일 뿐이다. 백색질을 뇌 전체를 연결하는 도로나 고속도로로 간주하면 쉽게 이해된다. 많은 뇌 부위는 백색질을 지나는 복잡한 통로를 통해 더 많은 뇌 부위들과 연결된다.[〈51〉, 58]

백색질은 일반적으로 사람이 사고 및 인지 능력을 높이는 데 중요한 역할을 한다. 즉, 사람이 새로운 기능을 학습하거나 새로운 게임을 하거나 새로운 퍼즐을 풀려고 할 때처럼 많은 생각을 할수록 뇌의 여러 부위들을 연결하는 백색질이 많은 연결을 만들어낸다. 도로가 많으면 차가 막히지 않고 잘 소통되는 것 같은 이치다. 뇌가 기억한 내용을 잘 활용하거나 새로운 기능을 개발해야 할 때, 백색질에 연결이 많아야 이를 잘 수행할 수 있다. 즉, 사람이 생각을 많이, 깊이 할수록 백색질은 많은 연결을 만들고, 그 결과 사람의 사고 능력이 높아진다.[〈51〉, 59]

독서 능력과 백색질의 관계

백색질은 뇌 신경과학의 중요한 연구 과제이지만, 특히 일단의 신경과학자들은 신경영상술을 사용해서 독서 능력과 백색질의 관계를 중점적으로 연구해 왔다. 특히 아이들을 대상으로 한 연구가 적지 않아, 아동의 초년기 독서 교육의 이론적 이해와 실천에 많은 기여를 해왔다. 독서는 많은 뇌 부위들이나 체계의 연결과 통합을 포함하며, 백색질은 성공적인 연결과 통합을 위해 필요한 신경 신호의 커뮤니케이션을 촉진하기 때문에 독서 연구에서 중요한 초점이 되어왔다. 독서 능력과 백색질의 관계를 연구하는 신경과학자들의 연구는 주로 뇌의 고속도로에 비유되는 백색질의 구조적 연결성이나 통합성이 독서 능력과 갖는 관련성에 중점을 두고 있다.

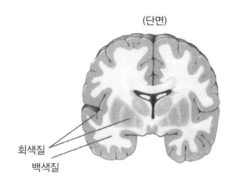

(단면)

회색질
백색질

그림 9. 회색질과 백색질

신경과학자 게일 도이치 등은 확산텐서영상(DTI)을 사용해서 독서 능력의 범위에 관해 아이들의 뇌의 백색질을 검사했다. 연구 결과 그들은 독서 연결망의 일부인 좌측 측두-두정 부위 내의 백색질 구조가 정상적인 독자들과 미숙한 독자들 간에 차이가 있다는 사실을 발견했다. 이 경로의 통합성은 독서, 철자, 빠른 이름 붙이기 능력과 상관되었다.

아이들의 경우, 그 차이의 크기는 성인의 경우보다 적었다. 또한 이는 특히 이 경로의 빈약한 구조가 독서 장애와 연관되기 때문에, 좌측 측두-두정 부위의 백색질의 미소 구조가 유창한 독서 발달에 중요할 뿐 아니라 그 성숙성이 독서와 같은 인지적 과정의 발달에 핵심적 역할을 수행할 수 있음을 시사해준다. 이처럼 이 부위의 백색질의 차이가 삶의 과정에서 아주 일찍 존재하기 때문에, 이는 백색질의 차이가 미숙한 독서의 결과라기보다는 그 원인이라는 점을 시사해준다. [(132)]

백색질의 변화와 성숙

백색질은 나이에 따라 변화하며, 특히 아동기에 일어나는 큰 변화와 성숙은 일반적인 뇌/인지 기능 및 독서 기능의 발달에 중요하다. 백색질의 연구에서 백색질의 미엘린화 패턴 연구는 매우 중요한데, 이는 중요한 변화가 3~6세 사이에 전두엽의 연결망 내에서 발생하고, 축삭의 직경과 미엘린 수초가 출생 시부터 2세 사이에 급속히 성장하기 때문이다.

감각 영역들과 독서 영역들을 연결하는 섬유다발은 8~11세부터 가장 빠른 속도로 성장한다. 이 성장은 특히 언어 영역들 안에서, 그리고 가까이 있는 피질 부위들을 연결하는 뇌량의 부분들에서 일어난다. 그리고 측두엽, 두정엽, 후두엽 내에서 그 크기에 유의미한 증가를 수반한다. [(132)]

신경영상술에 의한 독서와 백색질의 관계 연구

신경과학자들은 독서와 백색질의 관계를 연구하기 위해 신경영상술의 하나인 확산텐서영상(DTI)을 주로 사용했다. DTI는 비침습적으로 뇌의 백색질 구조를 연구하기 위한, 상대적으로 새로운 영상술이다. 이 영상술은 백색질 조직의 미소 구조와 구성, 조직에 관한 중요한 정보를 제공해준다. 백색질의 구조적 통합성을 측정하는 척도는 분획불균등확산도(fractional anisotropy : FA)다. FA는 백색질 내에서 물 확산의 불균등성을 측정하는 0과 1 사이의 스칼라값(scalar value)이다. 즉, FA는 물의 확산을 막는 덮개가 공(球) 모양으로부터 얼마나 이탈하는가를 측정하기 위해 확산 텐서의 고유 값에서 기인되는 가장 광범하게 사용되는 수치 매개변수 중 하나다. '균등성' 조직의 표본의 경우, FA는 숫자 0에 근접하며[통합성 감소], 반면 매우 '불균등'한 표본의 경우, 상응하는 확산텐서는 섬유다발을 따라 정렬된 극을 향해 벋을 것이며 FA는 1에 접근할 수 있다[통합성 증가]. 대체로 FA의 감소는 백색질 조직의 손상이나 병든 상태와 관련된다.[(114)] 이 경우, 고속도로에 정체가 일어나 차량의 소통이 장애를 받는 것과 같이, 피질 간의 신경 신호의 전달이 방해를 받는다. 이런 내용을 그림으로 보이면 다음과 같다.

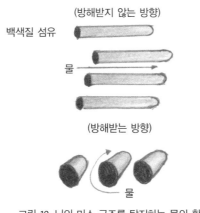

그림 10. 뇌의 미소 구조를 탐지하는 물의 확산

백색질 조직 내에서 축삭은 정상적으로는 잘 미엘린화되고 정렬되어 있다. 궁극적으로 백색질 내의 물 분자의 임의의 행보는 섬유다발을 따라 편향적인 지향성을 띤다. 그리고 물 분자 확산의 측정을 통해 확인된 물의 편향적 지향성, 혹은 불균등성은 백색질 섬유다발의 미소 구조적 조직에 관한 귀중한 정보를 제공할 수 있다.[(114)]

DTI는 물의 지향적 흐름—뇌의 과정들을 발화시키기 위해 영양소와 포도당을 전달하는—을 측정하기 위한 도구다. 물이 백색질을 통과해 얼마나 잘 흐르는가에 영향을 끼치는 한 가지 요인은 축삭의 '피부'로 생각될 수 있는 세포막이다. DTI는 물이 축삭의 세포막을 가로지르는 정

도를 측정한다. 이는 주어진 통로 내에서의 축삭의 미소 구조적인 통합
성[FA : 신경 신호가 얼마나 효율적으로 이 통로 내에서 전달되는가의
지표]에 관한 정보를 제공한다. DTI는 물은 축삭을 따라 우선적으로 확
산되는 반면, 축삭의 세포막과 미엘린에 의해 통로에 대해 수직 방향으
로 방해를 받는다는 사실을 이용한다.

브라이언 완델 등이 연구한 영역—뇌량의 뒤쪽 끝에서 DTI는 아이
들의 음운론적 인지를 측정하는 행동 시험 결과와 관련되는 물의 흐름
에서 명백한 차이를 발견했다. 즉 누수의 정도는 음운 인지 시험에 의
해 측정된 아이들의 읽기 능력과 아주 믿을 만하게 관련되어 있었다. 요
컨대, 우수한 독자들에서는 물은 세포막을 통해 횡단하지 않는 성향[누
수가 없는 성향]이 있었다. 그러나 난독증 아이들의 경우, 물은 현저하
게 높은 비율(약 20% 이상)로 세포막을 횡단해서 흘렀다[누수가 높은 성
향].[(102)]

독서는 많은 상이한 피질 부위들과 다른 뇌 부위들의 협동을 필요로
하는 복잡한 인지 행위다. 독서가 많은 뇌 부위 간의 효율적이고 정확한
정보 전달에 매우 많이 의존한다는 점을 감안하면, 백색질의 자질이 독
서 수행에 영향을 끼치는 방법은 독서 연구에서 핵심적인 문제가 된다.

신경영상 연구가 제공하는 많은 증거는 백색질의 미엘린화, 높은 농
밀도, 그리고 미소 구조적 통합성과 같은 백색질의 자질이 뇌의 신경 연
결망 전체에 걸쳐 정보의 전달을 조절함으로써 독서 과정에 큰 영향을
줄 수 있음을 시사하고 있다. 특히 실비우스 주위 영역[중심고랑과 실비
안종렬이 만나는 지점의 주변에 위치한 피질. 언어를 처리하는, 주로 좌
반구에 위치한 특별한 언어 연결망으로 후두-측두 피질, 측두-두정 피

질, 하전두이랑이 포함되어 있음] 내의 피질 부위들이 얼마나 강하게 연결되어 있는가가 독서 능력과 연관되어 있는 것으로 나타난다. DTI를 사용하는 연구에서, 독서 능력은 성인들과 아이들 모두에서 뇌의 두 반구를 연결하는 최대의 백색질 통로인 뇌량 내의 좌반구와 우반구 사이의 연결성 정도와 상호 관련된다는 사실이 밝혀졌다.[(15)][(114)][(170)]

백색질 발달의 생물학적 과정에 대한 이중 과정 모델

신경과학자 제이슨 이트만 등은 백색질 발달의 생물학적 과정을 이중 과정 모델로 설명했다. 즉, 하나의 과정은 FA를 증가시키는 경향(미엘린화와 같이), 또 다른 과정은 FA를 감소시키는 경향(전지와 같이)이다. 첫째 과정에서 FA는 단조롭게 증가해서[미엘린화], 그 성숙한 수준에 접근한다. FA 발달의 이런 패턴은 능숙한 독자들에서 나온 자료와 일치한다. 둘째 과정은 초년기의 발달은 증가하는 FA에 의해 지배되지만, 성장 과정을 통해 후일의 발달은 감소되는 FA에 의해 지배된다. FA 발달의 이런 패턴은 상대적으로 미숙한 독자들에서 나온 자료와 일치한다[FA값은 우수한 독자에게서 발달과 함께 증가하고 미숙한 독자에게서는 감소한다]. 이런 독서회로의 생물학적 모델은 아이들의 독서 기능을 예측할 수 있게 해준다.[(141)] 좀더 직접적으로 덧붙여 말하면, 백색질 부위들의 발달 비율(FA)은 아이들의 독서 시험 점수를 예측할 수 있게 해준다.[(191)]

집중적인 독서 교육 프로그램
: 백색질 구조를 변화시켜 독서 능력을 향상시킨다

백색질과 독서 능력의 관계에 대한 많은 연구는 집중적인 독서 교육 프로그램이 아이들의 백색질 구조를 변화시킬 수 있다는 다양한 교육적 함의를 지닌 연구로 전개되었다. 신경과학자인 마셀 저스트 등은 자기 공명영상(MRI)을 사용해서, 8~10세의 아이들—독서 기능이 미숙하거나 전형적인 아이들 모두를 포함해서—수십 명의 뇌를 관찰했다. MRI 스캔은 백색질 섬유의 연결망을 드러냈는데, 독서 기능이 미숙한 아이들은 독서 기능이 전형적인 아이들보다 좌측 전두엽에 '낮은 미소 구조적 특질'을 지닌 백색질을 갖고 있었다.

이들 연구자는 다음 학년 동안에 미숙한 독자들 중 일부에게 6개월 동안 매일 페이지의 단어와 문장을 반복해서 읽는 것을 포함한 집중적인 치료 교육을 받게 했다. 그리고 교육이 끝난 뒤 이들의 백색질 부위를 촬영했다. 뇌 스캔은 언어 사용을 지배하는 뇌 영역의 백색질의 용량이 증가했음을 뚜렷하게 보여주었다. 반면, 치료 교육을 받지 않은 미숙한 독자들에서는 어떤 백색질의 변화도 없었다. 저스트는 아이들이 백색질의 신경회로를 거듭 반복해서 사용하면, 백색질을 구성하는 세포[희소돌기아교세포]가 발화되는 축삭을 따라 더 많은 미엘린을 구축한다고 추론했다. 그리고 백색질 섬유를 감싸고 있는 이 미엘린—풍부한 절연재는 신경 신호를 10배 더 빨리, 더 정확하게 전달한다고 강조했다.

연구의 결과, 미숙한 아이들의 백색질 증가량은 그들의 독서 능력, 특히 단어의 발음 기능의 향상과 상호 관련되었고, 그들의 독서를 더 쉽게 이끌었다.

이런 연구는 백색질의 약간의 변화가 독서 능력뿐만 아니라 인간의 인지 능력이나 학습 능력의 주요한 변화와 향상을 가능하게 할 수 있다는 점에서 교육 일반적 관점에서도 많은 관심의 대상이 되고 있다.[(168)][(136)][(77)]

백색질의 통합성과 창의성 및 독서와의 관계

일부 연구자들은 백색질의 통합성이 인간의 가장 높은 수준의 사고인 창의성과 관련된다는 과제로 백색질의 연구를 더욱 심화시켰다. 그리고, 이런 연구는 독서와도 밀접하게 연관된다는 점에서 주목할 가치가 있다. 신경과학자인 히카루 타케우치(Hikaru Takeuchi) 등은 DTI를 사용해서 건강한 젊은 성인[남자 42명, 여자 13명, 평균 나이 21.7세]을 대상으로 창의성과 FA 간의 연관성을 검사했다.[(135)]

히카루 타케우치 등은 인간의 창의성의 핵심적 측면은 확산적 사고라고 규정한다. 확산적 사고는 주로 뇌의 신경 체계를 통한 정보의 인출과 어떤 아이템에 관한 다양하고 많은 정신적 반응에 대한 요구와 관련된다. 일부 메타-분석은 확산적 사고의 점수가 지능 테스트의 점수보다 창의적 사고와 더욱 강한 유의미한 관련성을 갖고 있음을 논증했는데, 이는 확산적 사고가 창의적 능력의 예측자[예측 척도]로서 갖는 타당성을 밑받침하는 증거다.[(135)]

선행 신경과학 연구들은 전두엽과 아울러 두 반구 간의 연결성 및 각 반구 내의 연결성이 창의성에서 핵심 역할을 수행한다는 사실을 가리켜 왔다. 즉, 전두엽과 백색질의 구조적 연결성, 특히 뇌량의 연결성이 창의성의 기저에 놓인 신경적 기초로서 작용한다는 것이다. 히카루 타케우치 등에 의해 DTI를 사용한 측정의 결과는 전두엽과 뇌량을 포함하는 구조적 연결성과 통합성의 증가가 확산적 사고 테스트에 의해 측정된 개인의 창의성과 유의미하고 긍정적으로 상관된다는 사실을 보여주었다. 나아가 유의미한 상관성이 양측 선조핵을 비롯한 여러 부위들[우측 측두-두정 접합부, 양측 하두정소엽, 우측 후두엽에 인접한 백색질 부위들]에서 발견되었다.[(135)]

히카루 타케우치 등의 연구는 독서 행위와도 밀접한 상관성을 갖는 것으로 보인다. 창의성의 핵심이 확산적 사고라면, 바로 확산적 사고의 풍부한 원천이 책, 특히 인간의 무한하고 구체적인 체험의 세부적 디테일을 생생하고 실감 있게 담아내고 있는 시, 소설과 같은 문학 텍스트일 것이다. 추상적이고 관념적인 개념 위주의 이론 텍스트가 수렴적 사고에 더 치중한다면, 문학 텍스트는 독서 과정에서 확산적 사고를 지속적으로 실행해나감으로써 독자의 창의적 사고를 자극하고, 이런 독서 체험이 거듭됨으로써 독자의 창의성이 향상된다. 인간 체험의 구체성과 특수성을 정밀하게 묘사하는 문학 텍스트의 독서는 그 어떤 종류의 텍스트로 대체하기가 불가능한 독특하고 가치 있는 영역으로서 그 전통과 가치가 재평가되고 인정받아야 한다.

독서 체험과 대뇌피질의 변화

▶요약

독서 체험이 쌓여가며 독서 기능의 능숙성과 효율성이 향상됨에 따라 독자의 뇌에 중요한 변화가 일어난다. 언어 및 독서 관련 연결망의 회색질의 용량이 감소하고 백색질의 용량이 증가함으로써 피질이 두꺼워지는 역동적인 변화가 나타나는데, 이는 신경회로의 '전지'의 결과다.

또한 아이들은 물론 성인들의 경우에도, 많은 독서 체험을 쌓는 독자는 좌반구 중심의 독서 연결망 내의 피질이 두꺼워짐으로써 전체 피질이 두꺼워져서 뇌 기능이 향상되고 더욱 우수한 독자가 될 수 있다. 아울러 피질 두께의 증가는 독서 능력의 향상은 물론, 일반적인 인지, 사고 및 학습 능력의 향상을 기할 수 있다.

언어 관련 신경 연결망의 백색질 용량이 증가하면
피질이 두꺼워진다

아이들은 처음 문자를 배우고 단어의 해독 과정을 습득하면서 단어와 문장의 의미를 이해하고 점차 유창하고 능숙한 독자로 발달해간다. 이 과정에서 독서하는 뇌는 독서 체험과 독서 학습이 반복되고 축적되어, 그 효율성과 능숙성이 향상됨에 따라 중요한 변화를 겪게 된다.

일부 연구자들은 독서 기능의 효율성과 능숙성[상대적 개념]의 향상이 독서하는 뇌에 어떤 변화나 영향을 초래하는지 그 구체적인 과정을 신경영상술을 통해 구명하려 시도했다. 독일의 신경과학자인 야노슈 링케르스도르퍼 등은 독서 준비기에 있던 초등학교 1학년 학생들을 대상으로, 1학년 때와 2학년 때 두 번에 걸쳐 독서 기능의 행동 평가와 구조적 MRI 시간 과정에 참여시켰다. 그리고 두 번의 상이한 시점에서 학생

들의 회색질의 차이를 지도화하고, 그 변화를 독서 능숙도 점수와 연관시켰다.[(96)]

그 결과, 그들의 신경영상 자료에서 두 가지의 중요한 패턴을 발견했다. 첫째, 그들은 독서 준비기에 있던 1학년 학생들 중 말소리[음운]의 지각과 산출에 연관된 좌반구 부위에서 보다 높은 회색질 용량을 가진 아이들이, 보다 낮은 회색질 용량을 가진 아이들보다 2학년에서 상대적으로 더욱 능숙한 독자가 되었다는 사실을 발견했다. 연구자들은 이런 결과가 아이들이 독서를 학습하기 전에 갖고 있는 중요한 개인적인 신경구조적 차이라고 믿었다. 둘째, 그들은 학생들이 독서 준비기인 1학년에서 좀더 능숙한 독자의 시기인 2학년으로 이행함에 따라 뇌의 회색질 용량이 감소했다는 사실을 발견했다. 이런 회색질의 감소는 바로 말소리의 지각과 조절에 포함되는 부위에서 일어났다. 연구자들은 이런 결과의 원인을 학생들이 보다 능숙한 독자가 되어감에 따라 개별 단어의 발음에 덜 의존하고, 그들의 신경 연결망을 더욱 효율적으로 사용할수 있게 된 것으로 해석했다.[(96)]

링케르스도르퍼 등이 수행한 위의 연구 결과 독서 능력이 미숙한 1학년 아이들이 2학년이 되어 상대적이지만 독서 능력이 능숙한 아이들로 이행, 발달하면서 대뇌피질의 용량이 감소했다는 사실은, 앞에서 이미 기술한 신경회로의 '가지치기(전지)'의 과정에 의해 상대적으로 백색질의 용량이 증가함으로써 독서의 능숙성과 효율성이 향상되었음을 뜻한다. 즉, 이행 과정에서 아이들의 독서 학습과 독서 체험의 축적이 전지를 통해 자주, 많이 사용하는 신경 연결들은 강화하고, 가끔 혹은 드물게 사용하는 신경 연결들은 약화 혹은 제거하도록 작용한 결과다.[(96)]

이와 비슷한 연구는 신경과학자인 수전 휴스턴 등에 의해서도 제기되었다. 휴스턴 등은 MRI를 사용해서 전형적인 16명의 아이들(5~15세)을 대상으로 뇌의 독서 관련 부위들 내에서 성숙하는 용량의 변화와 독서 발달 측정과의 연관성을 탐구했다. 실험 결과, 독서 과정에서 뇌의 성숙은 회색질의 용량 감소와 백색질의 용량 증가라는 역동적인 변화를 나타냈다. 특히 좌반구의 실비우스 주위의 언어 부위 피질은 전두엽과 두정엽의 더 등쪽 부위가 두꺼워지는 것보다 훨씬 나중에 두꺼워지는 특유의 발달 패턴을 보여주었다. 또한 전형적으로 발달하는 아이들에 대한 장기간에 걸친 연구는, 하전두 피질 부위가 보다 두꺼운 아이들이 독서 과정에서 음운론적 기능의 향상을 나타낸다고 보고하고 있다. 연구자들은 독서 학습이나 독서 체험은 뇌의 성숙을 포함하는 다른 인지적 발달 과정의 촉진자이며 결과로 보인다고 결론을 내리고 있다.[(62)]

유아기 독서 체험과 피질 두께 간의 상관성

위에서 독서 기능과 언어 연관 피질 부위 두께 간의 관련성을 기술했지만, 나아가 일부 연구자들은 독서 체험의 축적에 따른 독서 연결망의 피질 두께를 중점적으로 연구함으로써 독서에서 가정 환경과 독서 체험의 중요성을 강조하고 있다.

아이는 출생 이후부터 대체로 부모의 보호를 받으면서, 부모가 마련한 가정의 문화적 · 교육적 환경 속에서 갖가지 감각적 · 인지적 체험을 쌓으면서 성장한다. 이런 인지적 체험 중에 가장 중요한 것이 부모 사이에, 그리고 부모와 아이 간의 언어 사용, 특히 아이에게 책을 읽어주는 행위라는 것을 이미 앞에서 과학적 근거를 들어 상세하게 기술한 바 있다.

그런데 아이들 가정의 문화적 · 교육적 환경은 제각각 다르다. 어떤 아이는 아이의 인지적 성장에 대한 부모의 관심이 크기에 많은 책이나 활자 자료가 주위에 구비되어 있어 늘 볼 수 있고 손만 뻗으면 가져다 읽을 수 있는 환경 속에서 성장하는 반면, 어떤 아이는 아이의 인지적 성장에 대한 부모의 관심이 적기에 볼 수 있는 책이나 활자 자료가 거의 없거나 있어도 손댈 수 없는 열악한 환경에서 성장하기도 한다. 흔히 '활자 노출'이라고 불리는 이런 문화적·교육적 환경은 대단치 않은 것 같아도, 아이의 인지적 성장에 적지 않은 영향을 끼친다는 사실이 밝혀져왔다.

'활자 노출(exposure to print)'이란 아이의 독서 체험과 연결된다. 즉, 아이 가까이에 있는 책들은 아이의 책에 대한 호기심을 자극하고, 아이를 점차 책의 세계, 독서의 길로 안내한다. 독서 체험이 독자의 뇌 발달을 돕고 촉진한다는 일반적인 논의를 넘어, 독서 체험이 뇌의 대뇌피질을 두껍게 하여 뇌 기능을 향상시킨다는 보다 실증적인 신경과학적 연구가 제기되어, 한층 전문적인 수준에서 분명한 근거에 입각해서 독서의 중요성을 재확인하고 강력하게 밑받침해준다.

앞에서 이미 간략하게 기술했지만, 뇌 신경과학자 제이슨 골드만 등은 성인들을 대상으로 독서 체험과 독서 기능, 그리고 뇌의 피질 두께 간의 상관성 패턴을 연구했다. 독서 행동 측정과 뇌의 신경영상술을 사용한 연구의 결과는, 더 많은 독서 체험을 가진 독자는 높은 독서 기능을 가진 독자이며, 이들은 좌반구의 독서 연결망 내에 보다 두꺼운 피질을 갖고 있음을 밝혀냈다. 이는 독서 체험, 독서 기능, 그리고 피질 두께는 아동기부터 성인기까지 독자의 뇌 발달 과정 전반에 걸쳐 긍정적으로 상관되어 있음 또한 시사해준다.[[52]]

이들 연구의 첫째 목적은 정상적인 성인 독자 표본을 대상으로 그들의 독서 연결망 내의 몇몇 부위에서, 독서 기능과 피질 두께에서 개인적인 차이 간의 연결성을 탐구하는 것이었다. 둘째 목적은 독서 체험이 언어 및 독서 기능과 적극적으로 상관된다는 사실을 입증하는 선행 연구들을 재확인하고, 이런 관련성을 피질 두께의 신경생물학적 측정으로 확장하는 것이었다.

그 결과, 독서 체험은 좌반구의 독서 연결망 전체에 걸쳐 피질 두께와 가장 일관되게 상관되었으며, 독서 연결망 내의 관심 부위들 중 후두-측두 피질을 비롯한 여러 부위들[각이랑, 모서리위이랑, 하전두이랑 등]이 큰 상관성을 갖고 있었다. 이런 상관성 패턴은 보다 많은 독서 체험을 가진 독자들은 좌반구의 독서 연결망 내의 피질이 보다 두껍다는 사실을 가리킨다.

실험 과정에서 독서 체험과 피질 두께 간의 연관성에 관한 종합적인 증거는 신경영상술 외에 연구자들이 부과한 배경 질문지에 관한 '쾌락적 읽기' 항에 나온다. 질문은 "지난 4주 안에 당신은 얼마나 자주 최소 30분 동안 쾌락을 목적으로 독서를 했는가?"였다. '아주 드물게'로부터 '하루에 한 번이나 그 이상'의 범위에 걸친 6가지의 가능한 반응이 있었다. 이 질문에 대한 실험 참가자들의 반응은 복합적인 활자 노출 변수와 더불어, 각이랑과 모서리위이랑 내의 피질 두께와 상관되었다.[(52)]

이런 절차와 결과에서 보듯이, 일반적인 상관성 패턴은 더 많은 독서 체험을 가진 성인 독자는 더 우수한 독자이며, 그리고 좌반구의 독서 연결망 내에 보다 두꺼운 피질이 있다는 사실을 가리킨다. 즉, 보다 많은 독서 체험과 보다 높은 독서 기능은 피질 두께의 증가와 연관된다는 것이다. 이런 사실은 독서 능력과 독서 체험의 연관성이 양방향적임과, 아동기부터 성인기까지 독서 능력과 독서 체험, 피질 두께가 발달 과정 전반에 걸쳐 긍정적으로 상관되어 있음을 시사해준다.[(52)]

연구자들은 미국 초등학교 학생과 콜롬비아 게릴라들에 대한 연구를 사례로 들어 그들의 주장을 밑받침하고 있다. 일부 조사에 의하면, 미국 초등학교의 경우 입학 초기에 능숙한 독자와 미숙한 독자 간의 격차가 독서 체험에서 갈라지기 시작하며, 전형적인 고학년 학급에서 가장 능숙한 독서 집단에 속하는 아이들은 평균적인 독서 집단에 속한 아이들보다 10배나 더 많은 단어를 읽을 수 있는데, 이는 가장 미숙한 독자들과 가장 능숙한 독자들이 단 1년 동안에 조우하는 어휘의 격차가 100배, 혹은 두 자릿수만큼 벌어진다는 의미라는 것이다. 또 하나, 콜롬비아 게릴라들에 대한 연구 또한 독서 기능과 뇌 발달을 위한 독서 체험의 결정적인 중요성을 반영하고 있다. 문맹자들에 비하면, 독서 교육을 통해 뒤늦게 문해력을 갖게 된 이들은 양측 각이랑을 비롯한 여러 부위들[모서리위이랑, 상측두이랑]을 포함해서 좌반구의 독서 연결망 대부분에 걸쳐 회색질의 증가를 나타냈다.[(52)]

피질이 두꺼워지면 일반적 인지, 사고, 학습 능력이 향상된다

그러면, 이처럼 독서 체험의 축적 과정에서 피질이 두꺼워진다는 사실은 독서 능력의 향상 외에 인간의 일반적인 인지 능력과 어떤 관계가 있을까? 캐나다 맥길대학의 몬트레일 신경과학회 연구진은 신경영상술을 통해 건강한 아이들과 청소년들(6~18세)로 이루어진 대표적인 표본을 대상으로 하여 포괄적으로 이 문제를 연구했다. 그 결과, 연구진은 이들의 뇌에서 인지 능력과 피질 두께 간의 긍정적인 연결성을 입증했다. 이런 상관성은 뇌의 서로 다른 부분들로부터 정보를 통합하는 부위에서 명확했다. 피질 두께는 부분적으로 신경세포 간의 복잡한 연결들의 수량을 반영할 수 있다. 달리 말하면, 보다 두꺼운 피질들은 인지 능력에서 중요한, 더 많은 복잡한 연결들을 가질 수 있다. 피질 두께와 인지 능력 간의 긍정적인 연결성은 전두엽, 두정엽, 측두엽 및 후두엽의 많은 영역에서 탐지되었다. 그중에서도 가장 관련성이 큰 부위들은 정보가 처리되기 위해 뇌의 다양한 부위들로부터 수렴되는 장소인 이른바 '이질양식 연합' 영역들이었다.[(52)]

요컨대, 독자의 독서 체험이 점차 축적되어 피질이 두꺼워지면 독서 능력의 향상은 물론 일반적인 인지, 사고 및 학습 능력의 향상을 기할 수 있다는 것이다.

정밀독에 의한 뇌 기능의 향상

▶ 요약

정밀독, 즉 텍스트를 꼼꼼히 읽을 때는 텍스트에 주의를 집중하기 위해 복잡한 인지 기능의 협력이 필요하다. 이에 따라 뇌 속에서 혈류가 증가하고 많은 뇌 부위를 포함하는, 뇌 전체에 걸친 총체적인 뇌 활성화가 일어난다. 정밀독의 교육과 실천은 학습자에게 주의 집중을 조절하고, 독서의 초점을 유연하게 조절하면서 새로운 뇌 부위들을 사용하도록 함으로써 보다 높은 인지 학습의 성과를 거둘 수 있다. 정밀독에 의해서만 이른바 '깊이 읽기(deep reading)'가 가능하며, 이 경우 피질의 네 가지 엽과 좌우 두 반구의 광범한 활성화가 일어난다. 특히 문학 텍스트의 정밀독은 독자의 뇌 기능 전체를 향상시킨다.

묵독에 의한 정밀독은 뇌 속에서 음성에 민감하고 감성적인 부위들을 사용한다. 독자가 특별히 주의를 기울여 묵독을 할 때, 독자의 뇌에서 '내적 음성'이 산출된다. 이는 묵독이 시각을 포함하는 상이한 감각 체계와 청각 체험을 산출하는 쓰여진 단어 간에 '상호 대화'를 산출한다는 것을 의미한다. 묵독은 시각에만 의존하는 묵묵한 읽기 과정이 아니다.

정밀독의 의미와 중요성

유창하고 능숙한 독자는 어떤 텍스트를 선택해서 읽는가에 따라 독서의 방법을 달리한다. 어떤 방법을 사용하느냐 하는 것은 우선 독자가 읽는 텍스트의 성격에 달려 있다. 일반적으로 텍스트의 내용이 진지하거나 심각한 경우, 나아가 독자에게 큰 정신적 에너지를 요구하는 난해한 것일 경우, 독자는 처음부터 주의를 집중해서 단어와 문장을 꼼꼼하게 읽어나가게 된다. 반면, 관능적인 쾌락이나 오락을 제공하기 위해 쓰여진 통속적인 서사 텍스트[예 : 무협소설, 신문소설 등]라면 독자는 줄거리 위주의 '훑어읽기(skim reading)'나 '뛰어읽기(skip reading)'의 방법을 흔히 사용한다.

또한 독자의 독서 동기가 독서의 방법을 선택하는 데 결정적인 요인이 되기도 한다. 이를테면 독자가 텍스트를 읽고 보고서를 작성한다거나 세미나에서 발표할 자료를 작성해야 하는 등 이른바 '참여적 읽기'를 해야 할 경우, 독자는 주의를 집중해서 꼼꼼하게 텍스트를 읽을 수밖에 없다. 반면, 단지 무료한 시간을 때우기 위해 정신 집중에 특별한 주의를 기울이지 않은 채 대충대충 텍스트의 내용을 훑어보는 이른바 '방관적 읽기'를 할 경우, 그의 읽기 방법은 특별한 사고의 깊이를 필요로 하지 않는 '훑어읽기' 혹은 '뛰어읽기가 된다.

독서의 방법으로서 '정밀독(close reading)' 즉 '꼼꼼히 읽기'는 과거 미국을 중심으로 한 시대(1940~1950년대)를 풍미했던 이른바 '신비평'에서 비평가들에 의해 주로 사용되고 권장된 방법이다. 신비평가들은 문학 텍스트를 그 외적인 요인(작가, 사회, 역사 등)으로부터 분리시켜 문학 텍스트를 자기 충족적인 유기적 통일체로 규정하고, 문학 텍스트를 이해하기 위해서는 텍스트의 구조를 구성하고 있는 언어적 요소들, 즉 단어나 문장을 꼼꼼하게 읽고 그 다층적 의미를 분석하고 해석함으로써 텍스트의 총체적인 구성 원리를 파악해야 한다고 주장했다. 또한 그들은 문학 텍스트를 구성하는 운율이나 이미지, 아이러니, 역설, 비유 등 텍스트의 형식적 자질들에 주된 관심을 기울여, 이것들이 구조화하는 의미를 해명하려 했다. 신비평은 1950년대 이후 쇠퇴의 길을 걷지만, 문학 텍스트를 꼼꼼하게, 깊이 읽어 그 다층적인 의미 구조를 해명하고 심층적인 의미를 벗겨낼 것을 강조하는 독법에 대한 강조는 오늘날까지도 독서 교육에 큰 영향을 끼치고 있다.

정밀독이 뇌 기능에 끼치는 긍정적인 영향

주의를 산만하게 하는 조건을 차단하고, 정신을 집중해서 텍스트를 정밀하게 읽는 과정은 훑어읽기나 뛰어읽기에 비해 뇌 기능에 어떤 긍정적 영향을 주는가? 독서에서 특히 문학의 가치, 뛰어난 문학의 전통을 존중하는 일부 학자들은 단순히 문학자들에 의해 주로 직관적으로 강조되어온 이 문제를 현대 신경과학의 신경영상술을 사용해서 구명하려 시도했다.

문예학자 나탈리 필립스는 문학 독서의 가치란 무엇인가라는 의문에 대한 과학적 근거를 얻기 위해 기능적 자기공명영상(fMRI)를 사용해서 수행한 학제간 연구를 주도했다. 이들의 연구의 결과는 독서, 특히 문학의 독서에 대한 새로운 빛을 비춰주고 있다. 연구자들은 18명의 참가자(문학박사 학위 후보자들)를 대상으로 이들에게 먼저 제인 오스틴의 대표작 중 하나인 『맨스필드 파크』의 한 장(章)을, 처음에는 마치 서점에서 책을 고른 뒤 보통 하는 것처럼 여유롭게 문장을 훑어읽도록 요청했다. 그리고 다음에는 그들이 시험에 대비해서 항상 하듯이, 소설의 같은 부분을 보다 정밀하게 읽도록 요청했다. 그동안 fMRI는 독서 중에 뇌 속에서 일어나는 혈류를 추적했다.[(160)]

실험의 결과, 쾌락을 위해 혹은 시간을 때우기 위해 훑어읽는 경우에도 뇌의 혈류, 즉 활성화가 증가했지만, 정밀독을 할 때와는 다른 영역들에서 부분적으로 증가했을 뿐이었다. 반면, 정밀독의 경우 극적이고 예상을 뛰어넘는 결과를 보여주었는데, 혈류의 증가에 의한 뇌의 활성화가 뇌 전체에 걸쳐 더욱 총체적으로 이루어졌다. 필립스에 의하면 이처럼 정밀독을 하는 중에 뇌의 전체적 활성화의 증가는 문학 텍스트에 대한 주의 집중이 많은 복잡한 인지 기능의 협력을 필요로 한다는 점을 시사해주는 증거다. 독서 방법의 차이는 단순한 뇌의 작용 이상의 훨씬 복잡한, 뇌 속의 독특한 패턴을 창출하는 것 같다.[(160)] 연구진의 지도자 중 하나인 밥 도허티는 실험 참가자들에게 그들의 문학적 주의를 변화시키라는, 즉 훑어읽기에서 정밀독으로 바꾸라는 요청이 어떻게 그처럼 큰 뇌 활성화의 패턴에 영향을 끼칠 수 있는 것인지 놀라워했다. 그에 의하면, 이것은 마치 뇌가 공간적으로 마음속에서 스토리를 재창조하는 것과 같다.[(62)][(126)]

필립스 등의 연구는 훌륭한 문학작품을 읽을 때 독자가 갖게 되는 비판적 사고, 윤리적 감수성, 정서적 조율과 같은 전통적으로 강조되어온 효용성 이외에, 특히 독자의 뇌 발달과 관련해서 문학 독서 교육이 갖는 효용성에 대한 중요한 함의를 담고 있다. 즉, 학습자에게 정밀독을 가르치고 실천하게 함은 학습자의 주의 집중을 조절하고, 독서의 초점을 유연하게 전환하면서 새로운 뇌 부위들을 사용하도록 교육함으로써, 높은 인지 학습의 성과를 거둘 수 있다는 것이다.[(160)] 또한 문학의 정밀독은 '단기 주의 스팬'[단기 주의 지속 시간]의 부족이라는 학습상의 장애를 극복함으로써 교육적 효과를 거둘 수 있다. 학습자에게 외부의 주의산만 요인들을 차단하고, 그들에게 당면한 독서 과제와 보다 큰 상호작용을 하도록 초점화된 방식으로 그들의 독서하는 뇌를 '전환하도록' 가르치는 것은 인문학 교육의 큰 이점이 될 수 있다. 이런 점에서 문학, 특히 위대한 문학의 독서는 진정한 인지적 '치료(therapy)'가 될 수 있다.[(160)]

정밀독의 개념은 매리언 울프가 강조하는 '깊이 읽기'의 개념과 연결될 수 있다. 텍스트의 깊이 읽기는 오로지 정밀한 독법에 의해서만 가능하다. 울프는 깊이 읽기의 의미를, 독자의 이해를 촉진하고 논리적 추론, 유추적 기능, 비판적 분석과 반성, 그리고 통찰을 촉진하는 고등 수준의 사고 과정이라고 규정했다. 그리고 숙련된 독자가 이 과정을 수행하는 데는 단지 몇 밀리초가 필요할 뿐이라고 덧붙였다.[(142)] 앞에서도 말했지만, 울프에 의하면 숙련된 독자가 깊이 읽기를 하는 데 소요되는 몇 밀리초의 시간은 좌반구와 우반구 두 반구에 걸친 광범한 활성화를 필요로 한다. 그리고 숙련된 독자가 심층적 수준에서 텍스트를 이해하는 이 시점에 이르러, 뇌의 네 개의 엽 모두와 두 반구가 이 비상한 행위에 의미 깊게 참여한다.[(142)]

소설 텍스트의 독서가 뇌 연결성에 끼치는 긍정적인 영향

나탈리 필립스와 거의 유사한 동기에서 문학 텍스트, 특히 소설 텍스트의 독서가 언어 이해와 뇌 연결성에 어떤 긍정적인 영향을 끼치는가를 연구한 또 다른 사례가 있다. 그레고리 번즈 등 연구진은 학부생 21명을 대상으로 fMRI를 사용해서 일련의 실험을 실시했다. 연구자들은 실험 참가자들이 휴식하는 동안 그들의 뇌를 스캔했다. 그다음, 참가자들에게 9일간 밤 동안에 로버트 해리스의 스릴러 장편소설『폼페이』중 몇 절을 읽으라는 과제를 주었다. 참가자들이 밤 동안에 독서 과제를 다한 뒤 연구자들은 매일 아침 그들의 뇌를 스캔했고, 참가자들이 소설 읽기를 다 끝낸 이후에도 5일 동안 매일 스캔했다.

참가자들의 뇌 영상은 읽기 과제를 수행한 뒤 매일 아침에 참가자들의 뇌 내부에서 연결성의 증가를 나타냈으며, 이런 긍정적 변화는 소설 읽기를 다 끝낸 이후 5일 동안 지속되었다. 연결성이 증가된 영역들은 감각 및 운동과 연관된 뇌의 중심고랑뿐만 아니라, 언어 이해와 연관된 뇌 영역인 좌반구의 측두 피질을 포함하였다.

나탈리 필립스와 매리언 울프, 그리고 그레고리 번즈의 연구 결과는 요컨대, 문학 텍스트의 정밀독이 독자의 뇌 기능 전체를 향상시킨다는 결론으로 귀결된다. 그리고 이런 결론은 문학 독자의 독서 방법 및 학습자에 대한 문학 교육 실천에 적용할 수 있는 중요한 함의를 담

고 있다.[(14)]

묵독에 의한 정밀독이 산출하는 내적 음성과
단어 간의 상호 대화

정밀독에 관해 연구한 일부 연구자들은 정밀독이 말소리(음성)와 완전히 무관한가 하는 흥미로운 과제를 다루었다. 아이들의 독서 발달 단계를 보면, 대개 문자 학습과 해독 과정을 거치며 2~3년간 음독 단계를 지난 다음 묵독 단계로 들어가게 되고, 그 이후에는 독서 능력이 발달하면서 특별한 교육적 목적 외에는 주로 묵독에 치중하게 되는데, 이 경우 묵독이 음성과 무관한가, 관련이 있다면 어떤 관계인가가 연구자들의 관심사였다.

이 과제에 대한 연구에서 크리스토퍼 페트로프 등은 신경영상술을 사용해서 묵독을 할 때 포함되는 뇌의 과정들을 조사하려 시도했다. 묵독 중 독자의 체험에 대한 연구에서 그들은 묵독은 의미(의미론)와 문법(통사론)을 평가하기 위한 언어 과정들을 사용할 뿐 아니라, 또한 뇌 속에서 음성에 민감하고 감성적인 부위들을 사용한다는 것을 확인했다. 예를 들면, 서사 텍스트[소설]에서 직접 인용문[직접화법]을 읽을 때 음성에 민감한 뇌 부위들이 활성화될 수 있는데, 이는 인용문이 허구적 인물에 관한 것이고, 음성이 미지의 것일 경우에도 그렇다. 그러나 직접화법[철수는 말했다. "그 영화 재미있었어."]을 포함한 문장은 간접화법[철수는 그 영화가 재미있었다고 말했다.]을 포함한 문장보다 음성에 민감한 부위 내에서 더 큰 뇌 활성화 반응을 유발했다. 이런 뇌의 작용은 묵독을 할 때 내적인 하향식 뇌 과정들이, 귀에 들리는 음성에 정상으로 반응하는 뇌 부위들을 활성화시킨다는 사실을 시사해준다. 그러나 독자가 읽는 문장 속에서 상상된 인물이 허구적인 인물이기 때문에, 이는 특정한 개인의 음성이라기보다 더 일반적인 '내적 음성'이 시뮬레이션되는 것으로 보인다.[(108)]

그 외에도 묵독과 음성과의 관련성을 다룬 연구는 더 있다. 신경학자 페론느-베르톨로티 등이 뇌전도(EEG, 뇌파)를 통해서 연구한 바에 의하면, 특별히 주의를 기울여 묵독, 즉 정밀독을 할 때 뇌에서 '내적 음성'이 산출된다. 연구자들은 먼저 실험 참가자 4명의 측두엽 가까이 뇌파를 측정할 수 있는 전극을 삽입하고, 그들이 스토리를 묵독하는 동안 그들에게 지시를 하는 음성을 듣게 했다. 물론 그들이 스토리를 읽고 지시를 듣는 동안 뇌의 활성화를 기록했다. 실험 결과 특히 새로운 것은 묵독이 뇌의 청각 영역에서 빈도 높은 전기적 활성화를 일으킬 뿐 아니라, 또한 이 영역이 '언어를 말하는' 음성에 특화된 영역임을 보여주고 있다는 점이다. 이런 활성화는 참가자들이 읽기 과제에 특별히 주의를 기울이고 있을 때, 즉 정밀독을 할 때에만 나타났다.[(108)]

연구자들에 의하면, 이런 결과는 독자가 묵독을 할 때 '내적 음성'을 산출한다는 가정을 밑받침한다. 그리고 이런 현상은 독자가 주의를 기울여 읽을 때 더욱 두드러진다. 묵독을 하는 독자는 뇌 속에서 지금 읽고 있는 단어들을 말하는 음성을 상상하여 소리를 낸다. 이는 독서를 할 때 독자가 상징[문자]을 말소리와 연결하고, 다음에 이 연결을 자동화하기 때문일 가능성이 높다. 뇌의 연결성이라는 관점에서 보면, 묵독을 할 때 뇌가 내적 음성을 산출한다는 사실은 묵독이 시각을 포함하는 상이한 감각 체계와 청각 체험을 산출하는 쓰여진 단어 간에 '상호-대화

(cross-talk)'를 산출한다는 것을 의미한다. 즉, 묵독은 사람들이 일반적으로 생각하듯 음성이 제거된 시각에만 의존하는 묵묵한 읽기 과정이 아니라는 의미다.[(106)]

묵독 중에 음성 체험이라는 내적인 과정이 포함된다는 연구자들의 연구 결과는 앞에서 기술한 독서 과정에서 단어의 해독 과정의 타당성을 밑받침해주는 근거로 이해될 수 있다. 또한 서사 텍스트[소설]의 경우, 정밀한 묘사와 서술을 담고 있는 텍스트가 사건이나 관념 서술 위주의 텍스트보다 훨씬 생생한 시뮬레이션적 체험을 주는 이유를 설명하는 근거가 될 수도 있다.

뇌의 집행 기능과 독서

▶ 요약

집행 기능은 사람의 유연한 인지적 목적 지향적인 행위의 기저에 놓여 있는 복잡한 인지적 기능이다. 독서 과정과 관련되는 기능으로는 주의 조절/지속, 인지적 유연성, 보유 지속, 인지적 조절, 시간 감지, 문제 해결, 조직화, 메타 인지, 예측과 계획 등이 있다. 이들이 모두 중요하지만, 특히 독서에서 중요한 기능은 '인지적 유연성'이다. 이 기능은 아동기에 향상되고 10대 초에 미엘린화가 급속히 증가하며 성숙도에 도달한다.

집행 기능은 아이들이 독서를 습득하는 초년기에 중요한 역할을 수행한다. 단어 읽기의 능숙성은 주의 조절, 인지적 유연성, 작업기억 등의 기능과 연관되며, 독자의 독해 발달 과정에서 인지적 유연성은 특별한 중요성을 갖는다.

집행 기능은 독서와 양방향적 관계를 갖는다. 집행 기능이 우수한 아이들이 독서를 더 잘 수행하지만, 반대로 집행 기능이 미숙한 아이들에 대한 교육 프로그램이 일부 집행 기능의 향상과 독해 기능의 향상을 가져온 실험 사례도 있다. 집행 기능을 담당하는 뇌의 전두 피질은 독서 체험의 축적을 통해서 그 신경 연결망의 기능이 더욱 강화되며, 종국적으로 뇌의 사고 능력을 향상시킬 수 있다.

집행 기능이란 무엇인가?

뇌의 '집행 기능(executive function)'이란 무엇인가? 집행 기능의 개념에 대해 많은 정의가 있지만, 간략하게는 사람의 유연한 인지적 목적지향적인 행위의 기저에 놓여 있는 일단의 과정을 포함하는 복잡한 인지적 기능으로 규정할 수 있다. 그리고 이런 정의는 그 핵심에 의식적이든 무의식적이든 그 사람 자신의 정신적·신체적 행동의 조절이라는 개념을 갖고 있다.

집행 기능의 이해는 집행 기능을 발휘하는 뇌의 작용에 포함되는 많은 인지 과정에 대한 이해를 통해 더 명확해진다. 집행 기능에 포함되는 뇌의 기능 중 독서 과정과 관련되는 주요한 것만 열거하면 ① 주의 조절/지속 ② 인지적 유연성 ③ 보유 지속 ④ 시간 감지 ⑤ 문제 해결 ⑥ 조직화 ⑦ 메타인지 ⑧ 예측과 계획 등이다.[(172)][(71)]

① 주의 조절/지속 : 독해 과정에서 읽는 내용 중 가장 중요하거나 적합한 것들에 지속적으로 주의를 기울이는 기능을 가리킨다. 독자가 주의를 조절해가며 중요한 사항을 선택, 초점화해서 통독하기 위해서 필요한 기능이다. 예를 들면, 서사 텍스트[소설]를 읽을 때 주인공의 행동의 전개 과정에 주의를 조절해서 초점을 맞추어 읽어가거나, 논술 텍스트나 설명 텍스트를 읽을 때 텍스트의 서두에서 제시된 중심 관념을, 텍스트의 내용이 전개되는 과정을 통해 그 일관성에 주의를 조절, 집중해서 읽어가는 기능이다.

② 인지적 유연성 : 독서 과정에서 동시에 많은 정보나 관념, 사건 등을 읽고 이해할 때, 이것들 간의 전환을 능동적으로 할 수 있는 기능을 말한다. 예를 들면, 서사 텍스트를 읽을 때 주인공의 성격, 행동, 환경 등에 대한 관심의 초점을 쉽게 전환하며 이해하거나, 논술 텍스트를 읽을 때 필자의 주장에서 이와 대립되는 주장으로 초점을 전환해서 양자의 관계를 잘 이해하고 독자 스스로 판단을 내릴 수 있는 기능이다.

③ 보유 지속 : 독자가, 텍스트의 정보가 원하는 대로 조작되고 저장되거나 실행될 때까지, 독서 중 작업기억 속에 정보를 보유하고 지속하는 필수적인 인지적 기능을 가리킨다. 예를 들어, 서사 텍스트를 읽을 때 독자가 앞에서 이미 서술한 주요 사건의 내용이나 주인공의 동기를, 앞으로 전개될 사건의 내용을 이해하기 위해 작업기억 속에 보유하고 지속하는 기능을 말한다. 또 논술 텍스트를 읽을 때 독자가 텍스트의 서론 부분에서 제시된 중심 관념을 작업기억 속에 보유, 지속함으로써 그 관념의 논증 과정을 이해할 수 있게 하는 기능이다. 작업기억의 용량이 큰 독자는 텍스트의 정보를 더 많이, 오랫동안 보유, 지속할 수 있다는 점에서 이 기능은 작업기억 기능과 밀접하게 상관된다.

④ 시간 감지 : 독서를 하는 전체 시간에 대한 내적 감각을 갖게 하는 기능. 독자가 하나의 문장이나 과제를 처리하기 위해 독서하는 데 걸리는 시간에 대한 내적 감각을 갖게 하는 정신적 기능을 가리킨다. 예를 들어, 서사 텍스트를 읽는 독자는 텍스트 내에서 흐르는 이른바 스토리가 '서술되는 시간[예 : 성장소설의 경우, 주인공의 일생 동안]'과 독자가 텍스트를 읽는 데 소요되는 이른바 '서술 시간[예 : 독자가 소설을 읽는 데 걸리는 시간]'을 그의 내적인 시간 의식에 의해 구별, 감지할 수 있다. 이는 텍스트를 이해하는 데 중요한 요인으로 기능한다.

⑤ 문제 해결 : 새롭고, 유연한 문제 해결 노력이 읽는 내용의 이해에 필요하다는 사실을 인지하고, 문제 해결을 위해 필요한 신경 자원을 활성화시키는 기능을 가리킨다. 예를 들어, 서사 텍스트를 읽는 경

우 독자는 심각한 갈등과 위기에 빠져 있는 주인공과 동일화되어, 문제적 상황을 해결하고자 주인공과 함께 고뇌하며 정신적 에너지를 총동원할 수 있다. 독자의 삶의 체험의 성숙도와 문제 해결 능력에 따라 그 결말은 텍스트에서 제시된 결말과 크게 다를 수도 있다.

⑥ 조직화 : 독서 중에 독서 과정의 효율성을 향상시키기 위해 지각, 감정, 사고 및 행동을 분류하고 배열하거나 조직화하기 위한 기능을 말한다. 예를 들어, 서사 텍스트를 읽을 경우 독자는 독서 과정에서 텍스트의 저자가 서술한 일련의 사건들이나 작중인물들 간의 갈등이나 심리적·정서적 추이 등을 읽어가며 스토리를 재조직화, 재구성할 수 있다. 독자 개인이나 특정한 독자 집단에 따라 서사 텍스트의 독서는 수많은 새로운 텍스트를 산출할 수 있고, 독자의 독서 동기나 수준에 따라 그 내용은 크게 달라질 수 있다.

⑦ 메타인지[상위인지] : 독자가 한 걸음 뒤로 물러서서 독서 과정에서 자신이 가지게 된 사고, 관점, 정서에 관해 다시 숙고하고 재평가할 수 있는 기능을 말한다. 사람의 인지 수준에서 가장 높은 기능 중 하나로서, 예를 들면 논술 텍스트를 읽어가며 저자가 논리적으로 펼치는 주장에 공감하는 입장에 처해 있다가 잠시 뒤로 물러서서 자신의 신념을 의심하거나 심사숙고해서 재평가하는 경우를 말한다. 또는 서사 텍스트를 다 읽은 뒤 비판적 관점에서 텍스트의 저자나 주인공에 대한 공감을 통해 무의식적으로 갖게 된 정치적·사회적 신념 등을 다시 심사숙고해서, 재평가하고 수정할 수 있는 기능을 말한다.

⑧ 예측과 계획 : '예측'은 독자가 텍스트를 읽어가며 앞으로 전개될 사건이나 제시될 관념, 주장 등을 미리 앞서서 예측하는 기능을 가리킨다. 서사 텍스트의 독서에서 독자가 추론을 통해 앞으로 전개될 사건이나 상황, 나아가 결말을 예측하는 기능이 이에 해당한다. '계획'은 독자가 독서 과제의 목적을 달성하기 위해 가장 중요한 사항, 밟아

야 하는 순서를 이해하고 이를 실행하는 기능을 가리킨다. 독서 과제가 학습을 위한 것이고, 따라서 독자의 독서 과정이 진지하고 심각한 경우일수록, 철저하고 치밀하게 계획을 세우는 기능의 중요성이 커진다.[(172)][(71)]

이런 과정들을 종합하면, 결국 독서 중 뇌의 집행 기능은 뇌의 주요 부위들과 신경 연결망을 작동시키는 주요한 정신 과정 대부분을 포함하고 있다고 해도 과언이 아니다.

인지적 유연성의 중요성과 그 발달 과정

인간의 뇌에서 집행 기능은 이미 유아 초기부터 발달하기 시작하지만, 위에 열거하고 간략하게 기술한 집행 기능 중 특히 많은 연구자들이 독서에서 중요한 것으로 지적한 것은 '인지적 유연성'이다. 이 기능은 4~5세 사이에 현저하게 향상되는데, 여기에 7~9세 사이에 기능상의 정련성이 추가되고, 12세까지는 상대적인 성숙도에 도달한다.[(71)]

인간의 뇌에서 집행 기능은 전두엽과 전전두 피질 내의 활성화와 가장 현저하게 연관된다. 즉, 전두엽의 활성화와 성장은 아이와 성인 모두에서 집행 기능의 기저에 놓여 있다. 집행 기능이 주로 활성화되는 자리인 전전두와 전두 피질의 발달은 일찍 유아기부터 시작되어 청년기까지 지속되는데 집행 기능의 발달이 이와 병행된다. 특히 11~12세 무렵에 미엘린화가 급속히 증가하며, 집행 기능의 발달을 밑받침하기 위해 새롭게 정련된 뇌 구조에 힘을 보탠다.

독서와 집행 기능 간의 양방향적 영향

뇌의 집행 기능은 독서 발달을 위해 왜 중요한가? 그리고 독서가 집행 기능의 발달을 도울 수 있을까? 앞에서 이미 상세히 기술했지만, 독서는 단어의 문자, 소리, 의미, 형태소, 순서, 그리고 문장과 텍스트의 독해를 밑받침하는 여러 전략과 많은 요소의 협동을 필요로 하는 복잡한 정신 과정이다. 능숙한 독자는 효과적인 독해를 위해 이런 모든 요소들을 완벽하게 처리하고 협동화시켜야 한다.

집행 기능은 아이들이 독서를 습득하는 초년기에 중요한 역할을 수행한다. 단어 읽기의 능숙성은 주의 조절, 인지적 유연성, 작업기억 등의 기능과 연관되며, 특히 음운론적 정보의 처리에 특화된 집행 기능이 단어 읽기 기능의 발달에서 중요한 역할을 한다는 연구 결과가 제기되어 왔다.[(172)][(71)]

집행 기능은 독자의 독해 발달에서 중요한 역할을 수행한다. 위에서 열거하기도 하고 예를 들어 설명하기도 했지만, 문장과 텍스트 읽기의 과정에 집행 기능에 포함되는 대부분의 기능이 밑받침을 한다. 특히 신경학자인 켈리 카트라이트는 아이들뿐 아니라 성인들의 독서 기능에서도 인지적 유연성의 역할을 강조한다. 능숙한 독자는 성공적인 독해를 위해 단어의 음소 인지에서 문장이나 텍스트의 이해에 이르기까지 독서 기능의 여러 측면을 유연하게 조화시킨다. 이에 비해 난독증자들은 단지 단어의 문자와 소리에만 초점을 맞추고 의미에 주의를 기울이지 못하기 때문에 인지적 유연성을 발휘하지 못하고 독서에 곤란을 겪는다. 이런 점에서 집행 기능에서 인지적 유연성은 독자의 독해 발달 과정에서 특별한 중요성을 갖는다.[(172)]

집행 기능과 관련하여, 일부 교육 현장에서 집행 기능이 미숙한 아이들을 상대로 한 교육 프로그램이 집행 기능의 향상과 독해 기능의 향상을 가져왔다는 실천적 사례가 보고되었다. 2011년 스웨덴의 어느 초등학교에서 주의력 결핍 증상을 보이는 57명의 아이들(9~12세)을 대상으로 20일에서 25일까지 집행 기능의 교육을 받게 했다. 교육은 아이들의 작업기억이 인지 학습 프로그램에 의해 향상될 수 있는가 여부, 그리고 학습의 결과가 그들의 독서 성취와 어떻게 관련될까 하는 문제였다. 결과는 매우 고무적이었다. 작업기억의 교육은 아이들의 독해 발달에 유익한 효과를 거둔 것으로 나타났다. 작업기억을 측정한 결과는 아이들의 단어 읽기 및 독해와 긍정적으로 관련되는 것으로 확인되었다. 연구의 결과는 작업기억이 독해 능력이 부족한 아이들의 독서 발달에서 결정적인 요인이 될 수 있으며, 작업기억을 향상시키는 교육은 아이들의 독해 기능을 더욱 능숙하게 향상시키도록 도울 수 있음을 보여주었다.[(71)]

독서의 과정은 가장 복잡한 인지적 과정의 하나이며, 뇌의 집행 기능은 독서의 과정을 다루기 위한 인지적 수단을 제공한다. 그리고 집행 기능과 이와 연관된 뇌 발달은 독서 습득과 병행되기 때문에, 집행 기능의 작용은 독서 출발 이전의 기능, 단어 읽기, 그리고 문장이나 텍스트의 독해를 포함하는 독서 능력 전반의 성공적인 발달을 함양하는 데 크나큰 중요성을 가진다.[(71)]

한편 집행 기능을 담당하는 뇌의 전전두 및 전두 피질은 반복적인 독서 체험과 독서 발달 과정을 통해서 그 신경 체계와 연결망의 기능이 더욱 강화되고 공고화되며, 나아가 이런 뇌의 발달적 변화가 거듭되면,

앞에서 논의한 생물학적 원리[용불용설]에 따라 독서하는 뇌는 고등수준의 사고를 수행할 수 있는 능력을 갖춘 더욱 뛰어난 뇌로 발달할 것이다.

독서와 기억의 관계

▶요약

　기억은 시간이 경과하는 동안 정보를 유지하는 과정을 의미한다. 기억은 부호화→저장→인출의 세 단계를 포함한다. 기억은 기준에 따라 단기기억, 장기기억, 작업기억 등을 구분하지만, 독서와 관련해서 가장 중요한 것은 작업기억이다.

　작업기억은 독서의 전체 과정, 즉 음소 인지에서부터 단어, 문장, 텍스트의 이해에 이르는 전 과정에 걸쳐 중요한 역할을 한다. 독서 과정에서 독자의 기억과 관련된 질적인 변화가 일어나는데, 이는 장기기억에 저장된 이른바 배경지식(스키마)이 이해를 돕기 위해 활성화되어 인출될 때다.

　작업기억은 독서 학습이나 독서 과정에서 가장 중요한 역할을 하며, 작업기억이 충분히 발달하지 않으면 난독증자가 될 수 있다. 많은 독서 체험과 효과적인 독서 교육은 작업기억 능력의 향상을 가져올 수 있으며, 따라서 이 두 가지의 관계는 양방향적이다.

기억의 의미와 기억의 세 단계
: 부호화 → 저장 → 인출

　심리학자들은 '기억'의 개념을, '시간이 경과하는 동안 정보를 유지하는 과정' 혹은 '정보의 저장과 후속적인 인출에 포함되는 구조와 과정' 등으로 정의한다. 또한 심리학자들에게 기억이란 용어는 정보 처리의

책을 읽으면 왜 뇌가 좋아질까? 또 성격도 좋아질까?

170

세 가지 측면, 즉 기억의 3단계를 포함한다. 기억의 3단계는 '부호화→저장→인출'이다.

기억의 '부호화(encoding)'란 감각 정보가 감각 입력으로부터 인간의 기억 체계로 들어올 때, 이 기억 체계가 처리할 수 있는 형태로 변환되어 저장되는 것을 뜻한다. 이는 여행자가 한 나라에서 다른 나라로 여행할 때 돈을 환전하는 것과 유사하다. 독서의 경우, 페이지 위에 보이는 단어는 소리(음운론적 처리)나 의미(의미론적 처리)로 부호화될 경우에만 저장될 수 있다.[(88)]

기억의 '저장(memory)'은 저장 방식에 따라 이를 인출하는 방식에 영향을 끼친다. 기억은 그 지속 기간에 따라 극히 짧은 시간(몇 초) 정보를 보유할 수 있는 '단기기억'과, 시간 제한 없이 평생에 걸쳐 정보를 저장할 수 있는 '장기기억'으로 나눌 수 있다. 대부분의 성인은 용량이 한정되어 있는 단기기억 내에 7개 아이템 정도를 저장할 수 있다. 반면 장기기억 용량에는 제한이 없다. 심리학자 조지 밀러는 단기기억의 용량 한계를 연구하면서, 다양하게 나타나는 단기기억의 크기를 이해하기 위해 개별 문자, 단어, 문장 등의 기억 단위를 고찰하고, 이 기억 단위를 '청크(chunk)'라고 불렀다. 즉 인간의 기억은 자극의 물리적 단위의 수보다는 의미 있는 청크의 수에 의해 제한되며, 대개 7청크를 기억한다. 밀러는 이를 '매직넘버 7'이라 불렀다. 밀러의 청크 개념은 독자가 독서를 할 때, 단기기억 속에 잠시 보유하는 단어의 수를 이해하는 데 도움이 된다. 밀러가 말하는 7청크는 평균적인 개수이며, 독서 능숙도에 따라 더 증가할 수 있다.[(88)][(148)]

기억의 '인출(retrieval)'은 저장된 정보를 꺼내는 것을 의미한다. 기억으로부터 무엇인가를 인출해야 할 필요가 있을 때 단기기억과 장기기억의 차이가 명확해진다. 단기기억은 순차적으로 저장되고, 따라서 순차적으로 인출된다. 예를 들어, 독서를 하는 동안 독자는 읽은 단어를 단기기억 속에 순차적으로 저장하며, 인출할 필요가 있을 때 역시 순차적으로 인출한다. 반면, 장기기억은 연상에 의해 저장되고 따라서 연상에 의해 인출된다. 예를 들면, 내려야 할 전철역을 지나쳐 다음 전철역에서 내렸을 때 옛 친구를 만나러 집을 나온 이유가 생각나는 것 등이다.

기억의 종류와 작업기억의 중요성

기억의 종류 중 단기기억과 장기기억에 대해서는 위에서 이미 말했지만, 독서와 관련되는 중요한 또 하나의 기억인 '작업기억'을 포함해서 기억의 개념을 다시 정의하면, 독서와 기억의 관계가 좀 더 명료해진다. 단기기억은 정보가 처리되는 극히 짧은 시간 동안(몇 초~30초 이내) 마음속에 정보를 보유하는 기억이다. 장기기억은 단기기억 속에서 처리된 정보가 영구히 저장되어 있는 기억이다. 작업기억은 시간적으로는 단기기억에 속하지만, 뇌의 정보 처리 과정에서 정보를 저장하고 조절하는 중개적이고 능동적인 역할을 하기에 독서에서 매우 중요한 기억이다.

기억은 독서와 어떤 관계를 갖는가? 기억과 독서는 서로 밀접한 상호작용을 한다. 불충분한 작업기억 능력이나 빈약하게 조직화된 장기기억은 독서나 독해 과정에서 장애를 일으킨다. 반면, 작업기억 용량이 충분하거나 장기기억이 잘 조직화되어 있으면, 능숙한 독서를 할 수 있다.

단기기억과 작업기억은 독서와 독서 학습을 위해 특별히 중요한 기억이다. 신경영상 자료들에 의하면, 작업기억을 담당하는 뇌 부위는 뇌의 전두엽에 있는 '중심 집행부' 혹은 신경 체계다. 언어적 작업기억의 저장 단계 중에, 브로카 영역에서 활성화가 나타나고, 여기에 전두 피질 내의 보충 운동 및 전운동 영역들이 추가로 포함되며, 서로 다른 연결망들이 좌반구의 편측화된 전두 피질에서 정보의 인출 속에 포함된다.[(148)]

연구자들은 작업기억 내에서 정보를 기억하기 위해 빠르게 언어적으로 반복하는 과정을 가리켜 '조음 고리'라고 한다. 이는 작업기억 내에서 정보를 보유하는 데 큰 도움이 된다. 예를 들어, 우리는 전철을 타기 전 노선도를 미리 보면서 목적지를 알아두고, 전철을 타고 가면서도 거듭 거듭 경로에 있는 주요 전철역을 작은 소리로 되뇌곤 한다[rehearsal, 시연 혹은 내적 발언]. 앞의 이중 통로 이론을 설명하는 부분에서 이와 유사한 사례를 든 것을 상기하면 이해에 더 도움이 될 것이다.

작업기억은 독서의 전체 과정, 즉 음소 인지에서부터 단어, 문장, 텍스트의 이해 전 과정에 걸쳐 중요한 역할을 수행한다. 독서 단계의 처음부터 초보 독자가 단어의 해독 과정에서 소리 요소들을 식별하고, 분석, 처리하는 데 음운론적 작업기억은 핵심적인 역할을 수행한다. 독서 기능이 점차 능숙해지면, 음운론적 작업기억은 자동화된다. 그에 따라 단어와 텍스트의 의미를 이해하기 위해 작업기억 내에 더 많은 용량이 남게 된다.[(96)]

구성주의 : 독해는 배경지식의 활성화에 의한 의미 구성 과정

독서 과정에서 독자의 기억과 관련된 질적인 변화가 야기되는데, 이때는 독서를 밑받침하기 위해 필요한, 장기기억에 저장된 이른바 '배경지식(schema)'의 강한 활성화가 독자의 이해를 돕기 위해 인출될 때다. 스키마는 사람의 장기기억 속에 저장되어 있는 지식을 통틀어서 가리키는 용어[구조화된 경험적 지식의 총체]로 사람이 삶의 과정에서 쌓는 갖가지 감각적·신체적·언어적 및 정신적 체험이 주로 반복과 가치 판단을 거쳐 부호화되어 장기기억 속에 조직화된 지식으로 저장되어 있는 것을 말한다. 예를 들어, 어렸을 때부터 김치를 먹어온 한국인은 장기기억 속에 김치의 스키마를 저장하고 있다. 그리고 '김치'의 스키마는 사람이 김치를 반복해서 먹어본 체험과 김치에 대한 가치 판단에 따라 장기기억 속에 저장된다. 사람에 따라 김치의 스키마는 다를 수 있다. 즉 김치에 대한 실제 체험을 많이 갖고 있는 사람은 김치가 양념에 따라, 재료에 따라, 맛에 따라 여러 가지로 분류될 수 있다는 사실을 알고 있다. 이런 사람은 독서 과정에서 김치에 관한 묘사나 설명이 나오면, 자신의 장기기억에서 김치의 스키마를 활성화시켜 인출해서 김치에 대한 이해를 더욱 정확하고 풍부하게 할 수 있다. 반면, 장기기억 속에 김치의 스키마가 전혀 없는 외국인이 김치에 관한 묘사나 설명을 대할 경우, 그 의미를 이해할 수가 없을 것이다.

앞에서 독서 방법으로 하향식 방법에 관해 기술한 바 있지만, 독서 수준이 높아짐에 따라 효율적인 독서를 수행하기 위한 독서 이론 중 '구성주의'라는 모델이 있다. 구성주의 이론은 독서 과정을 독자가 의미를 구성하는 과정으로 규정한다. 그리고 이 과정에서 스키마의 활성화 전략을 강조한다. 독서 과정에서 독자는 텍스트의 내용을 이해하기 위해 장기기억 속에 저장되어 있는 스키마를 활성화시켜 인출한다. 인출된 스키마는 독자가 읽는 단어나 문장의 의미를 보다 정확하고 풍부하게 이해하는 데 기능적 역할을 한다. 예를 들어 문장 속에서 '김치'라는 단어를 만날 경우, 독자는 그의 장기기억 속의 어휘 사전에서 '김치'라는 단어를 검색하고 김치에 관해 저장하고 있는 스키마[재료, 양념, 맛 등을 포함하는]를 활성화시켜 인출한다. "한 달 전에 어머니가 만드신 갓김치는……."이라는 문장을 읽을 경우, 갓김치에 관한 스키마를 활성화, 인출한 독자는 "쌉쌀하고 향긋한 그 맛이 유난히 혀끝을 자극했다. 밥 한 그릇을 금방 먹어치웠다."라는 문장의 의미를 정확하게, 풍부한 연상과 함께 구성, 이해할 수 있다. 스키마를 활성화하는 독서 전략은 텍스트를 이해하는 데 필요한 언어적·문법적 지식이나 장르적 지식을 포함해서 삶의 과정에서 쌓은 갖가지 체험적 지식을 동원하는 전략이며, 특정한 텍스트를 읽기 전, 읽기 중, 읽은 후 모든 과정에서 활용될 수 있다.

작업기억의 기능적 역할과 독서와의 양방향적 영향 관계

그러나 실제 독서 학습이나 독서 과정의 실행에서 가장 중요한 기억은 작업기억이다. 작업기억이 충분히 발달하지 않으면, 특히 독서 초보자들의 독해에 문제가 생긴다. 작업기억이 불충분하면 어휘 발달의 지체나 난독증을 유발할 수 있다. 초보 독자는 통사론적 발달이나 문장 이해에서 충분한 작업기억에 크게 의존한다. 예를 들어 "개가 아이를 물었다."와 "아이가 개를 물었다."라는 두 문장의 의미의 큰 차이는 단어의 순서[통사론]에 기인하며, 작업기억에 의존한다. 또한 문장의 이해에서 "어린 아들을 껴안고 있는 엄마는 손 잡고 있는 딸의 뺨에 입을 맞추었다."와 같은 구조적으로 복잡하거나, 길이가 긴 문장을 정확하게 이해하는 데 작업기억이 사용된다. 작업기억은 독자가 개별 단어나 단어의 연속체를 이해하고 장기 저장을 위해 단어들을 처리하고, 언어적인 문제해결을 수행하기에 충분할 만큼 오랫동안 마음속에 언어적 정보를 보유하도록 한다. 정보를 처리하는 뇌의 신경 체계에서 정보의 처리가 반복해서 폭넓게 실행되면, 일부 독서 과제[단어 해독]의 수행에는 보다 적은 노력이 필요하고, 보다 자동적이 된다. 이런 기능이 자동적이 될 때, 작업기억 체계의 효율성이 향상되고, 뇌에는 정보의 개별 단위를 처리하는 수고를 덜어준다. 따라서 뇌는 보다 복잡한 정보의 처리와 문제해결 과제를 용이하게 수행할 수 있게 된다.[(148)]

독서는 많은 상이한 뇌의 부위와 신경 연결망의 동시적 활성화를 필요로 하는 복잡한 기능이다. 독서 과정에서 독자가 처음 단어를 읽을 때부터 단락 전체를 읽을 때까지, 작업기억은 일관되게 정보를 보유하는 긴요한 역할을 수행한다. 요약하면, 단어를 읽을 때 먼저 단어를 구성하는 문자의 시각적 배치, 순서를 인지해야 하고, 그리고 분절[단어를 개별 소리로 나눔]을 해야 한다. 다음, 이것들이 작업기억 속에 보유되는 동안 음소[문자의 소리]를 조합하여 인지할 수 있는 단어를 형성해야 한다. 이어 단어를 해독해야 하고, 단어의 순서[통사]를 이해하고, 문맥의 단서를 이용하고 충분한 어휘 지식을 가져야 한다. 문장을 이해하기 위해서는 이 과정들이 동시에 실행되어야 한다. 이때 문장은 작업기억 속에 보유되고 앞뒤의 문장들이 서로 연결되고 통합되어야 한다. 결국 전체 단락이 읽혀지고 장(章)의 끝까지 디테일과 중심 관념이 작업기억 속에 보유되어야 한다. 이처럼 단어 읽기에서부터 한 단락, 한 장 전체를 읽을 때까지 작업기억은 일관되게 중요한 역할을 함으로써 정확하고 효율적인 독해에 기여하게 된다.

인간의 기억은 대략 6세 때를 출발점으로 해서 향상되기 시작하고, 특히 단기기억 능력은 나이를 먹어감에 따라 증가하는데 전두엽의 발달에 크게 의존한다. 전두엽이 충분히 발달할 때까지 뇌는 기억 속에서 정보의 처리와 저장이라는 두 가지 일을 모두 다 할 수 없다. 작업기억 능력이 우수한 독자는 미숙한 독자에 비해 더 정확하고 효율적인 독서를 할 수 있고, 독자에 따라 그 편차는 매우 커진다.

생각의 방향을 바꿔보면, 반복적인 독서 체험이나 효과적인 독서 교육 프로그램을 통해 학습자의 작업기억 능력을 향상시킬 수도 있다. 적절한 텍스트의 선정, 반복적인 독서 체험을 통해 '청크'의 수를 늘일 수 있다면 작업기억이 지속적으로 향상될 것이다.

독서 과정에서 우반구의 역할

▶ 요약

독서 과정에서 우반구의 역할은 좌반구에 비해 오랫동안 경시되어왔지만, 최근의 여러 연구는 새로운 관점에서 그 역할을 재평가하고 있다. 좌반구가 밀접하게 관련된 의미론적 관계, 구체적인 개념들의 이해를 처리한다면, 우반구는 관련성이 멀고 보다 추상적인 개념들을 처리한다. 또한 우반구는 독해 중에 추론을 도출하거나 텍스트나 담론을 완전히 이해하기 위해 두 반구의 상호 협력이 필요할 때 참여한다.

우화와 같은 텍스트를 읽을 때 그 총체적인 의미(도덕적 주제)를 파악하기 위해 우반구가 중요한 역할을 하며, 결과적으로 좌우 두 반구의 통합적 협력에 의존한다. 그러나 두 반구의 체계적인 활성화는 각 반구가 각각 언어의 한 측면을 담당하지만, 종국적으로 텍스트나 담론의 총체적 수준의 이해를 목적으로 삼는다는 결론에 이르게 한다.

은유를 포함하는 비유어와 관용어의 이해에서도 우반구는 기능적인 역할을 한다. 또한 우반구가 사람의 뇌에서 창의성을 담당하는 핵심 부위라는 점을 고려할 때, 많은 독서

우반구의 역할에 대한 새로운 평가와 강조점

오랫동안 언어 이해나 독해에 관심을 가진 신경과학자들은 주로 언어나 독서를 지배적으로 처리하는 좌반구의 언어 영역을 중심으로 연구해왔으며, 상대적으로 우반구는 경시되어왔다. 그러나 지난 20년 동안 언어와 독서에서 우반구의 역할을 강조하는 많은 연구가 신경영상술의 사용과 임상적 관찰을 통해 제기되었다.

인지심리학자 마크 비면은 언어 처리에서 우반구의 기능적 역할에 대한 새로운 이론을 제기했다. 5년간의 신경영상 실험 프로그램에 입각한 그의 견해에 의하면, 좌반구가 언어 처리에서 지배적인 반구지만 우반구 또한 언어를 처리하며 단지 처리 방법이 상이할 뿐이다. 언어를 처리할 때 우반구는 지엽적으로 연관되는 정보를 포함해서 관련되는 의미론적 표상의 넓은 영역을 약하게 활성화시킨다. 그러나 이 활성화는 너무 넓게 분산되어 있어 더 이상의 처리를 위해 정보를 선택하지 못한다. 따라서 이는 '거친 의미론적 부호화(coding)'라고 부를 수 있다. 이와 대조적으로 좌반구는 정보의 좁은 의미론적 영역을 강하게 활성화시킴으로써 그 이상의 처리 혹은 의식적인 표상을 선택하도록 한다. 이는 '섬세한 의미론적 부호화'라고 부를 수 있다. 비면의 결론은 완벽한 텍스트나 담론[discourse, 한 문장보다 더 큰 일련의 문장들. 텍스트의 유사 개념]의 처리에는 우반구의 거친 의미론적 부호화와 좌반구의 섬세한 의미론적 부호화 두 가지 모두의 협력이 필요하다는 것이었다. 즉, 좌반구는 밀접하게 관련된 의미론적 관계, 구체적인 개념들에 대한 이해 속에 포함되고, 우반구는 관련성이 멀고 보다 추상적인 개념들을 처리한다는 것이다. 그의 이런 연구는 독서를 포함하는 언어, 텍스트나 담론 처리에서 우반구의 역할을 새롭게 강조하고 있는 점에서 특별한 의의를 지닌다.[(18)]

텍스트나 담론의 완전한 이해를 위한 우반구의 역할과 두 반구의 협력

텍스트나 담론 처리에서 우반구의 역할을 강조한 이런 연구는 그 뒤 스토리의 이해 중에 추론과 관련해서 우반구가 수행하는 역할에 관한 좀더 구체적인 연구를 통해 밑받침되었다. 마크 비먼 등은 독자가 스토리를 독해하는 중에 추론을 도출할 때 우반구가 어떤 역할을 하는가를 탐구했다. 연구자들은 건강한 젊은 실험 참가자들에게 좌반구[우측 시각 영역]나 우반구[좌측 시각 영역]에 추론을 촉진하는 스토리나 추론 관련성을 시험하는 단어들을 제시했다. 그 결과, 참가자들은 우반구에 제시된 목표 단어들에만 '예측성' 추론을 위한 활성화를 나타냈으며, 이와 대조적으로 좌반구에 제시된 목표 단어들에만 '일관성' 추론을 위한 뇌 활성화를 나타냈다. 예측성 추론이란 예를 들어, "그는 자동차 운전석에 앉아 시동을 걸었다."는 문장을 읽으면 다음에는 '그가 자동차를 출발시킬 것'을 예측하는 추론을 말하며, 일관성 추론은 "길옆에 주차해 놓았던 자동차가 없어졌다."는 문장을 읽고 차를 주차한 상황과 차가 없어진 상황[전제적 상태와 변화된 상태] 간의 모순[일관성 단절]을 해결할 필요가 있을 때 도출하는 추론이다. 이 경우, 독자는 '불법 주차한 차가 견인되었을 것'이라든가, 혹은 '새로 산 차를 도둑맞은 것 같다'든가 하는 식으로 빠진 정보를 채우고 앞뒤 사건을 함께 묶어서 스토리의 일관성을 향상시킨다. 일관성 추론은 '다리잇기 추론'이라고도 하는데, 이들 두 가지 추론 방식은 일상생활에서도 흔히 사용된다.

실험적 연구의 결과는 우반구도 좌반구와 함께 추론의 도출에 포함되며, 텍스트나 담론을 완전히 이해하기 위해서는 두 반구의 상호 협력을 통해 두 반구의 힘을 모두 이용해야 한다는 것이다. 그리고 이런 힘은 바로 앞의 비면의 연구 결과가 기술하듯, 우반구의 거친 의미론적 부호화와 좌반구의 비교적 정교한 의미론적 부호화다.[(19)]

독서 과정 중에 우반구의 역할은 단어 수준, 문장 수준, 담론 혹은 텍스트 수준에서 많은 연구가 제기되어왔다. 이 중 담론 수준에서 우반구의 포함과 역할을 탐구한 몇몇 연구가 공통적으로 신경영상술을 사용해서 독해 과정에서 우반구의 역할을 이해하는 데 도움을 주고 있다. 파올로 니첼리 등은 양전자방출 단층촬영(PET)을 사용해서 9명의 실험 자원자들에게 컴퓨터 화면에 제시되는 이솝 우화를 읽도록 요청했다. 그리고 문법적 오류, 우화의 주인공과 연관된 의미론적 특질, 우화에 담긴 도덕 등에 관한 질문에 대답하도록 했다. 실험의 결과 분석은 문법적이나 의미론적 결정과 스토리의 도덕에 대한 평가가 일관되게, 그러나 선택적으로 우반구와 좌반구의 전전두 피질을 활성화시키는 것을 입증했다. 우측 하전두이랑과 우측 중측두이랑의 초점적 활성화는 우화의 총체적인 의미를 파악하기 위해, 즉 그 도덕을 평가하기 위해 우반구와 좌반구의 통합적인 과정이 필요하다는 다른 연구에서 확인된 사실과 수렴될 수 있었다. 연구자들에 따르면, 비유적인 우화 텍스트 주제의 해석은 단지 개별 스토리의 일련의 사건들 전체에 걸쳐서만 이루어질 수 있으며, 이러한 해석은 우반구의 분산된 뇌 부위들 전반에 걸쳐 이루어질 수 있다.[(193)]

심리학자 마리 세인트조지 등은 fMRI를 사용해서 위의 니첼리 등의 연구와 유사한 맥락에서 담론 처리 중에 우반구의 활성화를 입증하는 선도적인 연구를 수행했다. 그들은 10명의 실험 참가자들에게 독해를 위해서 16개의 단락[절반은 제목이 있고, 절반은 제목이 없는]을 한 번에 한 단어씩, 시각적으로 제시해서 읽도록 했고, 담론 처리 중에 그들의 뇌를 스캔했다.[(193)][(131)]

연구자들은 자료 분석을 통해, 담론 처리는 제목이 있는 조건이든 없는 조건이든 두 반구의 하전두 부위와 측두 부위의 활성화와 연관된다는 점을 밝혀냈다. 나아가, 제목이 없는 단락에서 실질적으로 더 많은 우반구의 활성화가 나타난 점을 주목했다. 연구자들은 특히 우반구의 중측두 부위가 담론 처리 중 담론의 전체적인 일관성을 성취하기 위해 필요한 통합적 과제에 대해 특별히 중요할 수도 있다는 사실을 제안했다.

많은 선행 연구들은 자연적인 언어 처리에서 우반구의 영역이 주로 은유, 우화, 농담, 역설, 아이러니와 같은 특별한 종류의 언어 자료를 처리하는 데 포함된다는 점을 밝혀왔다. 그러나 이들 연구자는 담론의 이해 중에 우반구의 참여는 언어의 비유적 측면의 처리에 특화되어 있지 않고, 비유적인 언어든 축어적인 언어든, 독자가 독서 과정에서 담론의 단일한 일관된 모델을 구성하고 작자의 의도를 발견하려 시도할 때 상례적으로 발생하는 보다 일반적인 현상으로 본다. 이들에 의하면 행동적 자료들 혹은 사건관련전위(ERP) 자료들은 좌반구보다 우반구에서 보다 큰 통합의 가능성을 시사한다. 이들은 우반구의 역할에 대한 이러한 견해를 앞에서 고찰한 비먼 등의 '거친 부호화'의 개념을 빌려 설명한다. 그리고 자신들이 발견한 독자들의 뇌에 대한 fMRI의 활성화 패턴이 우반구에 존재하는 커다란 의미론적 영역에서 '거친 부호화'를 통해서, 관련성이 먼 개념들의 활성화를 유지하기 위해 기능한다는 관점과 일치하며, 이로써 우반구, 특히 하측두 부위와 중측두고랑이 효율적인 담론 처리를 위한 전체적인 일관성 확정에 기여한다고 결론짓는다.[(23)][(131)]

브라질의 심리언어학자 레다 토미치 등이 fMRI를 사용해서 수행한 한 연구는 텍스트 혹은 담론 처리에서 우반구의 역할에 대해 위의 연구들과 다소 다른 결론을 제시하고 있다. 연구자들은 실험 참가자인 8명의 대학원 학생에게 12개의 문장으로 구성된 설명문 단락을 읽도록 요청했다. 이 단락 중 절반은 두괄식 단락[첫 문장에 중심 관념(소주제)이 나오고 뒤에 논증과 디테일이 따르는 단락]이었고, 나머지 절반은 미괄식 단락[논증과 디테일이 먼저 제시되고, 중심 관념이 끝 문장에 제시되는 단락]이었는데, 참가자들은 한 문장씩 제시되는 각 단락을 읽은 뒤, 텍스트의 중심 관념에 관한 질문에 대답해야 했다.

실험 결과, 니첼리나 마리 세인트조지 등의 연구와 같이, 두 반구는 텍스트를 처리할 때 양측면으로 활성화되었다. 그러나 앞의 두 연구 결과와 달리 토미치 등의 연구에서는 참가자들이 미괄식 단락을 읽을 때, 좌반구의 측두 피질[베르니케 영역]과 하전두이랑[브로카 영역] 내에서 보다 큰 활성화가 나타났다. 미괄식 단락을 읽을 때 좌반구가 포함되는 것은 단락의 중심 관념이 단락에 맨 끝 문장에 제시되는 미괄식 단락에서 독자가 기억하는 텍스트적 표상의 재조직을 드러내는 것 같으며, 이는 좌반구가 텍스트의 독해 과정에 항상 포함됨을 보여주는 것이다.[(193)]

독서 과정 중 우반구의 역할에 대한 일련의 연구들은 텍스트의 주제 해석, 비유적 언어 해석 등 언어의 처리 과정에서 우반구의 역할을 조명하고 있는데, 결국 두 반구의 체계적인 활성화는 두 반구가 하나의 팀으로 작업하며, 각 반구는 각각 언어의 한 측면을 담당하지만, 그러나 종국적으로 텍스트나 담론의 총체적인 수준의 이해를 목적으로 삼는다는 결론에 이르게 한다.[(193)]

비유어, 관용어의 이해에서 우반구의 기능적 역할

독서 과정에서 우반구가 특별히 은유, 우화, 농담, 역설, 아이러니와 같은 언어 자료를 처리하는 데 포함된다는 점은 앞에서 기술했지만, 일부 연구자들은 이미 오래전에 은유를 포함하는 비유적 언어의 처리나 해석에서 우반구가 특정한 역할을 한다는 것을 PET를 사용해서 확인했다. 이탈리아의 신경학자 가브리엘라 보티니 등은 6명의 정상적인 자원자들이 은유가 포함된 문장을 읽는 중에 대뇌피질의 활성화를 조사했다. 그 결과 그들은 은유가 포함된 문장을 읽을 때 좌반구, 특히 우반구 부위들의 활성화를 확인했다. 은유의 이해는 좌반구 내의 유사한 활성화와 연관되었지만, 또한 전전두 피질을 비롯한 우반구의 여러 부위들[중측두이랑, 쐐기앞소엽, 뒤쪽 띠 등]이 활성화되었다. 그들은 독서에서 언어의 해석은 은유의 이해에서 특정한 역할을 갖는 우반구와 함께,

양측면으로 광범하게 분산된 신경 체계들을 포함한다는 결론을 내리고 있다.[(23)]

　일부 연구자들은 위에서 기술한 일련의 연구와 유사한 맥락에서 독서 과정에서 비유적 언어를 포함하고 있는 이른바 관용어의 이해에서 우반구의 역할을 연구했다. 그리고 이탈리아의 신경과학자 앨리스 프로베르비오 등은 이 목적을 위해 EEG를 사용해서 축어적 언어 대 관용적 언어 처리의 시간 과정과 신경 기초를 비교했다. 15명의 실험 자원자들이 축어적인 문장들과 관용적인 문장들[모두 이탈리아어]을 묵독하였고, 그리고 이 문장들이 뒤를 잇는 목표 단어와 의미론적으로 관련되어 있는지 여부를 결정하였으며, 그동안 EEG에 의한 기록이 실시되었다.

　실험 자료를 분석해보니 독서를 시작하고 350밀리초 후 우반구의 중측두이랑과 우측 중전두이랑을 포함하여 관용어의 이해에 두 반구의 양측면이 포함되었다. 관용어(idiomatic language)는 고성된 형식을 갖고, 단어의 엄밀한 축어적 의미를 초월하여 은유적, 비유적 의미를 전달하는 언어다[예 : "그녀는 그를 헌 신짝처럼 버렸다."]. 은유, 직유, 의인화, 과장법, 상징법 등을 사용하는 모든 비유적 표현은 축어적인 해석을 초월해서 함축적 의미를 전달하는 자질을 공유한다. 연구자들은 독서 과정에서 언어의 해석은 두 반구의 양측면에 걸쳐 광범하게 분산된 신경 체계들을 포함하는데, 우반구는 관용어의 의미를 평가하고 이해하는 데 특별한 역할을 수행한다고 결론짓고 있다.[(110)]

우반구의 기능과 창의성 향상을 위한 독서 교육의 방향

독서 과정에서 언어 처리를 지배하는 뇌의 좌반구뿐만 아니라 텍스트나 담론을 이해하는 데 추론의 도출, 텍스트의 총체적 의미(주제) 해석, 은유를 포함하는 비유적 언어 해석에 우반구 역시 중요한 역할을 하며, 종극적으로 좌반구가 우반구와의 원활한 협력을 통해 텍스트나 담론의 이해를 성취한다는 일련의 연구는 독서에서 우반구의 중요성을 정당하게 평가해야 한다는 사실을 가리킨다.

독서 과정에서 좌반구와 우반구에 걸친 광범하게 분산된 신경 체계의 협력을 통한 독해의 성취라는 결론은, 개인의 독서 체험은 물론, 독서 교육에 관해서도 적지 않은 함의를 가진다. 독서 과정에서 단어의 해독이나 문장의 이해가 물론 중요하지만, 텍스트나 담론의 구조의 파악이나 총체적인 이해를 위한 직관적인 통찰이나 독서 전략의 활용은 독서를 통한 우반구의 기능을 보다 증가시킬 수 있다. 또한 우반구가 인간의 창의성을 담당하는 핵심 부위라는 점을 고려할 때, 많은 독서 체험과 우뇌의 기능 향상을 목표로 삼는 전략적이고 계획적인 독서 교육이 학습자의 창의성 향상을 가져 올 수 있을 것이다. 이와 아울러, 학습자의 독서 수준에 맞되, 다양한 비유적 언어 표현, 특히 은유나 우화, 아이러니 등을 포함하고 있는 서사 텍스트[소설]나 독자의 정서를 자극하고 환기하는 운율이나 리듬을 포함하고 있는 시 텍스트를 활용하는 독서 교육은 학습자의 우뇌의 기능 향상에 큰 도움을 줄 것이다.

문장 이해와 뇌의 신경 연결망 형성

▶요약

문장 이해의 과정은 대체로 단일 단어 읽기와 중복되는 신경 연결망을 갖는다. 그러나 양자 간에는 질적·양적인 차이가 있으며, 단일 단어의 경우보다 더욱 광범한 신경 연결망을 형성한다. 일반적으로 문장 이해의 과정에는 좌반구의 측두 피질에 지배적으로 위치한 핵심적인 활성화 부위들이 존재한다는 사실이 여러 연구에 의해 입증되어왔다. 나아가 일부 연구는 문장 이해에서 우반구의 여러 부위가 좌반구의 부위들과 함께 참여한다는 사실을 입증했다.

문장 이해에 관한 많은 연구는 문장 이해의 일부 특정한 하위 구성 요소들, 즉 통사론, 작업기억, 추론, 의미론 등과 연관된 뇌 부위들의 신경회로를 분리, 특화하기 위해 시도되었다. 특히 문장 이해의 과정에서 의미론적 처리를 위해 특화된 뇌 부위가 확인되었으며, 필수적인 의미론적 통합 과정에서 좌측 하전두이랑의 결정적인 역할이 확인되었다.

문장 이해 중에는 단일 단어 읽기보다 일단 양적으로 좌반구와 우반구의 부위들이 더 많이 포함되며, 질적으로도 이들 부위가 긴밀한 상호 협력하에 방대한 신경 연결망을 형성하여 동시적·역동적으로 뇌의 독서 과정을 촉진한다. 이러한 뇌 속의 독서 과정은 연속적인 문장으로 구성되는 보다 높은 텍스트나 담론 수준에서의 종국적인 이해를 위한, 마치 오케스트라와 같은 총체적인 뇌의 기능적 작용으로 이행된다.

문장 이해 과정의 중요성과 신경 연결망의 형성

문장의 이해는 단어 인지로부터 보다 높은 수준의 언어 능력으로 이행하는 독서의 핵심 단계다. 독서하는 뇌의 신경 메커니즘에 대한 연구는 다양한 신경영상술을 사용하며 크게 발달하여, 초기에는 난독증에 대한 연구에 성과를 거뒀으며, 이에 따라 문장이나 텍스트보다는 단일 단어를 처리하는 신경 메커니즘을 탐구하는 데 많은 비중이 두어져왔다. 그러나 차츰 단일 단어를 넘어서 문장의 이해 중에 포함되는 뇌 부위들과 이들 부위가 형성하는 신경 연결망에 대한 관심이 높아지며 또한 많은 연구 성과가 나타났다. 단일 단어를 읽는 능력이 독서 과정에서 매우 중요한 한편, 문장을 이해하는 높은 수준의 읽기 기능 또한 결정적인 중요성을 지닌다.

그런데 신경영상술을 이용한 대부분의 연구는 유창하고 능숙한 성인 독자를 대상으로 수행되어왔고, 이런 연구들은 능숙한 독자의 문장 이해를 위한 결정적인 뇌 부위들을 확인해왔다. 그동안의 연구 성과에 입각해 볼 때, 문장 이해 과제는 양식 독립적이면서도 대체로 단일 단어 읽기와 중복되는 활성화의 연결망을 가진다. 그러나 양자 간에는 질적·양적인 차이가 있으며, 문장 이해는 단일 단어 연구에 관한 많은 연구가 보고한 것보다 더욱 광범한 활성화의 연결망을 보여주고 있다. 이에 의하면, 일반적으로 문장 이해에는 좌반구의 측두 피질에 지배적으로 위치한 핵심적인 활성화 부위들이 존재한다는 것이 입증되었다. 좀더 구체적으로 문장 이해는 좌반구의 하전두이랑을 비롯한 여러 부위들[뒤쪽 상측두이랑, 중측두이랑]을 활성화시킨다(좌측 〉 우측). 여기에 일부 연구들은 또한 방추형이랑을 비롯한 여러 부위들[후두측두 부위, 등쪽 외측전전두 피질 및 두정엽]의 활성화를 추가적으로 보고해왔다.[(35)][(73)] 문장 이해의 어떤 측면이 탐구되든 뇌의 어떤 핵심 부위들이 활성화되는 것으로 보인다는 점은, 어떤 뇌 부위들이 서로 다른 유형의 문장을 구성하는 요소들을 넘어서 문장 이해에 본질적이라는 사실을 시사해준다.[(35)]

문장 이해에 참여하는 좌우 두 반구와 핵심적인 부위들

　문장 이해에 대한 일부 연구는 단일 단어 읽기와 문장 이해를 비교하여 특화하고 분리킴으로써 각 과정에 특화된 연결망을 상세화하려 시도했다. 신경언어학자 로리 스토우 등은 PET를 사용한 실험 연구에서, 단어보다 문장을 처리하는 데에 좌반구의 앞쪽 측두엽이 더 크게 동원된다는 점을 확인했다. 이는 통사구조가 복잡한 문장의 이해가 연구에서 확인된 좌반구의 외측 앞쪽 상측두이랑과 중측두이랑 등 모든 언어 영역을 보다 강력하게 동원함을 시사해준다.[(73)]

　이에 비해, 앞에서 독서 과정에서 우반구의 역할에 대한 연구를 인용하면서 기술했던 가브리엘라 보티니 등의 연구는, 단어 읽기에 비해 문장 이해에서 우측과 좌측 측두극을 비롯한 여러 부위들[우측과 좌측 뇌량하이랑, 우측 하전두이랑 및 우측 해마]과 더불어, 하전두이랑을 비롯한 여러 부위들[전두엽 부위, 좌측 두정엽 부위, 좌측 측두엽의 큰 부분]을 포함하는 다수의 우반구와 좌반구 부위에서 보다 큰 활성화를 확인하였다. 보티니 등의 연구는 은유의 이해에 포함되는 우반구의 부위들뿐 아니라, 문장의 이해에도 우반구의 여러 부위가 좌반구의 부위들과 함께 참여한다는 점을 입증한 점에서 의의가 있다.[(73)] 또한, 거듭 지적하지만 많은 언어와 독서 관련 영역에서 질적인 차이를 지닌, 단어와 문장 처리를 위한 중복되는 부위들을 가리키고 있다.[(73)]

　인지심리학자 로리 커팅 등이 fMRI를 사용한 연구에서도 단일 단어와 문장 처리 간의 질적인 차이를 지닌, 많은 중복되는 동일한 부위들이 확인되었다. 연구자들은 단일 단어 처리를 문장 처리와 비교해서, 문장에서 활성화가 증가하는 유사한 부위들을 확인하려 시도했다. 연구자들은 단일 단어 읽기, 문장 이해, 단기기억 과제를 포함하는 일련의 실험 계획을 짜고 정상적인 성인 독자로 이루어진 실험 참가자 20명에게 이를 완성하도록 했다. 실험 결과, 연구자들은 문장 이해는 단일 단어 읽기 과제나 단기기억 과제 그 어느 것과 비교할 때에도 좌반구와 우반구가 모두 포함되지만, 특히 좌반구 내 측두 피질의 핵심 부위들의 보다 큰 활성화(좌측>우측)와 연관됨을 밝혀냈다. 특히 문장 이해의 연속성의 분석은 좌측 하측두엽을 비롯한 여러 부위들[중측두엽, 상측두엽, 우측 중측두엽]의 활성화를 드러냈다.[(35)]

문장 이해에 관한 많은 연구는 또한 문장 이해의 일부 특정한 하위 구성 요소들, 즉 통사론, 작업기억, 추론, 의미론 등과 연관된 뇌 부위들의 신경회로를 분리, 특화하기 위해 시도되었다. 뇌의 기능 면에서 비록 이런 요소들이 함께 협력하더라도, 이것들은 언어 체계에 대해 다소간 서로 다른 인지적 요구를 제기한다. 이런 부분적인 분리는 신경영상 연구들에 의해 그 근거가 입증되어왔다.

신경영상 연구들은 일반적으로 통사론적 과정과 가장 결정적으로 연관되는 부위로서 브로카 영역을 포함하는 좌반구의 하전두 부위를 확인했는데, 그 이유는 특히 이 부위가 복잡한 통사론적 처리를 필요로 하는 과제에 반복해서 관여하기 때문이다. 다른 연구들도 이 전두엽 영역에 덧붙여 좌측두엽의 상부 부위가 활성화된다는 사실을 확인했다.[(6)]

문장 이해에서 작업기억의 포함과 관련해서 작업기억의 작용을 특별히 관찰한 여러 연구는 전형적으로 하전두이랑이나 등쪽외측전전두 피질 부위를 확인하고 있다. 독일의 신경과학자 크리스티안 피바흐 등이 수행한 한 연구는 통사론적으로 모호한 부분의 길이에 따라 증가하는, 그리고 작업기억의 스팬과 문장의 복잡성과 상호작용하는 브로카 영역의 활성화를 확인했다. 이는 독자의 낮은 스팬(작업기억의 요구)과 통사론적 복잡성(문장 처리의 요구)의 증가에 따른 브로카 영역의 활성화의 증가를 시사하는 것이다.[(73)] 로리 커팅은 문장 처리와 단일 단어 읽기와 연관된 활성화로부터 작업기억과 연관된 활성화를 구분하려 시도했는데, 그 결과 작업기억은 상두정엽과 더욱 강력하게 연관된다는 점을 확인했다.

문장 이해 중에 추론 처리에 관해서는 이미 독서 과정에서 우반구의 역할에 대해 기술하면서 문장 수준에서, 그리고 좀더 비중을 두어 담론 수준에서, 독해 중 추론 처리 과정에서 우반구의 역할을 중점적으로 기술했지만, 문장 이해 중에 추론하기에 대한 초기의 신경과학적 연구는 우반구의 현저한 역할을 제시해왔다. 임상적 증거는 우반구의 손상을 입은 환자가 추론의 도출과 문장 이해에 곤란을 겪는다고 보고하고 있다. 신경과학자 로버트 메이슨 등은 fMRI를 사용해서 직접적으로 실험 참가자들에게 인과적인 관련성의 정도가 변화하는 문장의 쌍들[앞뒤 문장 간의 인과관계가 긴밀하거나, 보통이거나, 아주 없는 문장 쌍들]을 읽도록 요청하고, 그들의 추론 처리 중에 뇌 부위의 활성화를 조사했다. 실험의 결과는 세 가지 문장의 쌍 중 인과관계가 보통 정도인 문장의 쌍에 대해 더 풍부한 표상이 창출되었고, 따라서 기억을 향상시키는 추론이 도출되었다는 사실을 드러냈다. 메이슨 등은 인과관계가 보통 정도인 문장 쌍은 나머지 어떤 유형의 문장 쌍에 비해서도 몇몇 우반구 부위들, 즉 우측 하두정엽을 비롯한 여러 부위들[우측 하측두, 중측두 부위]을 포함하는 부위들에서 보다 큰 활성화를 나타냄을 발견했다. 결국, 이런 최근의 연구 결과는 문장 이해 중 추론 처리에서 우반구의 중요한 역할을 시사해준다.[(86)]

문장 이해 과정에서 의미론적 처리에 중요한 뇌 부위

의미론적 처리는 단어 인지와 같은 단순한 과제를 포함해서, 단어의 분류, 범주화, 문맥적 판단과 같은 과제로 확장된다. 또한 최종적으로 개별 단어들의 의미론적 통합이 필수적이다. 그런데 최근의 연구를 통해 뇌의 전두 위치보다 더 앞쪽에 의미론적 처리에 특화된 부위를 확인할 수 있게 되었으며, 일부 연구가는 우반구 내에서의 더 큰 활성화를 보고하고 있다. 의미론적 과제를 위한 활성화는 또한 단어 처리와 연관된 측두엽의 좌측 뒤쪽 영역과 전두엽의 앞쪽 영역에서 관찰되었다.[(6)]

일부 연구자들은 문장 이해 중에 필수적인 의미론적 통합 과정에 좌측 하전두이랑의 역할을 특별히 강조하기도 한다. 중국의 신경과학자 추더 추는 문장 이해를 위한 의미론적 통합 과정에서 좌측 하전두이랑이 결정적인 역할을 한다는 사실을 확인하려 했다. 그는 fMRI를 사용해서, 26명의 참가자들에게 문장들을 한 단어씩 제시하고, 두 가지의 의미론적 과제, 즉 명시적 과제(의미론적 적합 판단) 하나와 암시적인 과제(글꼴 크기 판단) 하나를 수행하도록 요청하고, 그들이 과제를 수행하는 중에 뇌 스캔을 실시했다.[(151)]

문장을 이해하려면 독자는 일관된 유의미한 표상들을 형성하기 위해 개별 단어들의 의미론적 활성화를 결합할 필요가 있다. 이런 과정을 흔히 의미론적 통합이라 부르며 문장 이해에 필수적인 과정이다. 독자가 읽은 지점까지의 단어들로 구성된 의미 표상은 그 다음 단어가 연결 혹은 결속되어야 문맥을 형성하는데, 이 과정을 정보 결속이라고 한다. 이에 덧붙여서, 의미론적 통합은 또한 선택 과정을 포함한다. 예를 들어 문장 내의 많은 단어는 그 의미가 모호할 수 있으며, 따라서 그들의 적합한 의미는 명확한 문맥 형성을 위해 몇몇 가능한 의미들 중에 선택되어야 한다. 나아가, 독자는 현재의 문맥에 입각해서, 의도적이든 혹은 비의도적이든 끊임없이 수용되는 단어들을 예측할 것이다. 수용되는 단어가 예측된 단어와 다를 경우, 보다 더 적합한 단어가 성공적인 의미 통합을 위해 부적합한 단어들 중에서 선택되어야 한다.[(151)] 추더 추 등 연구자들은 실험 결과, 좌측 하전두이랑이 문장 수준의 의미론적 통합에 결정적인 역할을 수행한다는 결론을 제시하고 있다. 좀더 구체적으로는 좌측 하전두이랑의 앞쪽 부위는 의미론적 통합을 위한 영역−특정적[의미론/통사론/음운론 영역의]인 조절, 즉 특정 영역에서의 인지적 조절에 의한 의미론적 통합을 담당하는 반면, 뒤쪽 부위는 의미론적 통합을 위한 영역−일반적인 조절, 즉 경쟁하는 의미 간에 적합한 의미를 선택하고 갈등을 조절하는 역할을 한다.[(151)]

문장 이해 중에는 단일 단어 읽기보다 일단 양적으로 좌반구와 우반구의 부위들이 더 많이 포함되며, 질적으로도 이들 부위가 긴밀한 상호 협력하에 방대한 신경 연결망을 형성하여 동시적 · 역동적으로 뇌의 독서 과정을 촉진한다. 이러한 뇌 속의 독서 과정은 연속적인 문장으로 구성되는 보다 높은 텍스트나 담론 수준에서의 종국적인 이해를 위한, 마치 오케스트라와 같은 총체적인 뇌의 기능적 작용으로 이행된다.

텍스트/담론 이해와 뇌의 신경 연결망 확장

▶요약

독서 과정에서 텍스트/담론 이해는 단어 인지와 문장 이해를 거쳐 점증적으로 이르는 가장 높은 수준의 이해다. 이 수준에서 텍스트나 담론 이해는 대부분 단어 인지 과정과 문장 이해 속에 포함되는 뇌 부위들과 신경 체계를 사용하지만, 아울러 텍스트나 담론 수준의 이해에 특정적으로 포함되는 많은 뇌 부위들이 동원된다. 이들 부위는 텍스를 구성하는 문장들 전반에 걸쳐 의미를 연결하기 위한, 언어에 특화된 신경 메커니즘과 관련되면서, 주의, 기억 등 일반적인 인지 메커니즘과 관련된다.

일부 연구자들은 텍스트 중 가장 일반적인 설명 텍스트를 대상으로, 텍스트의 기저에서 작용하는 신경 연결망, 이 연결망이 이해의 과정에서 변화하는 방법, 설명 텍스트의 전체적인 의미에 중심 관념과 주변 관념이 기능적으로 구별되는가 여부를 확인하는 과제에 대한 연구를 통해 설명 텍스트의 이해에 포함되는 신경 연결망을 밝히려고 했다.

길이가 긴, 연결된 텍스트나 담론의 이해에서는 의미의 총체적인 통합을 위해 우반구의 역할이 강조된다. 우반구는 문장 수준에서 은유를 포함하는 비유적 표현 등을 담고 있는 경우는 물론, 텍스트나 담론 수준에서 그 구조가 역설이나 아이러니를 담고 있는 경우, 구조적 총체성을 이해하는 최종적 과정에서 그 역할이 더욱 커질 수 있다.

텍스트나 담론의 이해에 포함되는 뇌 부위들과 신경 연결망은 단어 인지와 문장 이해에 포함되는 뇌 부위들 및 그 신경 연결망과 크게 중복되면서도, 텍스트나 담론의 총체적인 의미를 구성하는 과정에서 양적·질적으로 많은 뇌 부위들이 추가되거나 그 활성화의 정도가 강화되면서 훨씬 광범하게 확장된 연결망을 형성한다. 일부 연구자들은 이를 '확장 언어 연결망'의 개념으로 설명한다.

텍스트/담론 이해에 포함되는 뇌 부위와 신경 연결망

독서 과정에서 텍스트/담론 이해는 단어 인지와 문장 이해를 거쳐 점증적으로 이르는 가장 높은 수준의 이해 단계다. 텍스트나 담론 이해는 선행 과정인 단어 인지와 문장 이해 같은 하위 과정들을 대부분 포함하지만, 유창하고 능숙한 독자는 이보다 높은 수준에서 텍스트/담론에 기반한 정보를 사용하면서, 장기기억 속에서 인출한 배경지식(스키마)과 텍스트/담론의 문맥을 사용하고, 특정한 상황 맥락을 고려한 화용론적 해석을 가해야 한다.

능숙한 독자는 텍스트나 담론을 읽는 중 문장으로 연결된 하나의 전체로서 텍스트나 담론의 일관된 의미[의미의 일관성]를 구성하고 이해하기 위해, 개별 단어와 문장의 이해뿐만 아니라 문장의 표상들 전반에 걸치는 통합을 달성해야 한다. 이런 일관성을 달성하기 위한 과정들은 지금 읽고 있는 문장, 선행 문장 문맥 위에서 구축되는 정신적 표상과 독자의 배경지식 간의 역동적인 상호작용을 포함한다.[(104)]

독서 이론가이며 신경과학자인 찰스 퍼페티 등은 텍스트와 담론 이해에서 중심 관념을 '일관성'이라고 규정한다. 그리고 뇌의 어떤 부위들이 이런 텍스트나 담론의 일관성을 확정하도록 돕는지를, 이 분야에서 제기되어온 신경과학적 자료들을 근거로 구명하려 했다. 연구자들에 의하면, 독자의 텍스트나 담론 이해는 대부분 언어 지각(시각 언어 입력), 단어 인지 과정, 그리고 문장 이해 속에 포함되는 뇌 부위들과 신경 체계를 사용한다. 그러나 이에 덧붙여서 연구자들은 단어와 문장 수준의 이해와 텍스트나 담론 수준의 이해를 직접 비교하고 후자에 특정적으로 포함되는 뇌 부위들을 지적하고 있다. 즉, 텍스트나 담론 이해는 좌반구의 전전두 피질을 비롯한 여러 부위들[앞쪽 측두 부위들, 내측 전두 피질, 뒤쪽 띠를 포함하는 영역들]을 동원하는 것으로 나타난다.

이 부위들은 문장 내에서, 그리고 문장들 전반에 걸쳐 의미를 연결하기 위한, 언어에 특화된 신경 메커니즘의 장치와 관련됨과 아울러, 독서하는 시간의 흐름에 따라 독자의 정신적 표상의 인출과 유지에 필요한 일반적인 인지 메커니즘[예 : 주의, 기억]과 관련된다. 이들 연구자는 fMRI와 ERP 연구를 결합해서, 앞쪽 측두엽이 문장 수준과 텍스트 수준에서 공통적으로 의미론적 통합에서 중요하다고 밝힌다. 또한 텍스트의 이해는 문장 이해에서 관찰된 활성화와 유사한 패턴을 보여주는데, 문장 처리와 텍스트 처리에서 모두 측두엽과 전전두 부위(하전두이랑)의 활성화가 나타나며, 이에 덧붙여 이 두 과제 모두의 요구에 대한 반응으로 등쪽전전두 피질을 동원한다고 결론짓고 있다.

설명 텍스트 이해의 신경 상관항에 관한 연구

텍스트나 담론의 이해에 포함되는 뇌 부위들과 신경 연결망에 관한 좀 더 구체적인 연구가 있다. 17명의 성인 참가자들에게 텍스트 중에서도 설명 텍스트를 읽게 하고 fMRI를 사용한 것이다[텍스트나 담론은 설명, 서사, 논술, 묘사 4가지로 나눌 수 있고, 이 중 설명 텍스트가 가장 흔히 사용된다]. 교육학자 캐서린 스웨트 등은 서사 텍스트에 비해 설명 텍스트 이해의 신경 상관항에 대한 연구가 빈약하다고 지적하면서, 연구의 세 가지 과제로 설명 텍스트 이해의 기저에서 작용하는 신경 연결망, 그리고 이런 연결망이 이해의 과정에 걸쳐 변화하는 방법, 설명 텍스트의 전체적인 의미에 중심 관념과 주변 관념이 기능적으로 구별되는가 여부를 확인하는 과제를 설정했다.[(134)]

첫째 과제에 대해서 스웨트 등은 설명 텍스트의 이해에는 보다 높은 고등 수준의 인지 과정들과 공통적으로 연관된 좌편측적인 여러 언어 부위들[하전두이랑, 뒤쪽 및 앞쪽 중측두이랑]과 두 가지의 이질양식 연합 영역들[좌반구의 각이랑, 뒤쪽 띠 피질, 쐐기앞소엽]의 동시적 활성화(co-activation)가 관찰됨을 보고했다. 이 중 전자인 언어 부위들은 집행적인 의미론적 조절을 담당하는 연결망의 일부로 확인되거나, 특정한 의미론적 연상들을 저장하고 통합하는 역할을 하는 것으로 보였다. 이 질양식 연합 영역들은 텍스트나 담론에 특정적이며 보다 높은 고등 수준의 인지 과정들을 수행하는, 많은 기능을 가진 인지적 '허브들'로 확인되어온 영역들이다.[(134)]

둘째 과제에 대해서 연구자들은 텍스트 이해의 성공은 독자가 텍스트의 일관되고 유의미한 정신적 표상을 구축하기 위해 텍스트에 기반한 정보와 선행 정보[스키마] 모두를 이용, 통합해야 한다고 지적한다. 그리고 이런 정신적 표상의 구축은 텍스트의 독해 과정에서 읽는 내용에 대한 인지적 요구가 시간의 흐름에 따라 변화하기 때문에 역동적인 과정이 된다. 예를 들어 독자는 텍스트의 시작 부분을 읽을 때 뒷부분보다 더 많은 시간을 들인다. 이는 텍스트의 독서 과정에서 이해를 촉진시키거나 심화시키는 배경지식이나 적절한 문맥이 없으면, 읽는 내용을 이해하기 위해 정신적 표상을 최초로 구성하는 데에 의식적인 주의 집중을 더 많이 필요로 한다는 의미이다. 그러나 텍스트의 뒷부분에 가서는 그간 읽어오면서 의미론적 개념화가 많이 이루어졌기 때문에 이해가 더 잘 되는 것이다.[(134)]

셋째 과제에 대하여 스웨트 등은 유창하고 능숙한 독자는 텍스트의 중심 관념과 주변 관념을 구별하는 능력을 갖고 있으며, 텍스트의 전체적 의미에 중요한 중심 관념의 비중을 인지해서 이를 상기하고 유지함으로써 텍스트의 중심성에 대한 민감성을 나타낸다고 분석한다. 따라서 텍스트의 독서 과정에서 중심 관념은 주변 관념과 인지적으로 분리되며, 주변 관념과 비교해서 텍스트를 통합하는 뇌 부위들을 보다 크게 환기한다. 특히 중심 관념의 이해는 앞쪽 측두 부위들과 아울러, 뒤쪽 띠 피질과 쐐기앞소엽을 활성화시킨다. 그리고 이런 사항들은 뒤쪽 띠 피질과 쐐기앞소엽이 텍스트 내의 관념들 간의 연결을 형성하고, 텍스트에 기반한 정보를 배경지식과 연결하는 작용과 연관된다는 선행 연구들과 관련된다. 독서하는 과정에서 시간의 흐름 전반에 걸친 중심 관념 위주의 중심적 활성화와 주변적 활성화의 비교는, 독서 과정이 진행됨에 따라 중심 관념들이 주변 관념들보다 언어 연결망의 상이한 부분들을 동원한다는 것을 보여준다. 중심 관념들은 점증적으로 좌반구의 하전두이랑에 의존하고, 주변 관념들은 좌반구의 앞쪽 중측두이랑 및 뒤쪽 중측두이랑을 활성화하며, 결국 의미론적으로 더욱 선행 관념들에 의존하는 하전두이랑이 점증적으로 확정된 문맥과 적합한 의미론적 연결들을 만드는 데 포함된다.

텍스트/담론 수준의 이해 과정에서 우반구의 역할

텍스트 이해의 과정을 다룬 많은 연구는 길이가 길고 연결된 텍스트의 이해 중에, 좌반구의 하전두이랑과 측두엽 부위를 포함해서 단일 단어와 문장의 처리에 포함되는 많은 동일한 부위들을 포함하고 있지만, 보다 길이가 긴, 연결된 텍스트의 이해에는 우반구가 매우 크게 포함된다는 견해를 제기해왔다. 이 문제는 이미 앞에서 독서 과정 중에 우반구의 역할에 관한 여러 견해를 인용하면서 다루었지만, 텍스트나 담론 이해에서 우반구의 역할에 관한 이론적 견해에는 다소간의 편차가 있다.

즉 우반구의 큰 역할을 강조한 관점이 있는가 하면, 텍스트나 담론 이해에서 좌반구의 지배적 기능을 강조하며 우반구의 역할을 다소 과소평가하는 관점도 있다. 그러나 우반구의 적극적·긍정적 역할을 강조하는 실험적 연구들이 증가하는 추세를 보이고 있다.

앞에서 독서 과정에서 우반구의 역할에 관한 연구들을 인용하면서, 마크 비먼 등이 스토리의 이해 중에 추론과 관련해서 우반구가 수행하는 역할을 강조한 실험 연구, 파올로 니첼리 등이 이솝 우화의 주제 해석에서 우반구의 역할을 구명한 실험 연구, 마리 조지 등이 담론의 전체적인 일관성 성취를 위한 우반구의 역할을 구명한 실험 연구, 레다 토미치 등이 단락의 종류에 따른 우반구의 역할에 대해 수행한 실험 연구 등을 소개했지만, 이들의 연구는 거의 모두 텍스트나 담론 수준의 독해 과정에서 텍스트나 담론의 총체적 통합에서 우반구의 역할을 강조하고 있다는 공통점이 있다.

앞에서 가브리엘라 보티니 등이 문장에서 비유적 언어를 처리하거나 해석하는 데 우반구가 특정한 역할을 한다는 결과를 제기한 실험 연구를 인용했지만, 은유를 포함한 비유적 언어 표현, 농담, 역설, 아이러니를 담은 문장은 물론 역설이나 아이러니를 포함한 텍스트나 담론을 읽을 때 그 구조적 총체성을 이해하는 궁극적 과정에서 우반구의 역할이 더욱 커질 것이 분명하다.

확장 언어 연결망

텍스트나 담론의 이해에는 단순한 단어 인지나 문장 이해를 넘어서는 많은 하위 과정들이 필요하다고 앞에서 지적했지만, 텍스트나 담론의 이해에 포함되는 뇌 부위들과 그 신경 연결망은, 단어 인지와 문장 이해에 포함된 뇌 부위들과 그 신경 연결망과 크게 중복되면서도, 텍스트의 총체적인 의미를 구성하는 과정에서 양적·질적으로 여러 뇌 부위들이 추가되거나 그 활성화의 정도가 강화되면서 훨씬 확장된 연결망을 형성한다. 일찍이 프랑스의 신경과학자 베르나르 마조이에는 신경영상 연구를 통해 최초로 '확장 언어 연결망(Extended Language Network)'의 개념을 제기했다. 여기에는 언어 이해에서 반복적인 좌반구의 지배성과 아울러, 등쪽내측전전두 피질과 앞쪽 측두엽의 중요한 역할이 포함되어 있다. 그 이래로 이 개념은 많은 연구자들에 의해 거듭 반복 사용되어왔다.[(48)]

텍스트나 담론의 이해에 포함되는 많은 뇌 부위와 광범한 신경 연결망을 이해하기 위해, 독일의 인지과학자 에펠린 페어스틀은 '확장 언어 연결망' 개념의 유용성을 제기하고, 신경영상 실험을 통해 확인된 사실을 제시한다. 그녀에 의하면 확장 언어 연결망은 흔히 좌반구의 실비우스 주위 언어 영역들, 브로카 영역과 베르니케 영역을 포함한다. 신경영상 실험에서 텍스트와 비-언어와의 다소 전체적인 비교[텍스트 읽기 대 뒤섞인 문자들 보기 등]에서 브로카 영역과 베르니케 영역이 활성화되었지만, 여러 다른 부위들, 특히 양측으로 앞쪽 측두엽과 좌측 중측두엽 부위가 활성화되었다. 일관된 텍스트를 언어 집합체(뒤섞인 문장들, 단어 목록들, 비일관적 텍스트)와 비교하는 더 정련된 분석에서는 앞쪽 측두엽의 활성화가 다시 나타났다. 여기에 덧붙여 좌반구의 하전두이랑과 베르니케 영역의 우측 상동 부위가 활성화되었다. 더욱이 몇몇 내측 부위들[등쪽내측전전두 피질, 뒤쪽 띠 피질, 쐐기앞소엽]이 일관된 텍스트 이해에 중요하다는 사실이 입증되었다. 위의 두 가지 비교 모두에서 신경 연결망은 명백히 좌반구의 지배성을 나타냈으며, 일부 부위들이 양측의 활성화를 나타냈다. 끝으로, 보다 특정적인 비교(은유의 이해 대 축어적 이해, 화제의 변화 대 화제의 유지, 상황 모델 구축의 일관성 대 비일관성)의 탐색적 분석은 앞쪽 측두엽의 활성화를 다시 재현했지만, 또한 전전두 피질과 우반구의 활성화에 대한 일부 증거를 제공했다. 이 밖에 앞쪽 측두엽, 하두정 피질, 좌반구의 외측전전두 영역들과 같은 부위들이 텍스트 이해에 관한 신경영상 연구들에서 일관되게 활성화되었다.

페어스틀이 제안하는 '확장 언어 연결망'은 대체로 단어 인지와 문장 이해 중에 활성화되는 뇌의 주요 부위들을 포함하면서도, 양적·질적으로 이를 넘어 형성되는 방대한 신경 연결망을 가정하고 있다. 전체적으로 우반구의 역할에 관한 연구가 더 많은 실험 연구를 필요로 한다는 점을 지적하면서도, 텍스트나 담론과 역동적으로 상호작용하며 의미를 구성, 이해하는 능숙한 독자의 독해 과정을 밑받침하는 많은 뇌 부위들과, 이들 부위가 연결되면서 형성되는 광범한 신경 연결망을 범주화함으로써, 텍스트나 담론의 궁극적인 이해 과정의 신경적 기저에 대한 이해를 명료화해주는 점에서 각별한 의미가 있다.[(48)][(47)][(9)] 궁극적으로, 확장 언어 연결망에 포함되는 많은 뇌 부위들은 이미 앞에서 기술한 대로 개별적인 기능성을 수행하면서, 동시적·효율적으로 협력해서 마치 심포니 오케스트라와 같이 역동적으로 작용함으로써 텍스트의 이해라는 최종적인 목표를 성취한다는 결론을 내릴 수 있다.

제3부

책을 읽으면
왜 성격이 좋아질까?

책을 읽으면
왜 성격이 좋아질까?

        제3부는 책을 읽으면 왜 '성격(personality)'이 좋아지는가의 문제를 다루려고 한다. 그러자면 '좋은 성격'이란 무엇인가에 대한 대답을 먼저 구해야 할 것이다. 이 문제는 상식적인 관점에서 접근하는 것이 오히려 도움이 될 것이다. 성격이 좋은 사람의 의미를 이해하기 위해 손쉬운 접근법은 '성격이 나쁜 사람'이라고 흔히 손가락질받는 유형의 사람들의 성격적 특성을 고찰하는 것이다. 사회병리적인 관점에서 병적 증상[폭력성, 신경증, 도착증 등]이 있어 남과 어울리지 못하는 특별한 예를 제외하고, 일반인과 어울려 사회생활을 하는 사람들 중 성격이 나쁜 사람의 특성을 들자면, 정도의 차이는 있지만 대체로 아집이 강하고, 독선적이고, 이기적이며 자기중심성이 강해서 남과 쉽게 어울리지 못하는 것 등이다. 이런 유형의 사람들은 정상적으로 가족이나 학교, 직장과 같은 사회집단의 구성원으로 그 역할을 수행하지만, 나르시시즘(자아도취)과 배타성이 강해서 남에 대한 이해나 배려가 매우 부족한 것이 보통이다.

한편 '저 사람 성격 좋다'라든가 '성격이 좋은 사람'이라고 불리는 유형의 사람들이 또한 많이 있다. 가족과 같은 소집단에서부터 학교나 직장과 같은 사회집단에 이르기까지 구성원들 사이에서 성격 좋은 사람이라고 인정을 받는 사람들의 공통된 성격 특성은 나와 다른 사람의 개성이나 행동, 습관의 차이를 인정하고 포용할 수 있는 유연하고 폭넓은 자아의식, 타인의 곤란한 처지를 이해하고 타인의 관점에서 상대의 처지나 상황을 이해, 공감할 수 있는 사회적 능력 등이다. 성경에 나오는 이른바 '황금률'이라고 부르는 윤리적 규범, "당신이 다른 사람에게 대접받기를 원하는 것처럼 다른 사람을 대접하시오."라든가, 우리의 고사성어 중 "역지사지(易地思之)"와 같은 가르침이 다 사회적으로 바람직한 인간성을 가리키고 있다.

심리학자들은 인간의 성격(character)을 개성(personality)과 도덕성(morality)으로 나누어 설명한다. 개성이란 한 인간을 그 인간으로 규정하는 특성이다. 이런 점에서 모든 인간은 다 독특한 개성을 지니고 있다. 흔히 주위에서 '괴짜'라고 불리는 독특한 버릇[예 : 이상한 헤어스타일 따위]을 가지고 있는 사람은 그 극단적인 예다. 그러나, 개성적으로 '괴짜'라고 불리지만 도덕성 면에서 매우 평범하거나 아주 선량한 사람이 많다. 문학이나 영화에서는 개성이 강한 사람이 각별한 흥미를 불러 일으키기에 자주 등장한다. 그러나, 한 인간의 성격 특성에서 도덕성이야 말로, 그의 성격을 평가하는 본질적인 측면이다. 그리고 그 핵심은 바로 위에서 설명한 타인에 대한 이해와 공감 능력을 갖추고, 자신이 속한 사회집단의 구성원으로서 주어진 역할을 원활하게 수행하는 사회적 능력이다.

우리는 모두 '황금률'이나 '역지사지'의 의미를 알고 있다. 그러나 대부분 그 이해는 관념적인 차원에 머물러 있다. 실제 바람직한 사회적 능력을 갖추고 이를 사회적 삶의 상황에서 실천하는 과제는 실제의 체험, 그것도 다양하고 반복적인 체험에 달려 있다. 다시 말하면 실제 정신적·신체적으로 다양하고 반복적인 체험을 하고 메타사고를 통해 이를 체화하지 않으면, 그저 관념적인 인지의 차원에 머물고 만다는 의미다. 인간은 스스로 체험을 쌓고 이 체험을 통해서 절실하게 필요로 하지 않으면 바람직한 성격의 형성도, 성격의 변화도 기대할 수 없다. 문학의 독서, 특히 허구적인 서사문학의 독서가 중요시되는 가장 큰 이유가 여기에 있다.

인간은 삶의 과정에서 다양한 삶의 체험을 쌓으면서 성장하지만, 삶의 조건이나 환경은 한계가 있다. 반면 서사문학, 특히 허구적인 서사(소설)는 제약이 없는 다양한 시공간적 차원에 걸쳐 사회적 세계와 그 속에서 상호작용하는 수많은 인물들의 체험을 추상화와 압축을 통해 제공한다. 그리고 독자는 이런 서사 텍스트를 읽어가면서 독자 자신의 '상황 모델'을 구성하고 '갱신'해가며 텍스트의 '시뮬레이션'을 창출함으로써 텍스트를 이해한다. 궁극적으로 가장 중요한 것은 허구적인 서사 텍스트가 도덕적으로 바람직한 작중인물들과의 '동일화'와 '공감'을 통해서 독자의 '사회적 능력', 즉 사회지능을 향상시킨다는 점이다.

우리말에는 이야기의 양식을 가리키는 용어가 서구어, 특히 영어에 비해 적다. 여기에서는 가장 넓은 의미를 지닌 용어 '내러티브(narrative)'는 서사 혹은 서사물로, 보다 좁은 의미를 지닌 '스토리(story)'는 그대로 스토리로, '픽션(fiction)'은 '허구'로, '논-픽션(non-fiction)'은 '논픽션'으로 표기했다.

제3부에서는 주로 서사물의 이해를 밑받침하는 심리 및 신경 메커니즘, 서사 텍스트의 이해를 위한 시뮬레이션 창출의 과정, 서사 텍스트의 독서가 궁극적으로 독자에게 주는 정신적 영향 등의 문제를 신경영상 연구를 바탕으로 하는 뇌/인지 신경과학 및 심리학적 연구의 성과를 중심으로 기술하려 한다.

1장 사람은 어떻게 다른 사람의 마음을 '읽을까?'
:'마음의 이론'과 '거울 뉴런'의 심리적·신경적 토대

마음의 이론

▶요약

　서사 텍스트, 즉 소설을 읽을 때 독자는 무엇보다 작중인물의 행동의 심리적인 동기, 추이, 변화 등에 초점을 두어 그의 마음을 읽으려고 노력한다. 서사 텍스트의 작중인물의 마음을 이해하는 데 사용될 수 있는 심리적 능력이 이른바 '마음의 이론'이다.

　발달심리학자들이 오랫동안 제기해온 '마음의 이론'이란 인간이 타인의 정신 상태(의도, 사고, 믿음, 욕망 등)와 이에 의해 야기된 타인의 행동을 이해하는 능력을 갖고 있다는 이론이다. 이런 능력은 인간이 타인과 협력하고 관계를 맺으며, 사회적 세계에서 성공적인 항행을 하는 데 반드시 필요하다. '마음의 이론'은 흔히 '틀린 믿음'이라는 시험을 통해서 그 존재가 입증되어왔다.

　일부 뇌 신경과학자들은 신경영상술을 사용해서 '마음의 이론'이 작용할 때 활성화되는 뇌 부위들과 신경 연결망을 밝혀냈다. 아이의 '마음의 이론'은 대략 3~5세를 지나면서 성숙해지며, 그 근저에 있는 핵심 구성 요소는 약 9세까지 여전히 변화, 발달한다.

　허구적인 서사 텍스트의 이해와 '마음의 이론' 간에 작용하는 뇌 부위들은 대체로 공통적이고 중복된다. 이는 서사 텍스트의 독자가 실제 삶의 상황 속에서 같은 종류의, 혹은 비슷한 인물에 대해 추론하는 방식과 비슷한 방식으로 작중인물들의 정신 상태를 추론할 때 '마음의 이론'을 사용한다는 것을 의미한다.

'마음의 이론'의 의미와 역할

서사 텍스트, 특히 허구적인 소설을 읽을 경우, 독자는 무엇보다 작중 인물의 행동의 심리적인 동기, 추이, 변화 등에 초점을 맞춘다. 이를 이해하지 못하면, 이른바 훌륭한 작품의 심층적인 이해는 불가능하다 해도 과언이 아니다. 그러면, 독자가 좋은 소설 텍스트를 읽을 때, 주인공이나 주요 작중인물의 마음을 읽을 수 있는 근거는 어디에 있을까?

발달심리학자들은 오랫동안 이른바 '마음의 이론(Theory of mind)'이란 이론을 제기해왔다. 그리고 인간만이 진정한 의미에서 마음의 이론을 갖고 있다고 주장해왔다. 인간이 마음의 이론을 갖고 있다는 것은 간단히 말하면 인간이 타인의 마음의 작용에 관한 믿음 또는 이론을 갖는다는 의미이다. 즉, 타인의 정신 상태[의도, 사고, 믿음, 욕망 등]와 그 정신 상태에 의해 야기된 타인의 행동을 이해한다는 뜻이다. 이러한 능력은 우리가 우리의 가정이나 직장, 학교 등에서 가족이나 동료들과 협력하고, 나아가 지역사회와 보다 넓은 사회 두 가지 모두의 기반을 형성하는 사회적 관계를 밑받침함으로써, 사회적 세계에서 성공적인 항행을 하는 데 반드시 필요하다.[(82)]

발달심리학자들은 마음의 이론이 실제 존재한다는 근거로 이른바 '틀린 믿음'이란 시험을 사용해왔다. 전형적인 상황을 가정해보면, 먼저 마치 경찰서의 심문실처럼 안을 들여다볼 수 있는 투명창[안에서는 밖을 내다볼 수 없음] 밖에서 어른이 세 살 먹은 아이(C)를 데리고 방 안을 들여다보고 있다. 한 아이(A)가 손에 과자 봉지를 든 채 문을 열고 들어와 과자 봉지를 소파 뒤(ㄱ)에다 감춘다. 잠시 후, 다른 아이가(B) 문을 열고 들어와 소파 뒤에 있는 과자 봉지를 찾아내어 냉장고 뒤(ㄴ)에다 감춘다. 밖에서 방 안을 들여다보고 있던 어른이 옆의 아이에게 묻는다. 처음 과자 봉지를 들고 들어온 아이(A)가 과자 봉지를 어느 곳에서 찾겠느냐고. 질문을 받은 아이(C)는 아이(A)가 나중에 감춘 장소(ㄴ)에서 찾을 거라고 대답한다. 세 살 먹은 이 아이(C)는 아이(A)의 마음을 읽을 수 없었고, 자신의 눈에 과자 봉지가 분명 냉장고 뒤(ㄴ)에 있기 때문에 그곳에서 아이(A)가 과자 봉지를 찾을 거라고 확신을 갖고 대답한 것이다. 아이(C)는 확신을 했지만, 아이(C)는 아이(A)의 마음을 읽는 데 실패했기 때문에 그의 확신은 '틀린 믿음'이다. 주목할 점은 '틀린 믿음' 시험을 통과하지 못하는 세 살 먹은 아이는 다른 추측의 가능성을 실행하지 않거나, 혹은 어른의 질문에 의해 혼란을 겪지 않는다는 것이다. 즉, 아이는 강한 확신으로 체계적으로 가능성이 낮은 예측을 한다.[(122)] 이런 결과에 대한 표준적인 해석은, 세 살 먹은 아이는 아직 자신의 사고의 내용이 어떻게 현실(타인의 사고의 내용)과 다를 수 있는가를 이해하지 못한다는 것이다. 즉 이 아이는 표상적인 마음의 이론을 결여하고 있다는 주장이다. 정상적인 발달 과정을 거친 아이의 경우, 대개 3~5세를 지나면 이 시험을 무난히 통과한다고 한다. 즉, 이 시기에는 아이의 마음의 이론이 발달해서 자신의 사고로부터 타인의 사고를 구별할 수 있는 능력을 갖게 된다는 것이다.[(122)]

'마음의 이론'이 작용할 때 활성화되는 뇌 부위들

신경과학자들은 발달된 신경영상술을 사용해서 마음의 이론이 작용할 때 활성화되는 뇌의 피질 부위들을 밝혀냈다. 캐나다의 심리학자인 레이몬드 마는 fMRI를 사용해서 마음의 이론에 동원되는 내측전전두 피질을 비롯한 여러 부위들[뒤쪽 띠 피질, 쐐기앞소엽 및 양측 측두-두정 접합부 등]로 구성된 신경 연결망을 확인했다.[(82)] 미국의 신경과학자인 레베카 색스 등도 성인의 뇌 신경영상을 통해 거의 유사한 결과를 확인한 바 있다. 연구자들에 의하면, 이 부위들 중 하나인 내측전전두 피질은 사람들에 관한 많은 정보를 처리할 때 동원되지만, 우측 측두-두정 접합부는 사람들에 대한 사고를 위해 선택적으로 동원된다.[(122)] 아이의 마음의 이론은 대략 3~5세를 지나면서 성숙하며, 그 근저에 있는 핵심 구성 요소는 약 9세까지 여전히 변화, 발달한다.[(122)]

허구적 서사의 이해와 '마음의 이론'

많은 이론가는 마음의 이론이 허구적인 서사의 이해에 사용된다는 점을 가정해왔다. 이런 견해의 기본 전제는 독자가 허구적 서사(소설, 영화) 속에 등장하는 작중인물들을 이해하는 데 실제로 존재하는 타인들의 정신 상태를 추론하고 이해하기 위해 사용하는 것과 동일하거나 유사한 신경 부위들을 사용한다는 것이다. 앞에서도 인용한 레이몬드 마는 신경영상 및 환자 대상의 연구에서 허구적 서사와 마음의 이론 간의 공통적으로 연관된 뇌 부위들의 유사성에 주목했다. 즉, 앞에서 지적한 내측전전두 피질을 비롯한 여러 부위들[양측 측두-두정 접합부, 뒤쪽 띠 피질, 측두극]이 중복되는 부위들이다. 또한 독일의 인지과학자 에펠린 페르스틀 등도 내측전전두 피질을 비롯한 여러 부위들[양측 측두-두정 접합부, 앞쪽 측두엽]에서 유사한 활성화의 패턴을 관찰했다.[(82)]

이와 같이 마음의 이론과 서사 텍스트 이해 간에 뇌 부위들이 중복되는 이유는 무엇인가? 아래에서 서사 텍스트의 이해 과정을 밑받침하는 뇌 신경 메커니즘에 관해 기술하면서 보다 상세히 논의하겠지만, 하나의 유력한 가능성은 서사 텍스트의 독자가 작중인물들의 정신 상태를 추론할 때 실제 삶의 상황 속에서 같은 종류의, 혹은 비슷한 인물에 대해 추론하는 방식과 유사한 방식으로 마음의 이론을 사용한다는 것이다. 이는 독자가 서사 텍스트 내의 허구적인 작중인물들을 마치 현실 세계 속의 실제 인간인 것처럼 다룬다는 것을 의미한다.[(82)]

거울 뉴런

▶ 요약

최근의 뇌 신경과학 분야에서 가장 획기적인 업적의 하나는 이른바 '거울 뉴런'의 발견이었다. 거울 뉴런의 발견에 의해 그동안 발달심리학에서 주장해온 '마음의 이론'의 신경 메커니즘이 밝혀질 수 있게 되었다.

거울 뉴런은 주로 인간이 어떤 특정한 행동을 하거나, 타인이 실행하는 어떤 특정한 행동을 관찰할 때, 그리고 타인의 특정한 행동을 묘사한 문장을 읽을 때 발화하는 뇌 신경세포다. 거울 뉴런은 타인의 행동, 의도, 정서 등 타인의 체험을 자동적 · 무의식적으로 뇌 속에서 거울처럼 반영 혹은 재상연함으로써 그의 행동, 의도, 정서를 이해한다. 여기에서 가장 중요한 요소는 타인의 목적 혹은 의도성이다.

일부 연구자들은 거울 뉴런을 단순한 신경 세포들이라기보다 신경 체계라고 본다. 그것은 거울 뉴런이 뇌의 보다 넓은 범위에 걸쳐 분포되어 있기 때문이다. 거울 뉴런은 '마음의 이론'보다 더 일찍, 출생 후 1년 이전에 이미 발달을 시작한다. 이는 거울 뉴런의 이른 발달이 '마음의 이론'을 밑받침하며, '마음의 이론'의 신경적 토대에 거울 뉴런 체계가 작용하고 있음을 가리킨다.

거울 뉴런은 '마음의 이론'과 함께 서사 텍스트를 읽을때 그 근저에서 작용함으로써 서사 텍스트의 이해를 가능하게 한다. 독자는 서사 텍스트를 읽는 과정에서 작중인물의 행동을 묘사하는 문장을 읽을 때 이를 시뮬레이션함으로써 그 행동이나 행동의 의도를 이해한다.

거울 뉴런의 의미와 그 기능적 역할 :
'마음의 이론'과의 관계

'마음의 이론'은 주로 발달심리학에서 행동 실험을 통해서 입증되어 온 이론적 주장이다. 따라서 이를 밑받침하는 신경 메커니즘은 최근에 장족의 발달을 이루어온 뇌/인지 신경과학의 특정한 성과에 힘입게 되었다. 이런 성과는 1990년대 중반 이탈리아의 일단의 뇌 신경과학자들이 마카크 원숭이를 대상으로 실시한 뇌 신경 활성화 실험에서 최초로 발견한 '거울 뉴런(mirror neuron, 거울 신경세포)'의 존재다. 그리고, 이후 단 10년 만에 거울 뉴런은 모든 뇌세포 중에서 가장 주목을 끄는, 인기 있는 뇌세포가 되었다. 일부 뇌 신경과학자들은 거울 뉴런이 최근 발달한 신경과학 분야에서 이룩한 가장 중요하고 획기적인 성과의 하나라고 평가한다. V.S. 라마찬드란은 "거울 뉴런은 DNA가 생물학에 기여한 것과 같은 기여를 심리학을 위해 할 것이며, 통일된 프레임워크를 제공함으로써 지금까지 신비하고 접근 불가능한 채로 남아 있던 많은 정신적 능력을 해명하도록 도울 것"이라고 주장하고 있다.[(127)] 그는 또한 좀더 구체적으로 거울 뉴런이 모방을 통한 학습과 언어 습득, 그리고 인간의 사회화에 가장 중요한 역할을 한다고 주장한다.[〈40〉, 17]

거울 뉴런의 발견과 연구에 의해 그동안 발달심리학에서 주장해온 '마음의 이론'의 신경 메커니즘이 구명될 수 있게 되었다. 무엇보다 라마찬드란의 지적처럼, 인간이 출생 이후에 어린아이들이 주로 부모(양육자)의 말을 반복, 모방함으로써 언어를 습득하는 행위의 근저에 거울 뉴런이 작용함을 알 수 있게 되었다. 일찍이 카를 베르니케는 말을 모방하는 능력은 언어 습득에서 필수적이라고 주장했다. 그에 의하면, 언어 모방은 아이들이 언어 규칙, 발음 패턴 및 말의 대화적 화용론을 분석하도록 이끈다. 그리고 아이들이 이런 언어 기반을 가질 때, 아이들은 말의 지각이나 의미로 발전하기 시작한다. 베르니케에 의하면, 말의 반복을 활용할 수 없는 아이들은 언어를 학습할 수 없다. 오늘날의 신경과학자들은 거울 뉴런이 언어의 반복, 모방, 그리고 언어의 지각이나 의미 사이를 연결하는 역할을 한다는 견해를 제기한다. 이런 점에서 아이는 물론 인간의 언어(방언이나 외국어 포함) 습득에서 거울 뉴런의 역할이 없으면 언어를 습득할 수 없다는 결론을 내릴 수 있다.[(173)]

거울 뉴런 연구가 심화되면서, 거울 뉴런의 역할에 관한 많은 새로운 견해가 발표되었다. 2000년대 중반, 신경과학자 리사 아지즈-자데 등은 fMRI를 활용하여 입이나 손을 움직여 하는 행동을 묘사한 구절이 동일한 행동을 관찰함으로써 활성화되는 거울 뉴런에 어떤 영향을 주는가를 탐구했다. 예를 들어 실험 참가자들이 "복숭아를 깨물다"나 "펜을 잡는다"와 같은 구절을 읽을 때, 그리고 같은 참가자들이 나중에 '깨문 복숭아'나 '손에 쥔 펜'을 볼 때 동일한 피질 영역이 활성화되었다. 아울러 이런 발견은 어떤 행동에 관한 언어적 묘사를 개념적으로 이해할 때, 거울 뉴런이 그 동작의 정신적 '재상연(re-enactiment, 내적 모방)'에서 핵심적 역할을 하는 것을 시사한다. 리사 아지즈−자데 등의 연구는 거울 뉴런이라는 특화된 뇌세포들이 우리가 타인의 행동을 관찰할 때와 우리가 동일한 행동을 묘사한 문장을 읽을 때, 두 가지 경우 모두에서 활성화된다는 사실을 보여준다. 즉, 이 연구의 결과는 우리가 타인의 행동을 이해하기 위해서뿐만 아니라 또한 동일한 행동을 묘사한 문장의 의미를 이해하기 위해서 거울 뉴런을 사용한다는 사실을 시사해준다.

지금까지 수행된 거울 뉴런에 관한 많은 연구에 의해, 거울 뉴런이 주로 인간이 어떤 특정한 행동을 하거나 타인이 실행하는 어떤 특정한 행동을 관찰할 때, 그리고 타인의 특정한 행동을 묘사한 문장을 읽을 때 발화하는 뇌 신경세포라는 사실이 밝혀졌다. 거울 뉴런은 타인의 행동을 마치 관찰자 자신이 스스로 실행하는 것처럼 느끼고 이를 뇌 속에서 '거울처럼 반영한다.' 거울 뉴런은 영장류 동물들에게도 존재하는 것으로 알려져 있지만, 특히 인간에게서 발달하였다.

인간의 생존은 타인의 행동, 의도, 정서를 간파하고 이해하는 능력에 크게 좌우된다. 거울 뉴런은 타인의 행동, 의도, 정서 등 타인의 체험을 자동적·무의식적으로 뇌 속에서 거울처럼 '재상연'함으로써 그의 행동, 의도, 정서를 이해한다. 특히 거울 뉴런은 목적을 지향하는 의도된 행동을 탐색하도록 설계되어 있다. 따라서 거울 뉴런에 의해 타인의 행동, 정서를 이해하는 데에는 그의 행동의 '목적' 혹은 '의도성'이 가장 중요하다. 인간은 아주 정교하고 복잡한 사회적 동물이며 타인의 행동, 의도, 정서를 이해하는 것은 사회적 의사소통의 핵심 능력이다. 거울 뉴런의 발견에 의해 과학자들은 역사상 최초로, 인간의 복잡한 사회 인지와 상호작용에 관한 그럴듯한 이론적 설명을 제공할 수 있게 되었

다.[(127)][〈11〉, 22]

한편, 거울 뉴런이 이런 기능적 역할을 수행하는 데에는 뇌의 운동 피질이 크게 기여한다. 거울 뉴런은 타인의 행동, 의도, 정서까지도 운동·근육적으로 부호화하는 내적 표상의 활성화를 통해서 이해할 수 있게 해준다.[〈40〉, 15, 21, 44] 예를 들어, 어떤 사람이 타인의 행동을 관찰하거나 행동을 묘사한 문장을 읽을 때 그의 지각(시각)은 관찰된 행동을 실행하는 데 필요한 동일한 근육을 준비시킴으로써 그에게 대리적인 지각 체험을 갖도록 한다.[(128)] 그러나 거울 뉴런 영역은 타인이 실행하는 행동을 관찰하거나 그 행동을 묘사한 문장을 읽을 때보다 스스로 실행할 때에 약 2배쯤 더 강하게 활성화된다.[〈40〉, 120, 148]

거울 뉴런의 분포에 의한 신경 체계와 그 발달 과정

일부 연구자들은 거울 뉴런을 단순한 신경 세포라기보다 신경 체계라고 본다. 거울 뉴런이 뇌의 매우 넓은 범위에 걸쳐 분포되어 있기 때문이다. 신경과학자들이 신경영상술을 통해 탐구한 바에 의하면, 뇌의 거울 뉴런 체계는 보충 운동 영역, 일차체성감각 피질을 비롯한 많은 뇌 부위[하두정피질, 배쪽전운동 피질, 뒤쪽 두정엽, 상측두고랑, 뇌섬], 그리고 거울 뉴런의 자질을 갖고 있는 많은 뇌 부위[브로카 영역, 베르니케 영역, 방추형이랑, 각이랑, 일차운동 피질 등]에서 그 활성화가 나타나고 있다. [(1)]

유아의 안구 추적을 측정하는 일부 자료에 의하면, 거울 뉴런 체계는 출생 후 12개월 이전에 이미 발달하여 유아가 타인의 행동을 이해하도록 돕는다고 한다. '마음의 이론'이 3~5세가 지나야 성숙한다면, 거울 뉴런 체계는 이보다 훨씬 앞선 출생 후 1년 이전에 이미 발달을 시작한다는 것이다. 이는 결국 '마음의 이론'과 거울 뉴런의 비슷한 역할에 비추어볼 때, 거울 뉴런의 이른 발달이 마음의 이론을 밑받침하며, 마음의 이론의 신경적 토대에 거울 뉴런 체계가 작용하고 있음을 추측하게 한다.[(1)]

거울 뉴런 : 서사 텍스트의 이해를 밑받침하는 신경 체계

앞에서 마음의 이론과 서사 텍스트의 이해 간의 관계를 간단하게 언급했지만, 거울 뉴런 역시 서사 텍스트의 이해를 밑받침하는 신경 메커니즘으로서 연구자들의 관심의 대상이 되어왔다. 그리고 그 연결 고리는 '시뮬레이션' 개념이다. 거울 뉴런이 타인의 행동을 관찰하거나 혹은 타인의 행동을 묘사하는 문장을 읽을 때, 그리고 관찰자나 독자가 실제로 스스로 그런 행동을 할 때 뇌 부위들에서 일어나는 활성화의 패턴은 무엇일까? 앞에서 뇌 속에서의 '상연'이라는 용어로 그 함의를 지적했지만, 많은 연구자들은 이를 신체와 뇌 속에서 일어나는 시뮬레이션으로 규정한다. 그리고 거울 뉴런에 관한 이론에서 시뮬레이션 과정을 제기하면서, 이른바 의미의 신체적 체험을 강조하는 체화인지/의미론이 서사 텍스트를 이해하기 위한 가장 중요한 이론으로 부각된다.

2장 체화인지/의미론이란 무엇인가? 서사 텍스트의 이해에서 어떤 기능적 역할을 하는가?

▶ 요약

체화인지/의미론은 언어로 표현된 문장이나 말을 읽거나 들을 때, 단어의 의미나 감각의 지각은 뇌의 피질 전체에 자리 잡은 뉴런의 '기능적 연결망'을 활성화시킨다는 의미론적 표상에 관한 이론이다. 특히 서사 텍스트에서 사건들을 묘사하는 '행동' 단어와 같은 언어 표현의 이해는 실제 그 행동의 실행을 관장하는 뇌의 감각–운동 영역을 활성화시킴으로써 일어나는 '시뮬레이션'에 의해 가능하다.

일부 연구자들은 뇌가 은유를 이해하는 방법에 대한 연구에서 뇌 속 은유의 이해는 감각 체험과 운동 체험에 근거를 두고 있으며, 뇌는 은유를 이해하는 방식으로 감각 체험을 재상연하는 일종의 내적인 시뮬레이션을 실행하는 것 같다고 주장한다. 또한 일부 연구자들은 사람의 감각 지각적 의미와 뇌의 감각 부위들 간의 관계를 탐구함으로써 사람의 감각 지각적 지식(의미)이 뇌의 감각 부위들과 밀접히 관련되어 있으며, 이들 부위를 활성화시킨다는 사실을 밝혔다.

서사 텍스트의 이해 과정에서 독자는 마음속에서 텍스트 내에 묘사된 행동이나 감각 대상의 체험을 시뮬레이션함으로써 그 언어 표현의 의미를 이해한다. 이 과정에서 독자는 독자의 과거의 체험(스키마)으로부터 마음속에서 의미를 구성하며, 이를 '체화 시뮬레이션'으로 부를 수 있다. 체화인지/의미론에 입각한 체화 시뮬레이션의 개념은 서사 텍스트의 독서에서 텍스트의 이해는 물론, 텍스트의 독서가 얼마나 많은 뇌 부위를 역동적으로 활성화

체화인지/의미론의 의미와 역할

'체화[體化, embodied]인지/의미론'은 언어 표현[문장, 말]에 있어서 '단어'의 의미나 감각의 지각이 뇌의 피질 전체에 걸쳐 자리 잡은 뉴런의 '기능적 연결망'을 활성화시킨다는 의미론적 표상에 관한 이론이다. 이런 기능적 연결망은 또한 단어의 지시 대상[물체, 행동, 개념 등]이 실제로 체험될 때 활성화되는 영역들과 중복되는 뇌 영역들을 활성화한다. 예를 들어 도구 단어들['삽', '망치' 등]은 뇌의 운동 영역을 활성화시키며, 어떤 동물 관련 단어들은 시각 영역을 활성화시키고, 위협적인 단어들['파괴하다', '절단하다' 등]은 정서 처리를 담당하는 양측 편도 부위를 활성화시킨다. 이런 예들은 결국 단어와 체험 간의 강한 연결을 시사해준다.

그러나 체화의미론은 특정 행동을 나타내는 행동 동사를 예로 삼아 가장 설득력 있는 주장을 전개했다. 사람이 특정한 행동, 즉 '손으로 쥐기', '발로 차기' 등 신체적 행동을 실제로 실행하는 데 사용하는 동일한 감각-운동 신경회로 내에서, 언어로 표현된 '쥐기', '차기' 등의 개념적 의미가 표상된다고 주장한다. 즉, 언어로 표현된 '쥐기'라는 개념적 의미는 실제 쥐는 행동의 실행을 관장하는 감각-운동 영역들을 활성화시키며, 언어로 표현된 '차기'라는 개념적 의미는 실제 차는 행동을 조절하는 감각-운동 영역들을 활성화시킨다.[(7)] 체화의미론에 의하면, 개념적 지식은 감각 영역과 운동 영역과 같은 뇌의 양식-특화적 부위들을 활성화시킨다. 이런 관점에서 사람의 정서적 표현을 가리키는 행동 동사['웃다', '찡그리다' 등 개념]는 얼굴의 근육 조직을 활성화시킴으로써 정서적 판단을 실행하게 한다.

위에서 언급한 대로, 인간의 행동을 나타내는 행동 단어는 특히 개별 행동을 실행하는 데 사용되는 신체 부분과 연관된 운동 피질을 활성화시킨다.[(101)] 체화의미론에 의하면, 인간 행동의 언어적 묘사에 대한 이해는 그 행동의 내적인 시뮬레이션의 결과로서 야기된다. 여기에서 행동 동사의 개념화 과정은 전두엽, 특히 전운동 피질의 운동 영역들을 통합하는 것으로 나타난다. 신경영상술을 사용한 다양한 실험은 일관되게 개념적·의미론적 처리가 다른 부위들 중에서 전두엽의 활성화 패턴을 야기한다는 점을 확증해왔다. 일부 연구자들에 의하면, 단지 행동에 관련되는 단어를 보는 것만으로도 신체운동뇌도[homunculus, 감각을 수용하거나 운동을 제어하는 뇌의 운동 영역]가 환기되었다.[(128)]

은유에 대한 체화인지/의미론적 연구

일부 연구자들은 뇌가 은유를 이해하는 방법을 고찰함으로써 비유적 언어 표현과 뇌 부위의 활성화 간의 관련성을 탐구했다. 인지언어학자 조지 라코프와 마크 존슨은 우리의 일상 언어가 은유로 가득 차 있으며, 이런 은유의 이해는 감각 체험과 운동 체험에 그 근거를 두고 있다고 주장했다.[(164)] 또한 신경과학자 크리쉬 새시안은 fMRI를 사용해서 뇌

제3부 책을 읽으면 왜 성격이 좋아질까?

가 은유를 처리하는 방법을 탐구하기 위해, 7명의 대학생 참가자들에게 피륙의 질감을 포함하는 은유를 읽게 하는 실험을 실시했다. "그 가수의 목소리는 벨벳이었다.", "그는 가죽손을 가졌다." 등이었다. 참가자들이 이런 은유를 읽었을 때 신체 접촉을 통해 질감을 지각하는 감각(촉각) 피질인 두정덮개부가 활성화되었다. 연구의 결과는, 뇌 속에서 은유의 이해는 감각 체험과 운동 체험에 근거를 두고 있으며, 뇌는 은유를 이해하는 방식으로 감각 체험을 재연(replay)하는, 일종의 내적인 시뮬레이션을 실행하고 있고, 이것이 실험의 결과, 촉각과 연관된 뇌 부위가 포함된 이유라는 것이었다. 이처럼 은유를 이해하는 과정에서 인간의 뇌는 은유와 뇌를 연동시키기 위해 인간을 신체적으로 행동 속에 자리 잡게 한다. 이런 과정에서 뇌의 단일한 영역보다 더 넓은 신경 연결망의 역할이 부각된다.[(126)][(164)][(174)]

인간의 감각 지각적 지식과 뇌의 감각 부위들 간의 관계

체화의미론의 연구는 주로 행동을 나타내는 단어를 사례로 들고 있지만, 일부 연구자들은 신경영상술을 사용해서 인간의 감각 지각적 지식과 뇌의 감각 부위들 간의 관계를 탐구함으로써 그 연구의 지평을 확대했다. 인지심리학자 로버트 골드버그 등은 fMRI를 사용해서, 대학생 참가자(15명)을 대상으로 화면 위에 제시되는 단어들에 대해 4가지 감각 양식[촉각, 후각, 청각, 시각] 중 하나의 자질을 갖고 있는지 여부를 확인하는 실험을 실시했다. 실험의 결과 연구자들은 4가지 감각 양식 전반에 걸쳐, 감각 뇌 부위들이 각각 감각 지각적인 의미론적 인출에 의해 활성화되었음을 확인했다. 촉각적 자질[지식]의 확인은 체성감각 피질과 더불어 운동 및 전운동 부위의 활성화의 증가와 연관되었다. 후각적 자질의 확인은 좌측 안와전두 피질의 특정한 활성화의 증가와 연관되었다. 청각적 자질의 확인은 일차청각 피질 바로 아래 쪽과 뒤 쪽에 있는 좌측 상측두고랑에 집중된 활성화의 증가와 연관되었다. 시각적 자질의 확인은 특히 좌측 측두 피질의 더 많은 배쪽 측면의 활성화의 증가와 연관되었다. 시각적 자질 결정은 또한 정신적 이미저리와 시각적 주의에 광범하게 포함되는 상두정 부위의 특정한 활성화의 증가와 연관되었다.[(51)] 결론적으로, 이런 결과는 실험 참가자들이 감각 지각적 의미론적 결정[예 : '빛나다', '시끄럽다', '거칠다', '쓰다' 따위]을 할 때, 뇌의 감각 부위들에 특별히 의존함을 나타낸다. 결국, 감각 지각적인 지식의 인출은 의미론적 결정과 관련되는 외적인 세계에 관한 체험의 특별한 측면들을 부호화(encoding)하는 데, 뇌의 감각 메커니즘의 역할에 의존하면서, 광범하게 분산된 일단의 뇌 부위에 의존하는 것으로 보인다.[(51)]

위의 연구와 거의 유사한 관점에서, 하나의 감각 정보와 언어 정보 간의 관계를 다룬 여러 연구들이 제기되어 체화의미론의 관점을 더욱 강화해주고 있다. 스페인의 언어학자 줄리오 곤잘레스 등은 fMRI를 사용해서 후각, 즉 냄새 관련 단어들을 읽을 때 그 개념적 의미가 뇌 속에서 표상되고 처리되는 방식을 구명하려 했다. 연구자들은 '계피', '마늘', '자스민' 등 그 개념적 의미에서 강한 후각[냄새] 연상을 가진 단어 읽기는 이상엽 피질[일차 후각 영역]과 편도체를 포함하는 뇌의 주요 후각 부위의 활성화를 환기한다는 결론을 내렸다.[(53)] 이와 비슷한 또 다른 연구로, 스페인의 신경과학자 바로스–로스세르탈레스 등은 역시 fMRI를 사용해서 그 개념적 의미가 맛과 관련된 단어[소금]를 읽을 때 그 미각 의미론적 연결의 뇌 기반을 탐구했다. 연구자들은 미각과 관련된 단어 읽기는 앞쪽 뇌섬을 비롯한 여러 뇌 부위들[전두덮개부, 외측 안와전두이랑, 시상]에서 유의미한 보다 강한 활성화를 확인했다. 그리고 이들 영역이 1차 미각 피질과 2차 미각 피질을 구성하기 때문에 미각[맛] 관련 단어의 의미는 미각 감각을 처리하는 영역에 도달하는 분산된 피질 회로에 뿌리박고 있다고 결론지었다.[(13)]

서사 텍스트의 이해 과정에서 체화 시뮬레이션의 작용

그러면, 독서 과정에서 독자는 단어를 읽을 때 행동이나 감각 대상의 묘사를 어떻게 처리하고 이해하는가? 인지과학자 벤자민 베르겐은 전통적으로 언어의 처리 및 산출과 연관된 뇌의 좌반구에 더하여, 행동과 지각을 처리하는 뇌의 다른 영역들—보다 낮은 영역들로 알려진—이 언어의 처리와 산출에 포함된다는 것을 보여 준다. 베르겐은 이들 영역이 이른바 '체화 시뮬레이션(embdied simulation)'을 통해서 의미의 창출을 위해 어떻게 작용하는지 그 방법을 설명한다. 베르겐에 의하면, 체화 시뮬레이션은 마음속에서 체험을 시뮬레이션함으로써 언어의 의미를 이해한다는 것을 의미한다. 이 경우, 현재의 체험은 체험 내용에 대한 우리 자신의 과거의 체험[스키마]을 통해서 묘사된 것이다.[(75)]

베르겐은 우리가 의식적인 정신적 이미지들을 통해서 친척이나 친구의 얼굴, 음성, 취미, 행동 등을 상상할 때 항상 시뮬레이션을 한다고 지적한다. 시뮬레이션을 실행할 때 우리는 감각적 지각과 행동의 정신적 체험을 창출하는데, 많은 실험적 연구는 우리가 무의식적으로 우리의 행동과 체험을 모으고 이를 재환기시키는 행동과 지각을 다루는 뇌의 해당 영역들을 자극하는 것을 보여준다. 보다 폭넓게 해석해서, 베르겐은 우리가 행동 동사를 사용하거나 확인할 때 상상된 행동을 위해 낮은 수준의 운동 및 지각 뇌 구조들을 활성화시키는 것이 필요하다는 점을 많은 연구가 보여준다고 설명한다.[(75)] 언어를 처리하는 뇌의 영역들에서 보이는 활성화는, 언어 처리에서 의미나 사고가 개인들이 그들을 둘러싸고 있는 세계와 상호작용함으로써 얻는 체험에 긴밀하게 뿌리박고 있다는 관념을 밑받침한다. 베르겐에 의하면, 우리는 언어에 의해 묘사된 것을 체험하는 것은 어떤 것인가 하는 내적인 시뮬레이션을 함으로써 부분적으로 단어들을 이해한다. 우리는 행동이나 사건에 관해 과거에 저장된 지식[스키마]을 활성화함으로써 시뮬레이션을 실행한다. 언어로부터 의미를 만들기 위해서 뇌는 감각과 운동을 처리하는 보다 오래된 기존의 뇌 구조들을 사용하며, 현재의 체험을 이해하기 위해 과거의 체험의 정신적 시뮬레이션을 창출한다. 즉, 우리는 과거의 체험으로부터 마음속에서 의미를 구성하며, 이 과정이 체화 시뮬레이션으로 알려진 것이다.[(75)]

독자가 서사 텍스트를 읽을 때 체화인지/의미론에 뿌리를 박고 있는 체화 시뮬레이션의 개념은 허구적인 서사 텍스트의 독서가 얼마나 많은 뇌 부위를 역동적으로 활성화시키는가, 또 서사 텍스트를 읽을 때 스토리가 왜 그렇게 생생하게 느껴지는가, 서사 텍스트의 독서가 독자에게 주는 고유한 정신적 영향은 무엇인가 등 다양한 질문에 대한 해답을 제공해준다.

3장 독자는 어떻게 서사 텍스트를 이해하는가?

: 사회적 세계와 체험의 시뮬레이션

▶ 요약

 허구적이고 문학적인 서사 텍스트(소설)의 이해는 사회적 세계와 체험의 시뮬레이션, 즉 체화 시뮬레이션 과정으로 볼 수 있다. 서사 텍스트의 독서에서 독자는 텍스트에 서술되고 묘사된 사건들, 작중인물들, 작중인물의 목적 등에 관한 일관된 시뮬레이션적 표상을 이들 요소에 관한 독자의 배경지식과 통합하여 '상황 모델들'이라는 역동적인 정신적 표상을 구성해감으로써 텍스트를 이해한다. 일부 연구자들은 이러한 상황 모델의 구성을 통한 이해를 밑받침하는 신경 메커니즘을 확인했다.

 서사 텍스트의 독자는 텍스트에서 전개되는 일련의 사건들의 연속체(플롯)를 보다 작은 단위인 개별 사건들로 분절함으로써 그 구조를 이해할 수 있으며, 이러한 사건 구조의 지각을 통해 상황 모델들을 구성한다. 서사 텍스트를 읽을 때 독자는 수용되는 정보가 능동적인 상황 모델 속에서 지속되어온 정보와 갈등을 빚으며 변화할 때 그의 상황 모델을 '갱신해야 하고, 텍스트의 전체적인 이해 과정은 이러한 상황 모델들을 역동적으로 갱신해가는 과정이다.

 심리학적 관점에서 서사 텍스트를 연구하는 일부 연구자들은 허구적인 소설을 사회적 세계와 체험의 추상화라고 규정하고, 소설의 독서는 독자에게 사회적 세계의 모델(상황 모델)이나 정신적 시뮬레이션을 제공한다고 주장한다. 요컨대, 문학적 서사는 독자의 마음속에서 실행되는 시뮬레이션으로 그 쾌락적 기능보다는 경험적 효용성이 더 중요하다는 것이다.

서사 텍스트의 이해를 위한 시뮬레이션 과정과 상황 모델 구성
: 상황 모델을 밑받침하는 신경 메커니즘

허구적인 텍스트의 이해에 기능적 밑받침을 하는 심리/신경 메커니즘에 관해서는 이미 '마음의 이론'과 '거울 뉴런'의 작용, 그리고 '체화/인지 의미론'을 논의하면서 다루었다. 따라서 독자가 허구적인 서사 텍스트를 이해하는 데에는 '마음의 이론'과 거울 뉴런, 그리고 '체화인지/의미론'적 기능의 역동적인 밑받침에 의존해야 한다는 것을 이해하게 되었다. 이런 이론들은 독자가 서사 텍스트를 읽으며 이해하는 전체적인 정신적 과정, 서사 텍스트의 독서가 갖는 고유한 가치, 그리고 서사 텍스트의 독서가 궁극적으로 독자에게 주는 다양한 정신적 효과와 영향에 관해 이해하는 데 중요한 이론적 기반이 된다.

서사 텍스트의 이해를 밑받침하는 위의 여러 심리/신경과학 이론을 바탕으로 많은 연구자는 허구적인 문학적 서사 텍스트[소설]의 이해 과정을 시뮬레이션의 개념으로 설명한다. 즉, 허구적이고 문학적인 서사 텍스트의 이해는 독자의 사회적 세계와 체험의 시뮬레이션 과정으로 설명할 수 있다는 것이다. 이는 위에서 기술한 체화의미론에 입각해서 '체화 시뮬레이션'으로 규정될 수 있다.[(82)]

서사 텍스트의 이해를 위한 시뮬레이션 과정은 어떻게 이루어지는가? 서사 텍스트의 독해에서 독자는 주인공을 비롯한 작중인물들이 상호작용하는 상황을 해결해야 하는 '문제적 상황'으로 규정한다. 그리고 텍스트에 명시적·함축적으로 서술 혹은 묘사된 사건들, 작중인물들, 작중인물의 목적 등에 관한 상세하고 일관된 시뮬레이션적 표상을 이들 요소에 관한 독자의 사전지식(스키마)과 통합함으로써, 텍스트를 이해하기 위해 '상황 모델'이라 부르는 역동적인 정신적 표상을 구성한다. 독자가 상황 모델들을 구성할 때, 독자는 최초의 텍스트적 정보와 독자의 사전지식에 기초해서 정신적 표상을 위한 기반을 설정함으로써, 텍스트의 이해를 위한 전체적인 시뮬레이션 과정을 시작한다. 독서 과정에서 후속 정보는 그다음에 전개되는 상황 모델과 연관되며, 점차 제시되는 사건, 작중인물들의 본질에 관해 이루어지는 복잡한 추론을 가능하게 한다. 이러한 상황 모델들의 구성은 텍스트의 이해와 유지(기억)를 이끌어낸다.[(147)]

　일부 연구자들은 신경영상술을 사용해서 서사 텍스트의 이해 과정에서 상황 모델의 구성을 통한 '일관된' 이해를 밑받침하는 특정한 신경 메커니즘의 존재 여부를 탐구했다. 심리정보학자 탈 야르코니 등은 fMRI를 사용해서 일관된 상황 모델의 처리를 밑받침하는 신경 메커니즘을 탐색했다. 연구자들은 참가자들이 fMRI 사용 중에 일관된 문장들이나 스토리를 읽을 때와 비일관적인 문장들이나 스토리를 읽을 때에 그 활성화의 정도를 비교했다. 그 결과, 많은 뇌 부위가 언어 처리에서 비교적 일반적인 역할을 수행하지만, 등쪽내측전전두 피질과 뒤쪽 두정 부위, 앞쪽 측두 부위가 일관된 텍스트의 이해 중에 특별히 동원되는 것으로 나타났다. 특히 이들 부위 중 뒤쪽 두정 부위는 상황 모델의 구성을 밑받침하며, 앞쪽 측두엽은 상황 모델의 지속을 밑받침하는 부위이고,

이와 더불어 상황 모델의 처리를 위한, 시공간적으로 먼 거리에 있는 신경 부위의 기여를 확인했다.[(147)]

서사 텍스트를 이해하고 기억하려 할 때 독자는 문제적 상황인 텍스트 내에 서술 혹은 묘사된 상황들의 정교한 정신적 표상인 '체화 상황 모델들'을 구성한다. 독자는 텍스트에 묘사 혹은 서술된 문제적 상황들을 이해하고 기억하기 위해 작중인물들의 목적, 위치 및 인과적 상호작용에 의해 사건들을 규정함으로써 정신적인 상황 모델들을 구성하며, 텍스트 전체를 이런 상황 모델들의 연속체로서 파악한다. 따라서 허구적인 서사 텍스트의 독해 과정은 텍스트에 서술되거나 묘사된 작중인물들이나 사건들이 야기하는 문제적 상황을, 체화된 상황 모델들의 연속체로 구성해가며 전체적인 시뮬레이션을 창출하는 과정이다. 이런 상황 모델들은 물론 앞에서 기술한 거울 뉴런 체계와 신체 및 신경 체계의 체화의미론 기능에 따라, 독자가 텍스트 내에 서술된 행동 단어, 감각적 지각 단어, 개념적 단어 등으로 이루어진 문장들을 읽어갈 때 실제 세계에서 행동이나 감각적·개념적 지각을 실행하면서 활성화하는 광범하고 많은 뇌 부위들, 그리고 상황 모델의 일관성을 밑받침하는 여러 뇌 부위들을 활성화함으로써 그 구체성과 섬세함, 생생함, 연속성과 일관성을 갖추게 된다.

사건 구조의 지각을 통한 상황 모델의 구성과 갱신 과정

그러면 이런 상황 모델들은 어떻게 구성되는가? 독자가 서사 텍스트 내의 일련의 사건들(플롯)을 이해하고 기억하는 데 있어 뇌가 이것을 한

번에 '전체'로 보고 파악할 수는 없다. 따라서 독자는 일련의 사건들의 연속체(플롯)를 보다 작은 단위인 개별 사건들로 분절함으로써 그 구조를 이해해야 한다. 이것을 '사건 구조의 지각'이라고 부른다. 사건 구조의 지각은 일상생활에서도 흔히 실행되는 행동이다. 우리는 일상생활에서 어떤 일련의 사건들을 분절해서 이해하는 사고의 습성을 갖고 있다. 일상생활에서 관찰자들에게 하나의 행동이 연속적인 정보의 흐름으로 제시되지만, 사람들은 이런 행동을 개별 단위들, 혹은 '사건들의 연속체'로 지각하는 무의식적인 사고를 한다. 예를 들어, '자전거에 올라 타 집에 가기'라는 행동은 '자전거에 올라타기', '페달을 밟기', '집으로 향해 가기' 세 가지 사건으로 분절할 수 있다. 이 경우, 이 짧은 문장은 행위자의 목적과 위치 및 인과적 상호 관계 모두를 포함하고 있다.

일부 연구자들은 위에서 지적한 사건 구조의 지각을 확인하기 위해 fMRI를 사용하여 실험을 실시했다. 니콜 스피어 등은 실험 참가자들[28명의 성인]에게 fMRI를 사용하는 중에 일상적인 행동에 관한 짧은 서사물을 읽게 한 다음, 며칠 뒤에 다시 불러 그 서사물을 다시 읽게 했다. 이 두 번째 읽기 과정에서는 fMRI 스캔을 하지 않고, 대신 그들에게 어디에서 서사적 행동의 한마디(segment)가 끝나고 다른 마디가 시작되었다고 믿는지 그 서사물을 분절하도록 요청했다. 결과는 실험 참가자들이 마디의 시작 혹은 끝이라고 확인한 지점—달리 말해, 사건의 경계—에서 뇌의 특정한 영역의 활성화가 증가했다.[(195)][(130)] 연구자들은 주어진 서사물을 구성하는 어절들이 6개의 상황 국면[상황 모델의 일부] 중 어떤 국면의 변화를 포함하고 있는가 여부를 측정했다. 6개의 상황 국면에서, 예를 들어 '목적의 변화'는 작중인물이 새로운 목적을 갖고 행동을 시작할 때엔 언제나 일어났으며, '인과적 변화'는 어절이 선행 어절에서 묘사된 행동에 의해 직접적으로 야기되지 않는 행동을 묘사할 때는 언제나 일어났고, '작중인물의 변화'는 어절의 주어가 선행 어절의 주어와 달랐을 때는 언제나 일어났으며, '공간적 변화'는 작중인물들이 그들이 있는 장소에서 다른 장소로 이동할 때 언제나 일어났다.

이런 분석 결과는 독자가 서사 텍스트를 읽으면서 수용되는 정보가 능동적인 상황 모델 속에서 지속, 유지되어온 정보와 갈등을 빚게 될 때 그의 상황 모델을 갱신해야 하기 때문에, 텍스트의 주어진 지점에서 변화하는 국면이 더 많을수록 능동적인 상황 모델은 더 많이 갱신될 것이라는 가정으로 귀결된다. 이 실험에서 주어진 상황 국면의 변화의 수는 등쪽외측전전두 피질을 비롯하여 변화와 관련된 많은 뇌 부위[뒤쪽 두정 피질, 뒤쪽 띠 피질, 그리고 양측 해마 등]의 활성화와 관련되었다. 어절 내에서 변화의 수에 대한 이런 민감성은 많은 상황 국면이 변화하고 있는 지점에서, 정보 처리에 대한 요구의 증가, 주어진 국면에서 변화에 직면할 가능성, 혹은 상황 모델의 갱신 과정을 반영할 수 있다.[(130)]

이런 결과는 독자가 서사 텍스트의 맥락에서 실제 세계의 행동과 유사한 행동상의 변화에 관하여 읽는 동안에, 특정한 행동의 시각, 운동, 개념적 특질을 역동적으로 활성화시킨다는 것을 시사해준다. 즉, 실제 세계에서 목적 지향적인 인간 행동의 처리, 공간적 환경에서의 이동, 물체의 수동 조작과 같은 행동 속에 포함되는 뇌 부위들은, 서사적 상황의 이런 특정한 국면들이 변화하는 지점에서 그 활성화가 증가한다.

요컨대 독자는 텍스트를 독해할 때, 텍스트에 묘사 혹은 서술된 행동을 이해하는 과정에서 감각적 지각 표상과 운동 표상을 주로 사용하며, 이런 표상들은 상황과 관련된 국면들이 변화하는 지점에서 역동적으로 '갱신'되는 것이다.[(130)]

또 다른 연구자들은 더 나아가, 독자가 서사 텍스트, 특히 장편소설을 읽을 때 스토리의 특정 국면과 뇌 활성화의 관계를 구명하고 예측하려 했다. 레일라 웨베 등 연구자들은 fMRI를 사용해서 참가자들[9명의 성인]이 장편소설 『해리 포터와 마법사의 돌』 중 제9장을 45분 동안에 읽을 때 그들의 뇌 부위의 활성화를 기록했다. 연구자들은 두 번째 단계에서 참가자들이 어떤 단어들, 특별한 문법 구조, 특별한 작중인물들의 이름 및 기타 스토리의 다른 국면들—모두 합쳐 195개의 상이한 '스토리의 국면'을 읽을 때 나타나는 뇌 활성화의 패턴을 관찰했다. 연구자들은 오로지 독자의 뇌 활성화에 입각해서 독자가 소설의 장(章)의 어떤 부분을 읽는가를 예측하기 위해 프로그램을 짰다. 연구자들이 추출한 195개의 스토리의 국면 전부를 사용했을 때, 그 프로그램은 74퍼센트의 정확성으로 두 개의 어구 중 어느 것이 읽혀지고 있는가를 예측할 수 있었다. 끝으로, 연구자들은 상이한 스토리의 국면 중 개별 국면에 대해 모든 뇌 부위에서 예측 실험을 반복했다. 그리고 이 실험에 의해 연구자들은 스토리의 많은 국면들과 상이한 뇌 부위들의 활성화 간의 연관성을 확인했다. 즉, 그들은 어떤 뇌 부위들이 어떤 유형의 정보를 처리하고 있는가를 뇌 스캔을 통해 정확하게 지적할 수 있었다.[(184)]

요컨대 이런 연구는 서사 텍스트의 독해 과정에서 스토리의 상황 국면과 뇌 부위들의 활성화 간의 연관성을 확인함으로써 스토리의 이해 과정이 체화 시뮬레이션의 과정이며, 시뮬레이션을 산출하는 상황 모델들이 상황 모델들의 변화에 따라 지속적으로 갱신된다는 결론을 입증해 주는 증거가 될 수 있다.

허구적인 서사 텍스트, 즉 소설은 작중인물들이 어떤 갈등 속에 처해 있는 문제적 상황에서 그 해결을 추구하는 일련의 사건들(플롯/행동)이 핵심적인 요소를 이루며, 독자는 플롯을 형성하는 사건들을 분절하여 상황 모델들을 구성함으로써 텍스트 전체에 걸친 독서를 통해 시뮬레이션을 창출한다. 그런데 허구적인 서사 장르는 작중인물들에게 과거에 일어난 사건을 시간 측면에서 '과거 시제'로 행동 동사를 사용해서 서술하는 것이 장르의 고유한 자질이다. 앞에서 체화의미론을 고찰하면서 행동 동사의 예를 주로 들었지만, 독자가 구성하는 상황 모델은 그 모델의 경계가 바뀌면서 일어나는 변화를 행동 동사에 의해 서술하며, 이에 의해 독자의 독서 중 현재의 시점까지 지속되어온 정보가 새로운 정보에 의해 갱신(update)된다. 따라서 서사 텍스트를 이해하는 전체 과정은 상황 모델들을 텍스트의 마지막까지 부단히 갱신해가는 과정이며, 지속적으로 이런 행동 동사와 관련되는 뇌 부위가 활성화되는 과정이 된다. 인간의 위계적인 인지 수준에서 텍스트의 독서, 특히 서사 텍스트의 독서가 수많은 체화인지/의미론적 기능을 담당하는 뇌 부위들의 포함과 연결망의 형성에 의한 활성화에서 가장 큰 복잡성과 확장성을 지속적으로 나타내는 가장 높은 수준의 인지 활동 중 하나인 이유가 바로 여기에 있다.

허구적 소설 : 사회적 세계와 체험의 추상화를 통한
시뮬레이션 체험의 제공

캐나다의 심리학자 레이몬드 마 등 일단의 연구자들은 '허구의 심리학', 즉 허구적인 문학의 서사가 독자의 정신에 끼치는 영향이라는 관점에서, 허구적 소설은 사회적 세계와 체험의 추상화(abstraction)라는 주장을 제기해왔다. 이들은 허구적인 문학으로서의 소설이 쾌락이나 즐거움이 그 주된 기능이고 경험적 효용성과는 그 어떤 연관성도 갖고 있지 않다는 이유로 많은 심리학자들에게 경시되어왔다고 주장한다. 그러나 이와 반대로 문학적 서사는 쾌락적 목적보다 더욱 중요한 목적을 갖고 있는데, 그 첫째 목적은 사회적 세계와 체험의 추상화를 통해 독자에게 사회적 세계의 모델(상황 모델)이나 정신적 시뮬레이션을 제공하는 것이다. 또 문학적 서사는 작중인물들이나 사회집단의 사회적 상호작용에 대한 심층적이고 몰입적인 시뮬레이션 체험을 창출하는데, 요컨대 문학적 서사는 독자의 마음이라는 소프트웨어에서 실행되는 시뮬레이션이라는 것이다.[(100)]

문학적 서사는 두 가지 방식으로 시뮬레이션과 관련된다. 첫째, 독자는 문학적 서사에 설정된 작중인물들과 사건들과 일치되는 사고와 정서를 체험한다. 즉, 독자는 작중인물들과의 '동일화(identification)'에 의한 사고와 '정서적 공감(empathy, 감정이입)'을 체험한다. 이는 문학적 서사의 독서를 통해서 독자가 갖게 되는 '대리 체험'을 의미하며, 독자가 직접적으로 접근하거나 이동하기가 불가능한 다양한 세계, 시공간적 체험을 통해서 독자가 갖게 되는 체험을 가리킨다. 둘째, 문학적 서사는 인간이 살아가는 사회적 세계를 추상화하고 모델화한다. 즉, 독자는 텍스트를 읽어가며 텍스트의 의미의 정신적 표상이나 상황 모델을 구성하고 이를 발전시킨다.[(84)]

그러면 이런 과정에서 추상화의 의미는 무엇인가? 이는 문학적 서사가 마치 수학과 같이, 의도적인 인간 행동의 근저에 놓여 있는 일반화의 가능한 원리들에 대한 이해를 명료하게 한다는 것을 의미한다. 일찍이 아리스토텔레스가 그의 『시학』에서 역사는 실제로 일어난 일, 개별적인 일을 서술하는 반면, 시(비극)는 개연성의 법칙에 따라 일어날 가능성이 있는 일, 보편적인 일을 서술한다고 천명한 바와 거의 같은 의미다. 이런 추상화의 과정에서 고려해야 하는 조건들은 단순화와 선택과 배제, 그리고 일관성이다. 즉, 문학적 서사에서 시뮬레이션은 단순화, 선택과 배제, 그리고 일관성을 통한 추상화로, 이 과정에서 본질적이고 중요하며 유일한 요소들은 텍스트 전체에 통합된다. 예를 들어 텍스트에서 플롯은 전체 서사 구조와 관련하여 작중인물들의 목적에 대한, 단지 근본적인 요소들(사건들)만을 선택함으로써 그들의 체험을 단순화하고 플롯을 의미를 만드는 프레임워크로 통합한다.[(84)]

그러나 문학적 서사는 추상화뿐 아니라 구체적이고 선명한 이미지나 세부 묘사 등 감각적이고 구체적이며 자극적인 디테일들을 제공해서, 추상화로 야기된 빈 체험 공간을 밀도 있게 채움으로써 독자의 독서 체험을 더욱 생생하고 생동감 있고 박진감 넘치게 만들 수 있다. 그런데 일견 모순 관계로 보이는, 예술적 가치를 지닌 이런 텍스트가 내포하고 있는 이런 구체성과 추상화의 관계는 어떤 것인가? 서사 텍스트에서 묘사되는 구체적인 디테일들은 그 생동성(vivacity)을 통해 독자에게 추상화의 가능성을 지닌 원형(prototype)을 환기할 수 있다. 그리고 구체적인 디테일이 이런 원형을 환기할 때, 이는 또한 추상화를 자극할 수 있다. 러시아 작가 안톤 체호프는 '총'에 대해 언급하면서, 만일 작가가 스토리 앞 부분에 '총'을 등장시킨다면 그 총의 발포를 염두에 두고 있는 작중 인물을 설정해야 한다는 견해를 제시했는데, 이 경우 구체성을 지닌 '총'은 독자가 무엇에 관심을 가져야 하는지에 관해 독자를 자극할 뿐만 아니라 '총'의 사용에 관한 추상적인 사고[서부 영화에서 명사수 보완관의 '총'은 '정의'라는 추상적 개념을 암시한다]를 환기할 수 있다. 따라서 추상화와 구체성은 모순적 관계라기보다 상호 보완적 관계라고 할 수 있다.[(84)]

레이몬드 마 등 일단의 연구자들은 이처럼 문학적 서사를 사회적 세계와 체험의 추상화를 통한 시뮬레이션으로 보며, 시뮬레이션이 독자에게 주는 경험적 효용성에 초점을 맞춘다. 체화 시뮬레이션으로 문학적 서사를 읽는다면, 문학적 서사가 독자에게 주는 경험적 효용성은 무엇인가? 레이몬드 마 외에 오늘날 새로운 과학적 관점[허구적 소설의 심리학]에서 주로 서사문학의 기능을 구명하려는 연구자들은, 문학적 서사의 독서가 독자에게 주는 경험적이고 실제적인 영향성 혹은 효용성이라는 가치를 주목하고 있다. 문학적 서사의 독서는 효용론적 관점에서 독자에게 어떤 정신적·심리적 영향을 주는가? 좀더 구체적으로 문학적 서사의 독서는 독자의 성격을 변화시킬 수 있을까? 이런 문제들은 특히 허구적인 서사문학의 독서가 갖는 교육적 함의라는 관점과 맞물려 각별한 관심의 대상으로 다루어져야 할 과제다.

4장 서사 텍스트의 독서는 독자에게
어떤 정신적·심리적 영향을 주는가?
독자의 성격을 바람직하게 변화시킬 수 있을까?

소설의 독서는 독자에게 어떤 정신적·심리적 영향을 주는가?

▶ 요약

허구적인 서사 텍스트, 즉 소설의 독서는 마음이라는 소프트웨어에서 실행되는 시뮬레이션의 과정이며, 이런 과정은 독자에게 텍스트 속 작중인물과의 '동일화'를 통해 '정서적 공감'이라는 정신적, 심리적 영향이나 효과를 준다. 서사 텍스트의 독해의 시뮬레이션 과정에서 가장 중요한 요소는 독자의 '자아-관련성'이다.

서사 텍스트의 독서에서 독자는 주인공을 비롯한 작중인물들의 관점을 자기의 관점으로 삼는 이른바 '관점 바꾸기'와 상상적 사고의 활성화를 통해 그들과 심리적으로 동일화함으로써, 스토리에 정서적으로 포함되며 공감을 공유한다. 그리고, 텍스트를 읽어가는 시뮬레이션 과정에서 공감의 증가와 거듭되는 공감의 체험은 독자의 '성격'에 긍정적인 변화를 초래할 수 있다.

문학적 서사의 독서 과정에서 인간의 보편적인 심리적 성향인 자아 중심적 편향성을 극복하고, 타인에 대한 정서적 공감을 통해 사회적 능력을 향상시키기 위해서는 이러한 편향성을 극복하는 데 중요한 역할을 하는 뇌 부위를 확인할 필요가 제기되었다. 일부 연구자들은 인간의 뇌에서 우반구의 모서리위이랑이 '나(자아)'의 정서를 타인의 정서와 구별하도록 도움으로써 이러한 자아 중심성을 극복하는 데 결정적인 역할을 하는 뇌 부위라는 사허구적인 문학 텍스트의 독서에서 독자가 스토리에 몰입될 때 일어나는 마음의 현상에 관한 이론을 '전입의 현상학'이라 부른다. 독자가 전입의 과정에 몰입하면, 독자는 개인적으로 텍스트 속에서 자신을 잃어버리는 이른바 자아 의식의 상실을 겪을 수 있다. 독자가 이른바 텍스트의 '깊이 읽기'에 의해 몰입이 심화되면, 독자의 공감 능력이 증가하고 종국적으로 진정한 의미에서 성격의 변화를 겪을 수 있다.

시뮬레이션 체험이 독자에게 주는 정신적 · 심리적 영향

허구적인 서사 텍스트, 즉 문학적인 서사 텍스트인 소설을 사회적 세계와 체험의 시뮬레이션이라고 규정할 때, 독자가 겪는 시뮬레이션 체험은 어떤 것인가? 이는 비행기 조종사가 실제 비행기를 조종하기 전에 정교하게 꾸민 시뮬레이터 안에서 비행할 때 조우하는 많은 상황을 가상해서 조종 연습을 하는 경우와 비슷하다. 이 경우, 시뮬레이터의 기계적 장치가 매우 정교하게 갖추어져 있고 조종사가 시뮬레이션 체험(학습)을 많이 할수록, 그는 우수한 조종 능력을 쌓을 가능성이 있다. 이와 마찬가지로 서사 텍스트의 독서 역시 마음이라는 소프트웨어에서 실행되는 시뮬레이션이라는 주장을 이해할 수 있다. 그러나 허구적인 소설의 독서는 이런 기능적 학습 효과 이상의 심리적 · 정신적 영향을 독자에게 줄 수 있다.

허구적인 서사 텍스트에서 작자가 사용하는 몇 가지 서사 기법은 독자의 시뮬레이션 과정에서 정서적 '공감'의 반응을 환기하는 데 매우 유리하다. 3인칭 화자보다 1인칭 화자의 설정, 전지적 시점(3인칭)보다 한정된 시점(1인칭, 2인칭, 3인칭), 독자가 동일화하기에 쉬운 도덕적으로 긍정적인 인물, 이른바 '내적 독백'이나 '의식의 흐름' 같은 기법에 의한 작중인물의 심층적인 내면 묘사, 구체적이고 생생한 배경 묘사 등 여러 요소들이 독자의 공감을 유발하는 데 유용한 서사 기법이다. 그러나, 가장 중요한 것은 자아-관련성(self-referential)이다. 즉, 문학적 서사 텍스트의 독서는 다른 비문학 서사 텍스트의 독서에 비해, 더욱 빈번하게 능동적인 자아에 집중된 자아-관련 기억[독자의 스키마로서 자전적 기억과의 연결]을 환기시키며, 이런 자아-관련성은 독자가 텍스트 속의 작중인물과 동일화하고 공감을 형성하는 과정을 밑받침한다.[(91)] 나아가, 또한 작가가 작중인물들과 스토리, 배경 등을 참신하고 생생하게 묘사 혹은 서술함으로써 독자를 독특한 시뮬레이션 체험 과정으로 몰입시키는 언어와 문체를 구사하는 작가 고유의 개성적 힘을 간과할 수 없다.

레이몬드 마 등 연구자들은 독자가 서사 텍스트를 읽을 때 독자가 갖는 시뮬레이션 체험의 심리적, 정신적인 주요 효과로 4가지를 들고 있다. 첫째, 시뮬레이션 체험은 타인들에 대한 정서적 공감의 심화를 위한 기회를 제공함으로써, 타인들의 정서와 믿음을 체화하고 이해하며(마음의 이론), 궁극적으로 우리 자신을 이해할 수 있도록 우리를 학습시킨다. 둘째, 추상화의 수준에서 독자가 복잡한 인간들의 상호 관계에서 작용하는 원리들이, 상이한 시공간에서 어떻게 일반화될 수 있는가를 이해하고, 독자 자신이 살고 있는 사회적 세계에 대한 적응력을 함양할 수 있다. 셋째, 시뮬레이션 체험은 독자로 하여금 과거의 트라우마와 화해하고, 현재의 사회적 세계의 실상에 대한 이해를 통해 미래에 마주칠 사회적 세계를 미리 예측하게 해준다. 넷째, 시뮬레이션 체험은 현실적인 사회적 세계에 대한 대리 체험이며, 독자는 이를 통해 사회적 세계에 대한 정보나 지식을 보다 상세하게 습득하고 전달할 수 있다. 이들 4가지 중 인간에게 주는 심리적, 정신적 영향이나 효과의 측면에서 가장 중요한 것은 첫째 시뮬레이션 체험을 통해 독자가 갖게 되는 정서적 공감이다.[(98)]

관점 바꾸기와 상상적 사고의 활성화

허구적인 서사 텍스트의 독서는 다음 두 가지 측면에서 특히 정서적 공감과 관련된다.

첫째, 소설에서 독자가 갖게 되는 시뮬레이션 체험은 사람들이 사회적 세계에서 일어나는 사건들을 이해하기 위해 일상생활에서 사용하는 사고의 과정과 연관될 수 있다. 그리고 이런 독해의 과정을 통해 독자는 사회적 세계와, 그가 타인들과 상호작용하는 방법에 대한 보다 향상된 이해를 갖게 된다. 즉, 소설의 스토리를 읽고 있을 때 독자는 작중인물들이 무엇을 생각하고 의도하고 느끼고 있는가를 추론함으로써 작중인물들의 행동과 반응을 예측한다[마음의 이론]. 그리고 이를 실행하기 위해 독자는 작중인물들의 관점(perspective, point of view)을 자기의 관점으로 삼음으로써[관점 바꾸기], 그리고 마치 그것이 독자 자신의 체험인 것처럼 사건들을 체험함으로써[동일화], 스토리 내의 작중인물들과 동감하거나 공감한다.[(10)]

둘째, 허구적 체험은 상상적 사고를 활성화시킨다. 이른바 '몰입된 체험자 프레임워크(Immersed Experiencer Framework)'에 따라 독자가 스토리 내의 사건들을 읽을 때 스토리와 유사한 사회적 체험과 세계를 반영하는 신경 연결망은 그 스토리 내의 사건들이 독자에 의해 정신적으로 시뮬레이션되는 중에 활성화된다[거울 뉴런, 체화인지/의미론적 기능].
따라서, 스토리를 읽음으로써 독자는 자기 자신이 사는 세계와 비슷한
세계인 서사적 세계를 상상한다. 이 서사적 세계에서 독자는 스토리 내
의 작중인물들의 사고와 감정을 상상하고 실제로 체험[동일화 체험]함
으로써, 타인의 눈을 통해 보는 방법[관점 바꾸기]은 어떤 것인가를 상
상한다. 그러므로 허구적인 서사 체험에 의해 유발된 상상적인 과정들
은 독자를 더욱 공감적으로 만든다. 결국, 독자는 소설을 읽는 과정에서
더욱 공감적이 된다.[(10)].

　허구적인 소설의 독서에서 독자는 작중인물(특히 주인공)과의 심리적
동일화를 통해 스토리에 정서적으로 포함됨으로써 작중인물들과의 공
감을 공유하며, 그리고 독자가 마치 스스로 그 사건들을 체험하는 것처
럼 스토리의 사건들을 체험하기까지 이른다. 결국 독자는 텍스트를 읽
어가는 중에 더욱 공감적으로 변화하며, 이런 공감의 증가와 거듭되는
공감 체험은 성격에 긍정적인 변화를 초래할 수 있다. 독자가 서사 텍스
트의 독서를 통해 갖게 되는 정서적 공감을 '서사적 공감'이라 부르는데,
이것은 타인의 상황과 조건에 관한 서사를 읽고, 보고, 듣거나 혹은 상상
함으로써 일어나는 감정과 관점 선택을 공유하는 심리적 현상이다.
　공감과 관련되어 있지만 개념상 차이가 있는 용어로 '동감(compas-
sion)'이 있다. 공감(empathy)이 타인의 정서를 인지하는, 그리고 타인에
게 정서적으로 반응하는 인지적이고 지적인 능력을 의미한다면, 동감은
이와 관련은 있지만 상호간에 감정이 일치하지 않는 상대에 대해 느낀
정서를 가리킨다("나는 너와 함께 느낀다"라기보다 "나는 너에 대해 느
낀다"). 공감에는 동감과 관심이 포함된다. 타인을 보는 인간의 관점을

바꾸고 인간의 성격상의 변화를 가져올 수 있게 하는 것은 서사적 공감이다.[(70)]

정서적 공감의 종류와 공감을 관장하는 뇌 부위

일부 연구자는 정서적 공감을 세 가지로 나누어 설명한다.

첫째는 '인지적 공감'으로 이것은 타인의 관점에서 보는 것을 통해 사람이나 사물을 사고하는 것을 가리킨다(마음의 이론). 예측을 잘 하면 우리는 타인이 실행하거나 가정하거나 혹은 느낄 것이라고 비교적 정확하게 추측할 수 있다. 그러나 인지적 공감은 단지 훌륭한 인간 존재가 될 수 있는 자질의 일부일 뿐이다. 예를 들어 흔한 추상적인 인생 일반론으로 일관하는 자기계발서 따위는 인간의 관점이나 성격을 바꾸기 어렵다. 설사 그런 심리적 효과를 줄 경우에도 그 지속 기간은 오래지 않다.

둘째는 '정서적 공감'으로, 이것은 훨씬 더 내면적인(visceral, 내장의, 뱃속으로부터의) 체험이다. 이것은 상대가 느끼고 있는 정서가 내 안에 비슷한 심리적 및 정서적 반응을 촉발시키는 대뇌변연계[정서, 기억, 의식의 중재에 결정적인 일단의 뇌 구조]를 포함하기 때문에 훨씬 절실하다.

셋째는 집행 기능에 의해 밑받침되는 정서적 공감이다. 문학적 서사가 단지 인지적·정서적(특히 인지적) 공감만을 향상시킨다면, 그 효용성은 의심의 대상이 될 수 있다. 왜냐하면 공감 그 자체는 자동적으로 좋은 것이 아니기 때문이다. 예를 들어 일부 사이코패스는 매우 우수한 공감적인 기능을 갖고 있다. 따라서, 인지적·정서적 공감이 우리의 자아(self)를 보다 높게 고양시키려면, 뇌의 다른 부위의 작용이 필요할 듯

하다.[(14)]

최근의 연구에 의하면 인간의 전전두 피질 내, 우반구의 측두두정 접합부에게 야기되는 집행적 의사 결정이 이런 역할을 하는 것으로 보인다.[(14)] 독일 막스 플랑크 연구소의 연구진도 공감과 동감을 관장하는 뇌 부위를 발견하기 위한 연구에서 비슷한 사실을 확인하였다. 그들은 인간의 뇌에서 대강 측두엽, 두정엽 및 전두엽의 접합부에 위치하고 있는 우반구의 모서리위이랑이 인간의 지각이나 정서 상태를 타인들의 그것과 구별하거나 분리하도록 돕고, 공감과 동감을 관장하는 뇌 부위라는 점을 확인했다. 이들에 의하면, 모든 인간은 자기 주위의 세계와 이웃 동료들을 평가할 때 자기 자신을 척도로 이용하며, 자신의 정서를 타인에게 투사하는, 이른바 '정서적 자아 중심 편향성(Emotional Egocentricity Bias, EEB)'을 지니고 있는데, 이런 편향성을 극복하는 데 모서리위이랑이 결정적인 역할을 한다는 것이다. 막스 플랑크 연구소의 또 다른 연구진은 이 정서적 자아 중심성을 사람의 연령과 비교하는 연구를 실시했는데, 그 결과 이런 사람의 성향은 일생에 걸쳐 변화하며, 청년기와 중년기에 비해 청소년기와 노년기에 증가하는 U자 형의 변화 과정을 보여주었다. 이런 결과는 모서리위이랑의 역할에 기인하는데, 이 뇌 부위는 청소년기가 끝나는 시기까지 완전히 성숙해서 지속되며 노년기에 쇠퇴한다.

막스 플랑크 연구진의 이와 같은 연구 결과들은 문학적 서사의 독서 체험과 독서 교육에도 많은 시사점을 제공한다. 사람의 정서적 자아 중심성을 극복하고, 타인에 대한 공감을 통해 사회적 능력을 향상시키기 위해 청년기 이전, 즉 아동기와 청소년기 중에 많은 문학적 서사의 독서

체험과 독서 교육을 집중시킬 필요성이 있다는 것이다.[(157)]

전입의 현상학과 깊이 읽기의 정서적 효과

이러한 연구들은 소설의 독자가 어느 정도 스토리에 몰입되는가의 문제, 이른바 '전입의 현상학(phenomenology of transportation)'에 관한 논의를 심화시킨다. 전입의 현상학은 독자가 스토리에 정서적으로 몰입(immersion)될 때 일어나는 마음의 현상에 관한 이론이다. 이는 서사적 공감이 곧 몰입과 직결된다는 의미다. 이른바 전입의 현상은 앞에서 거울 뉴런과 체화의미론에 대해 설명하면서 거듭 기술했다시피, 독자가 허구적 서사 텍스트를 읽을 때 상상적 배경 속에서 작중인물들의 행동과 지각을 환기하는 과정[상황 모델들의 구성에 의한 시뮬레이션 과정]이 실제 삶의 현실 속에서 유사한 행동과 지각을 실행하는 중에 사용하는 영역들과 동일한 뇌 영역들을 사용하기 때문에 야기되는 것이다.[(70)] 이런 점에서 공감은 실제 사람들이 체험하는 감정이기 때문에, 서사적 공감은 서사적 역동성의 과정, 혹은 텍스트의 시작부터 끝까지의 움직임의 과정에서 지속적으로 일어난다.[(70)]

'전입'은 독자의 모든 정신적 체계와 능력이 서사 텍스트 속에서 발생하는 작중인물들의 사건에 집중하게 되는 수렴적 과정이다. 전입의 과정에 몰입하면 독자는 시간의 자취를 잃어버리고, 주위에서 진행되는 사건들을 제대로 관찰하지 못한다. 이른바 책 속에서 자신을 잃어버리는 자아 의식(self-awareness)의 상실이 발생할 수 있으며, 독자가 읽는 서사적 세계가 독자가 현재 살고 있는 세계로부터 멀리 떨어져 있고 비록 사건들이 현실적으로 발생 가능성이 없을 때조차도, 거울 신경과 체화인지의 기능적 작용에 의한 시뮬레이션 체험 과정 속에서 그것들을 현실적인 것으로 지각할 수 있다.[(10)]

　조이스 오우츠 같은 작가는 허구적인 소설을 읽으면서 독자가 작중인물과 동일화를 통해 공감을 증가시켜가는 전입과 몰입의 정신적 과정을, 다분히 작가다운 직관적 언어로 묘사한다. 즉 '독서는 우리가 무의식적으로, 흔히는 무력하게, 타인의 피부, 타인의 음성, 타인의 영혼 속으로 미끄러져 들어가는(slip into) 유일한 수단'이라는 것이다. 독자의 스토리에의 전입과 몰입의 정신적 현상을 이보다 더 잘 표현한 예는 찾아보기 어렵다. 역시 작가이며 시인인 유진 페터슨도 이와 유사한 독서 현상을 영적인 독서라고 부르며 다음과 같이 기술한다. "독서는 무한한 선물이다. 다만 단어들이 영혼 속에 끌어들여져—느긋한 희열 속에서 먹히고, 씹히고, 갈히고, 수용되어—동화될 경우에만 그러하다." 이런 독서는 영적인 독서이며, 마치 "음식이 위 속에 들어오듯이, 우리의 영혼 속에 들어온 독서가 우리의 혈액을 통해 퍼져나가고, 그리고 사랑과 지혜가 된다." 그리고, 영적인 독서의 힘은 독서의 자료, 동기, 혹은 도덕적 선택의 직접성을 초월하는 능력이다.[(176)] 역시 작가인 브라이언 월쉬도 이와 유사한 관점을 밝힌다. "소설의 독서는 특히 저자의 범위를 가로질러, 우리가 참신한 시나리오를 대리 체험하게 하고, 작중인물들과 동일화함으로써 우리의 경계를 확장한다. 또한 우리에게 장면, 작중인물들의 모습, 냄새, 소리를 창출하게 하고, 우리의 정서를 환기함으로써 모든 감각을 자극하고, 우리의 뇌를 비튼다(tweak)."[(158)]
　앞에서 매리언 울프가 강조한 '깊이 읽기'(심층적 독서)에 관한 주장을 인용했지만, 작가 애니 머피 폴은 깊이 읽기에 의한 몰입은 궁극적으로 독자의 공감 능력을 증가시킨다고 주장한다. 그녀에 의하면, 주의가 집중되고 언어의 뉘앙스에 조율된 깊이 읽기는 그 최고의 차원에서 최면의 황홀감에 진입한다. 독자가 독서 체험을 최고조로 즐길 때, 빠르고 유창한 단어의 해독과 느리고, 느릿한 진행의 결합은 독자에게 독서 과정을 반성하고 분석하고, 자신의 기억과 견해로 풍요롭게 하는 시간을 제공한다. 이런 과정을 통해서 독자와 저자는 사랑에 빠진 사람들처럼 폭넓고 열정적인 대화에 참여함으로써 공감의 차원을 넓힌다. 이런 독서는 실용적이고 도구적인, 이른바 육체적인 독서와 차원이 다른 바로 영적인 독서다.[(175)]

소설 독서가 독자의 성격을 변화, 향상시킬 수 있을까?

▶ 요약

허구적인 서사 텍스트의 독자가 작중인물들과의 동일화와 공감을 통해 독자의 사회성을 향상시키는 정신적·심리적 영향을 받음으로써 바람직한 '성격의 변화'를 체험할 수 있다는 사실은 실제로 여러 연구자들의 실험적 연구에 의해 확인되었다.

일부 연구자들은 이런 성격의 변화가 허구적 텍스트의 고유의 자질에 기인하는가 여부를 논픽션 텍스트의 독서와 대조해 연구했다. 그 결과는 논픽션 텍스트에 비해 허구적 텍스트는 독자가 텍스트에 '깊이' 전입 혹은 몰입될 경우, 독자의 공감에 영향을 주어 더 큰 성격의 변화를 초래할 가능성이 높다는 점이 밝혀졌다.

이러한 연구의 일환으로, 일부 연구자들은 허구적인 텍스트(안톤 체호프의 「개를 데리고 다니는 여인」)와 이를 논픽션으로 개작한 버전을 실험 참가자들에게 각각 읽게 한 후, 그들의 성격 변화를 측정했다. 그 결과 허구적 텍스트를 읽은 참가자들의 성격 특성이 논픽션을 읽은 참가자들보다 크게 변화했음을 확인했다. 즉, 그들은 소설 속의 작중인물들의 마음속에 들어가 그들의 '내적인 시점'으로부터 작중인물들의 행동을 이해함으로써 그런 변화를 체험한 것이었다. 이런 사례는 서사 텍스트의 독서가 독자를 편협한 자아의 세계에서 벗어나 타인의 관점에서 자아를 볼 수 있게 하고, 사회적 세계와 상호작용할 수 있는 사회적 능력이나 사회지능을 향상시킨다는 주장의 강력한 증거가 될 수 있다.

또한 일부 연구자들은 소설과 같은 허구적 텍스트를 많이 읽은 사람들이 그렇지 않은 사람들에 비해 다른 사람들에 대한 공감 능력과 사회적 지능이 더 높을까라는 과제를 연구했다. 그 결과, 연구자들은 소설의 독자는 인간에 대한 능숙하고 절실한 공감의 체험과 이해를 통해 사회적 능력을 향상시킴으로써 사회적인 문제적 상황을 보다 깊이 이해하고 잘 처리할 수 있다는 점을 밝혀냈다.

나아가, 일부 연구자들은 소설의 독서가 독자의 뇌의 어떤 부위들에 변화를 일으키며, 이런 변화가 얼마나 오래 지속되는가를 탐구했다. 그 결과, 연구자들은 소설의 독서는 독자의 신체 감각과 연관된 체성감각 피질을 활성화시키고 그 연결성의 증가를 오래 지속시킨다는 점을 확인했다. 이는 소설의 독서가 독자를 '신체 안으로' 데려가서 작중인물의 '신체에 자리 잡게' 한다는 것을 의미한다. 이런 효과의 이유는 이른바 '수면제 효과'에 의해 밑받침된다. 즉, 소설의 독서가 독자에게 주는 공감의 효과는 독서 후 즉시 드러나는 대신, 시간이 지남에 따라 점차 분명하게 드러나고 증가될 수 있다는 주장이다.

허구적 소설이 독자에게 강한 공감 효과를 줌으로써 성격의 변화를 초래할 수 있는 이유에 대해 일부 연구자들은 두 가지를 든다. 즉, 소설은 자기 방어의 필요 없이 독자가 정서를 체험할 수 있는 안전한 공간을 제공한다는 점, 그리고 어떤 집단에 대한 통계적 정보가 독자에게 '정신적 마비'를 일으키는 반면, 특정한 개인의 문제를 다루는 소설 텍스트가 매우 강렬하게 독자에게 정신적, 심리적 공감 효과를 줄 수 있다는 점이다.

허구적인 서사 텍스트의 독서는 독자에게 깊고, 지속적이고 강렬한 공감 효과를 줌으로써 독자의 성격을 바람직한 방향으로 변화, 향상시킬 수 있다. 이것이 유아기의 '책 읽어주기'로부터 시작되어 평생에 걸쳐 지속되어야 하는 독서 습관이 중요한 가장 큰 이유 중의 하나다.

서사 텍스트 독서의 동일시와 공감 효과, 사회성 향상에 대한 실험적 연구

독자가 서사 텍스트의 독서에 전입 혹은 몰입함으로써 겪게 되는 정신적·심리적 영향이나 효과에 관한 논의에서 그 최종적인 과제는 허구적인 서사 텍스트의 독서가 과연 독자의 성격을 바람직한 방향으로 변화, 향상시킬 수 있는가다. 이 문제에 관하여 실증적이고 시험적인 많은 연구가 제기되어왔다.

이러한 연구의 일환으로, 허구적인 서사 텍스트인 소설의 독자는 작중인물들과의 동일화와 공감을 통해 독자의 성격의 일면인 사회성을 향상시키는 심리적·정신적 영향을 받을 수 있다는 사실을, 실제로 대학생 참가자들을 대상으로 판타지 소설을 읽게 하는 일련의 실험을 통해 실증적으로 입증한 연구가 제기되었다. 심리학자인 쉬라 가브리엘 등은 140명의 학부생들을 두 집단으로 나누어 이들에게 각각 스테파니 메이어의 뱀파이어 이야기인 『트와일라잇』과, 롤링의 마법 이야기인 『해리 포터와 마법사의 돌』에서 뽑은 문장들을 읽도록 했다. 제공된 문장들을 읽은 다음 참가자들은 두 가지 시험을 받았다. 처음 시험은 그들에게 '나(me)'와 관련된 단어들 '나 자신, 나의 것'과 '마법사'와 관련된 단어들 '지팡이, 빗자루, 주문' 등이 화면에 나타날 때 키를 눌러 이들 단어를 범주화하고, '나와 무관(not me)'한 단어들 '그들, 그들의 것'과 '뱀파이어'와 관련된 단어들 '피, 불사, 엄니, 깨물린' 등은 다른 키를 눌러 범주화하고, 다음에는 이를 반대로 실시하는 시험이었다. 두 번째 시험은 참가자들에게 그들이 읽은 허구적인 세계와의 동일화를 측정하기 위해 설계된 일련의 질문들["당신은 얼마나 오래 잠을 자지 않고 갈 수 있는가?", "당신의 이빨은 얼마나 날카로운가?", "만일 당신이 힘써 노력하면, 당신의 정신력으로 물체를 이동시킬 수 있다고 생각하는가?" 등을 포함하는] 을 보고 대답하는 것이었다. 소설을 읽은 그들의 심적 분위기(mood), 삶의 만족도, 그리고 스토리의 몰입도(absorption)가 이어서 측정되었다.[(165)]

연구의 결과는 롤링의 소설의 일부를 읽은 참가자들은 마법사와 같이 자기동일화(self-identified)되었으며, 또한 메이어의 소설의 일부를 읽은 참가자들은 뱀파이어와 같이 자기동일화되었음이 확인되었다. 그리고 독자들이 이런 허구적인 세계 속에 '속하는 것(belong)'은 실제 세계에서 사람들이 현실적인 삶의 집단에 가입함으로써 얻는 바와 동일한 심리적 무드와 삶의 만족도를 제공했다. 이런 연구는 위의 책들이 독자에게 판타지 세계에 스스로 파장을 맞추고 몰입하기 위한 기회 이상을 제공한다는 점을 시사한다. 이들 연구자는 결국 그들의 연구가, 책이 사회적 연대와 지복(至福)의 평정─소중한, 짧은 시간 동안에 자기 자신보다 더 큰 어떤 것의 일부가 됨으로써 얻게 되는─을 위한 기회를 제공한다는 사실, 그리고 결국 독서는 인간의 근본적인 욕구인 사회적 연대를 충족시킨다는 점을 분명히 가리킨다고 그 사회적 의의를 강조하고 있다.[(165)]

허구적인 텍스트와 논픽션 텍스트의 대조 연구

허구적인 서사 텍스트의 독서는 작중인물에 대한 동일화와 어느 정도의 전입 혹은 몰입을 통한 정서적 공감에 의해서 독자의 자아를 확대시킴으로써 성격을 변화시킬 수 있을까? 성격을 변화시킬 수 있는 전입의 수준은 어느 정도인가? 또한 이런 심리적 효과를 줄 수 있는 것은 허구적 텍스트의 고유한 자질인가 혹은 비허구적 텍스트도 이런 효과를 줄 수 있는가?

영국의 조직심리학자 매트히지스 발 등 연구자들은, 허구적인 서사의 독서 체험이 정서적 공감을 변화시키는가 여부 및 독자가 정서적으로 스토리에 몰입될 때 더욱 공감적이 되는가 여부를 구명하기 위한 두 가지 실험적 연구를 실시했다. 이들은 두 차례에 걸쳐 20대 중반의 대학생 집단을 참가자로 선정해서, 허구적인 소설 텍스트(픽션)와 비허구적인 텍스트(논픽션)[신문기사]를 읽게 한 뒤, 지필과 컴퓨터를 이용한 방법을 사용해서 그 결과를 측정했다. 실험의 결과, 허구적 스토리를 읽은 사람들은 1주일 동안에 걸쳐 영향을 받았으나, 단지 그들이 정서적으로 스토리에 전입(transportation)될 때만 그러했다. 두 가지 실험에서 전입이 없을 경우 공감은 보다 낮은 것으로 나타났으며, 반면 깊은 전입[몰입]을 보여준 실험은 허구적 소설을 읽은 독자들의 보다 깊은 공감을 나타냈다. 이런 결과는 사람들이 논픽션을 읽는 통제된 조건 속의 사람들에게서는 발견되지 않았다. 이 연구는 허구적 소설은 독자의 공감에 영향을 주며, 그 정도는 독자가 스토리에 얼마만큼 전입되는가, 즉 낮은 수준 혹은 깊은 수준의 조건하에서만 그렇다는 사실을 보여준다.[(10)]

이와 유사한 맥락에서, 허구적인 서사 텍스트(픽션)가 비허구적인 서사 텍스트(논픽션)에 비해 독자의 작중인물과의 동일화와 공감 능력을 증가시킴으로써, 결과적으로 독자의 성격의 변화를 가져올 수 있다는 가정을 경험적 방법으로 입증한 연구들이 제기되었다. 캐나다의 인지심리학자이며 소설가인 키스 오틀리 등은 이런 가정을 입증하기 위한 실험과 측정을 실시했다. 연구자들은 166명의 성인 참가자들이 안톤 체호프의 단편소설 「개를 데리고 다니는 여인」의 두 개의 버전을 읽도록 임의로 할당했다. 하나는 원래의 소설 작품 그대로였으며, 다른 하나는 논픽션 포맷으로 재서술된 원래의 스토리의 버전이었다. 논픽션 포맷으로 재서술된 버전은 소설 속의 두 주인공이 각각 이혼 소송을 제기한 뒤, 이혼 소송 중의 법정 보고서로서 연구자들 중 한 명이 쓴 것이었다. 따라서 이 버전은 체호프의 소설에 나오는 동일한 작중인물들과 사건들 및 일부 단어들을 포함하고 있었다. 또한 이 버전은 원작과 길이와 난도 측면에서 동일했다. 중요한 것은, 이 논픽션 보고서의 독자들이 비록 체호프의 원작처럼 예술성은 없지만, 보고서가 꼭 같이 흥미롭다는 점을 알고 있다고 보고한 것이다.[(97)] 체호프의 소설은 불행한 결혼 생활을 하는 두 남녀가 휴양지에서 만나 짧은 기간 동안 사랑의 교제를 하지만, 각자의 삶의 조건 때문에 헤어졌다가, 상대방에 대한 사랑의 감정이 점점 커지면서 다시 만나, 함께 불행한 결혼 생활의 굴레에서 벗어나려 결심한다는 줄거리였다.

연구자들은 참가자들이 이 두 개의 버전을 읽기 전 및 후에 표준 인성 테스트를 사용해서 독자들의 성격(personality)을 측정했다. 그 결과, 연구자들은 체호프의 소설을 읽은 독자들의 성격 특성(personnality traits)이 법정 보고서(논픽션)의 그것보다 크게 변화했음을 확인했다. 성격의 변화는 크지 않았지만, 측정 가능한 것이었다. 연구자들에 의하면, 이런 결과는 저자가 계획한 대로, 전부 동일한 방향을 지향하는 경향이 있는, 이른바 설득을 목적으로 하는 종류의 텍스트[논술, 설명 텍스트 등]가 산출하는 믿음의 변화와는 다른 것이다. 이와 달리 체호프 소설의 독자들은 상이한 방향으로 변화했는데, 독자 개인 각자의 변화는 독서 중에 느낀 정서에 중재되어, 특정한 독자마다 독특했다. 소설의 독자 중 소설을 읽는 중에 그들의 감정을 보고한 정서가 많을수록, 그들은 더 많이 변화했다. 다시 말하면, 소설은 논픽션과 달리 단지 운동(movement)의 가능성을 열어놓을 뿐이다. 이것은 직접적인 인과적 효과는 아니다. 이런 성격의 변화는 위에서 언급한 이른바 전입의 효과, 즉 소설의 독자가 사람들이 흔히 갖는 '외적인 시점'이 아니라, 소설 속의 작중인물들의 마음속에 들어감(entering into)으로써 그들의 '내적인 시점'으로부터 그들의 행동을 이해함으로써 일어난 것이다.[(183)][(165)]

이런 변화의 이유는 어떻게 설명할 수 있을까? 연구자들은 체호프의 소설 텍스트를 읽은 독자들은 독서 과정에서 주인공들과 동일화되고 정서적 공감을 체험함으로써 독자 각자의 방식으로 어느 정도 주인공들을 닮게 되거나, 혹은 주인공들과 같은 방식으로 생각하지 않기로 결정했기 때문이라고 믿었다. 독자가 「개를 데리고 다니는 여인」을 읽을 때, 독자는 자기 자신과 남자 주인공, 여자 주인공 모두가 될 수 있다. 즉, 소설의 독서를 통해서 독자의 자아(selffood)가 확대될 수 있는 것이다. 연구자들의 결론은 체호프의 소설의 독자들은 그들의 일상적인 생활 방식에서 벗어나기에 그들 자신을 초월해서, 그들 자신보다 더 큰 어떤 것[타인, 사회적 세계]과 연결될 수 있었다는 것이다.[(97)] 즉, 소설의 독서는 편협한 자아의 세계에서 벗어나 타인의 관점에서 자아를 볼 수 있고, 자기를 둘러싸고 있는 사회적 세계와 상호작용할 수 있는 사회적 능력[사회성/대인 관계 지능/사회 지능]을 갖게 한다는 것이다. 이는 허구로서의 소설을 초월하는 효과이며, 이를 일반화하면 소설을 포함하는 모든 예술은 우리 자신을 초월하도록 돕기를 열망하는 기능을 갖고 있

다는 것이다.[(97)]

소설 독자들의 공감 능력과 사회지능 수준에 대한 연구

만일 허구적인 소설이 사회적 세계와 체험의 일종의 시뮬레이션이고 공감의 체험을 통해 독자에게 사회적 능력을 갖게 한다면, 소설 텍스트를 많이 읽은 사람들이 그렇지 않은 사람들에 비해 다른 사람들과 공감을 더 잘 하고, 사회적으로 더 지성적일 수 있을까? 레이몬드 마 등 연구자들은 허구적인 소설과 논픽션을 비교하는 방법을 사용해서 이 문제들에 대한 해답을 추구하기 위해 두 가지 실험을 실시했다. 첫째는 공감과 마음의 이론에 대한 실험과 측정이고, 둘째는 사회적으로 지성적인 사람들의 성격 특성이 허구적인 소설의 독서를 선호하는 경향이 있는가 여부에 대한 실험과 측정이었다.[(97)]

첫째 실험에서 연구자들은 94명의 참가자 대부분에게 허구적 소설이나 논픽션을 읽도록 했다. 다음, 참가자들의 사회적 능력을 측정하기 위해 두 가지 실험을 실시했다. 먼저 공감과 마음의 이론에 대한 측정은 이른바 시몬 바론-코헨(Simon Baron-Cohen)의 '눈에서 마음 읽기(Mind in the Eyes)'[상대의 눈 사진을 보고 그 사람의 정신 상태를 추측하는 방법]를 사용했다. 다음, 두 번째 테스트인 '인간상호적 지각 테스트(Inter-personal Perception Test)'에서는 참가자들이 상호적인 행동을 하는 사람들에 대한 비디오들을 보고 사람들 간의 관계를 판단하는 질문에 대답했다. 이 실험의 결론에서, 연구자들은 허구적인 소설의 독서가 사회적 능력의 증가와 관련이 있다는 점을 확인할 수 있었다. 연구자들은 허구적 소설을 읽은 사람들은 대부분 '눈에서 마음 읽기' 시험에서 논픽션을 읽은 사람들보다 사회적 능력이 상당한 수준으로 더 높았으며, '인간상호적 지각 테스트'에서는 다소 높았다는 결론을 제시했다.[(97)]

둘째 실험으로, 연구자들은 지적으로 더욱 사회적인 성격적 특성(personality characteristics)을 지닌 사람들이 그렇지 않은 사람들보다 더욱 허구적 소설을 읽고 싶어할까 하는 문제에 해답을 추구했다. 연구자들은 신문(『The New York』지)에서 허구 스토리(단편소설)와 논픽션 기사를 뽑아서, 참가자들에게 두 가지 중 하나를 읽도록 임의로 할당했다. 연구자들은 대학 입시용 자료에서 뽑은 선다형 포맷으로 독자 전부에게 분석적 추론 과제를 부여했고, 그리고 사회적 시나리오에서 작중인물들의 정서, 믿음, 의도에 관한 질문을 담은 동일한 포맷으로 사회적 추론 시험을 부과했다. 연구자들의 해석에서, 두 집단의 독자들은 유사한 분석적 추론 기능을 가졌지만, 그러나 허구적 소설(단편소설)의 독자들은 논픽션(에세이)의 독자들보다 사회적 상황에 대한 보다 깊은 이해를 보여주었다. 이런 결과를 어떻게 설명할 수 있을까? 연구자들은 이를 '전문적(expertise)' 관점의 문제라고 생각한다. 허구적 소설은 본질적으로 사회적 세계에서 삶을 영위해가는 자아가 직면하는 사회적 갈등과 난관에 관한 스토리다. 이에 반해, 논픽션은 관념적이고 전문적인 지적인 정보를 제공하는 종류의 텍스트다. 따라서 예리한 소설 독자들은 다른 사람들과 공감하고 그들을 정신적으로 이해하는 데 전문가답게 더욱 능숙하게(expert) 되는 경향이 있다. 즉, 논픽션의 독자들이 '정보 제공'에 중점을 두는 '관념적인 문제'에 더욱 능숙하다면, 소설의 독자들은 인간에 대한 능숙하고 절실한 '공감의 체험과 이해'를 통해서 '사회적 능력'을 향상시킴으로써, 그가 직면한 사회적인 문제적 상황을 보다 깊이 이해하고 이를 처리할 수 있다.[(97)]

공감 효과로 일어나는 뇌의 변화

일부 연구자들은 허구적인 소설 텍스트의 독서가 독자에게 끼치는 정신적·심리적 효과나 영향에 대하여 좀더 심화된 연구를 수행했다.[(156)][(22)] 앞에서 이미 일부를 인용했지만[제2부 5장], 신경과학자인 그레고리 번즈 등은 소설을 읽는 독자의 시뮬레이션 체험이 독자의 작중인물에 대한 전입을 통해 공감 효과를 야기하지만, 이런 효과가 뇌의 어떤 부위를 변화시키며 또 이런 변화가 얼마나 오래 지속되는가를 신경영상술을 사용해 구명하려 했다. 그들이 연구에 착수하는 전제는 일반적으로 소설을 포함하는 책에 관한 것으로, 만일 책과 같은 단순한 어떤 것이 사람의 삶을 변화시킬 힘을 갖고 있다면[사람들은 간혹 자신의 삶을 변화시킨 한 권의 책을 꼽기도 한다], 아마도 그 책은 사람의 뇌의 기능과 구조에 변화를 야기할 만큼 매우 강력할 것이라는 점이었다. 이에 따라, 이들 연구자는 소설의 독서가 독서 이전에, 휴지 상태의 뇌의 연결성에 현저한 변화를 야기하는가 여부 및 이런 변화가 얼마나 오래 지속되는가를 확정하는 연구를 수행했다.[(22)]

이를 위해서, 이들 연구자는 모두 21명(평균 나이 21.5세)의 대학생 참가자들을 선정해서, 로버트 해리스의 장편소설『폼페이』의 일부를 읽는 과제를 부과했다. 연구자들은 뇌 속의 신경 연결성이 가장 오래 지속되는 시간틀을 결정하기 위해, 참가자들의 독서 전과 후에 휴지 상태의 연결성의 변화를 측정했다. 이에 따라, 먼저 연구자들은 참가자들이 휴식을 하는 중에 fMRI으로 그들의 뇌를 스캔했다. 다음, 참가자들에게 9일 밤에 걸쳐『폼페이』의 여러 절을 읽도록 요청했다. 참가자들의 뇌는 밤중의 독서 과제를 수행한 다음 날 아침마다 스캔되었고, 그다음 그들이 소설을 다 읽은 후 5일 동안 매일 다시 스캔되었다.

뇌 스캔의 결과는 참가자들이 독서 과제를 수행한 다음 날 아침에 걸쳐 그들의 뇌 속에서 향상된 연결성을 드러냈다. 즉, 독자들은 소설의 독서 후 최소 5일 동안 뇌 부위들의 신경 연결성의 증가를 나타냈다. 증가된 연결성을 보인 영역들은 신체 감각과 운동과 연관된 뇌의 체성감각 피질[중심고랑 내부]과 아울러, 언어 이해와 연관된 좌측 측두 피질을 포함했다. 이처럼 소설의 독서가 체성감각 피질의 연결성을 증가시킨다는 사실은 소설의 독서가 독자의 신체 감각과 연관된 신경의 활성화를 유발한다는 의미다. 즉, 독자를 독자의 '신체 안으로' 데려가서 독자를 작중인물의 '신체에 자리 잡게[신체에 전입]' 한다는 것이다. 이는 이미 앞에서 기술한 체화인지/의미론, 그리고 '전입의 현상학'을 확증하는 것이다.[(22)][(156)][(49)]

그레고리 번즈 등의 연구 결과 중 독자들의 공감 반응과 연관된 뇌의 신경 연결성이 소설 독서 후 5일 동안 증가했다는 사실은 이러한 효과에 관한 이른바 '수면제 효과'론에 의해 밑받침될 수 있다.[(10)] 수면제 효과란 어떤 정보를 처리할 때 그 효과가 즉시 드러나지는 않지만, 시간이 지남에 따라 점차 분명하게 나타날 때 발생한다. 소설 독서의 경우는, 허구적인 소설의 독서가 독자에게 주는 공감 효과가 독서 체험 후 즉시 드러나기보다 시간이 지남에 따라 증가할 수 있다는 것을 의미한다. 실제로 많은 소설의 독자들은 어떤 종류의 소설의 독서 체험을 매우 오랫동안, 때로는 평생에 걸쳐 자주 기억하고 재생하기도 한다. 이런 사례는 자신의 독서 체험에서 독자 자신의 개인사와 관련해서, 작중인물과의 동일화에 의한 공감 체험을 보다 강렬하게 체험한 독자일수록 더

욱 두드러질 수 있다.[(10)]

왜 이런 효과가 발생하는가에 대해서는 두 가지의 이유가 제기된다. 첫째, 심리학자 로저 섕크 등은 사람들이 허구적인 스토리를 읽으며 정보를 처리하고 조직할 때, 이런 스토리의 표상은 독자의 뇌 속에서 더 잘, 더 오래 지속된다고 주장한다. 따라서 허구적인 소설의 효과는 일반적으로 논픽션[논리적-과학적 사고 양식의 표현]보다 더 오래 증가되고(증강성), 지속된다(항상성). 독자가 허구적인 소설에 몰입될 때, 그는 독서 후에 정신적 표상을 가능하게 하는 독서 과정에 강렬하게 포함되기 때문에, 스토리나 작중인물을 더 잘 기억한다. 따라서 현실 세계와 체험의 정신적 시뮬레이션으로서의 허구적 서사는 다른 사람들과의 공감을 체험하는 독자들의 일반적인 경향을 심화시킨다.[(10)] 둘째, 수면제 효과의 발생은 독자가 일정 기간 중에 그가 읽은 것을 다시 생각하고, 다시 살리기 위한 '잠복 기간'을 가짐으로써 가능하다. 즉, 독자가 독서 체험과 무관한 활동을 하면서 약간의 시간을 보내는 경우 이를테면 소설 독서를 통해 체득하는 문제 해결 효과를 향상시킬 수 있는데, 이는 독자가 무의식적으로 소설 속의 정보[예:사람들이 삶에서 직면하는 문제들]를 실제 세계에서 일상적으로 마주치는 문제들과 연결시키고, 결과적으로 다른 사람들을 위한 관점의 채택[다른 사람의 입장 혹은 관점에서 보기]과 동감이나 공감의 체험을 함으로써 삶에 대한 새로운 인지적 발견이나 결론을 도출할 수 있기 때문이다. 수면제 효과는 허구적 소설의 독서가 독자에게 주는 공감의 효과는 즉시 드러나지 않지만, 무의식적으로 독자의 마음속에서 지속되며 시간이 지남에 따라 더욱 명백하게 나타난다는 사실을 가리킨다. 그레고리 번즈는 장편소설을 읽은 후 5일 후까지 소설 독서의 심리적 효과가 지속됨을 실험적인 방법에 의해 입증했지만, 수면제 효과의 이론은 이런 효과가 장기간에 걸쳐, 나아가 평생에 걸쳐 반복적·지속적으로 나타날 수 있음을 시사해준다.

체화인지/의미론적 기능에 의해 독자 자신을 다른 사람의 입장이나 관점을 취하게 하는 능력은 이른바 마음의 이론의 핵심이고, 동감이나 공감 과정을 통한 전입 과정의 핵심적 결과다. 소설의 독서는 마치 스포츠에서 근육 기억의 시각화와 유사한 방식으로 상상력을 유연화[시각화]시킴으로써, 독자 자신을 타인의 입장이나 관점에 서게 할 수 있다. 이런 연구의 결과는 좋은 소설을 많이 읽는 독서 체험의 축적은 독자의 뇌 신경 연결망에 장기간에 걸쳐 변화와 영향을 끼쳐, 결과적으로 독자의 마음의 이론과 체화인지/의미론적 기능을 향상시킨다는 가정을 가능하게 한다.

특히 출생 이후 아이들에게 책 읽어주기부터 시작하는 평생에 걸친 독서 여정에서 많은, 반복적인 독서 체험이 독자의 사회적 능력, 즉 대인관계 지능 혹은 사회지능의 향상을 가져올 수 있다는 추론을 가능하게 하며, 이런 점에서 유아 시절부터 갖는 독서 습관, 그리고 지속적이고 꾸준한 독서 체험이 얼마나 중요한가를 새삼 일깨운다는 점에서 가정이나 학교에서의 독서 교육에 크나큰 함의를 갖는다고 하겠다.

허구적 텍스트가 논픽션보다 더 크게 성격을 변화시키는 이유

앞에서 안톤 체호프의 「개를 데리고 다니는 여인」의 두 개의 버전으로 허구(픽션)와 비허구(논픽션) 텍스트의 독서가 독자에게 끼치는 정신적·심리적 효과와 영향을 검토했지만, 일부 연구자는 이 문제를 해명하는 좀더 상세한 이론을 제기한다. 즉, 허구가 논픽션에 비해 독자에게 더욱 강력한 공감 효과를 주는 이유, 허구적인 소설을 읽는 독자가 논픽션 스토리를 읽을 때보다 정서적으로 더욱 강렬하게 반응함으로써 성격의 변화를 겪을 수 있는 이유는 다음의 여러 가지가 있다는 것이다.[(10)]

첫째, 허구적인 소설은 자기 방어의 필요 없이 독자가 정서를 체험할 수 있는 안전한 공간을 제공하기 때문이다. 소설은 독자에게 현실 세계의 삶의 규범을 따르도록 요구하지 않기 때문에, 독자는 현실적인 삶에 이 허구적 소설에서 느끼는 정서를 전이함이 없이 스스로 강렬한 정서를 자유롭게 체험할 수 있다. 더욱이, 우리는 자신을 허구적인 스토리의 작중인물들에게 강렬하게 공감 혹은 동감시킬 수 있는데, 이는 우리가 허구적인 작중인물들에 대한 어떤 책임도 지지 않기 때문이다. 반면, 신문에서 보는 슬픈 내용의 기사[논픽션]는 우리가 도울 필요가 있는 희생자들에 대한 책임감을 불러일으킬 수 있다.[(10)]

둘째, 허구적 소설이 논픽션에 비해 독자에게 강한 공감을 불러일으킬 수 있는 이유는 이른바 '정신적 마비 이론'으로 설명될 수 있다. 이 이론에 의하면 어떤 메시지, 예를 들어 재난적 사건의 많은 희생자들에 관한 정보가 제시되는 방식은, 그 메시지에서 감정적 정보를 체험하고 동감이나 공감을 느끼는 능력에 영향을 끼친다. 예를 들어 기부 행위에 관한 연구는 사람들이 집단적 통계를 제시하는 메시지[예 : 300만 명의 어린이들이 기아에 허덕이고 있다]를 읽은 후보다는, 고통을 받는 확실한 한 개인에 관한 정보[예 : 한 어린이가 기아에 고통받고 있다]를 읽은 후에 더 많은 돈을 기부할 것이라는 사실을 제시하고 있다. 달리 말하면, 장르적 특성에 따라 특정한 개인들과 그들의 개인적 스토리를 서술하는 허구적 서사인 소설은 매우 강렬한 정도로 독자들에게 정신적·심리적인 영향(공감)을 주는 반면, 사람들의 대집단이나 객관화되거나 통계를 통해 제시되는 사실들[흔히 신문과 같은 논픽션에서 제시되는 방식]에 관한 스토리에 대해서는 심리적인 마비의 과정이 발생한다는 것이다.

제3부의 결론적이고 핵심적인 논제는 허구적인 서사 텍스트(소설)가 과연 독자에게 어떤 정신적·심리적 영향이나 효과를 주는가, 그리고 무엇보다 허구적인 소설의 독서가 독자의 성격을 바람직하게 변화시킬 수 있는가의 문제였다. 이 문제에 대한 대답은 분명하게 '그렇다'는 것이다. 지금까지 인용, 기술한 서사적 허구 텍스트의 독서에 포함되고 이를 밑받침하는 '마음의 이론', '거울 뉴런 체계', '체화인지/의미 체계' 등 신경 메커니즘, 그리고 많은 연구자들의 신경영상술과 인지심리학적 실험을 통한 과학적 증거가 그 이유이다. 물론 독자의 바람직한 성격 형성은 오랜 기간에 걸친, 반복적인 독서에 의한 많은 독서 체험이 밑받침될 때 더욱 그 기반이 단단해질 것임은 두 말할 필요가 없다.

허구적인 서사 텍스트의 독서가 독자의 성격 형성에 관해 끼치는 정신적·심리적 효과를 고려할 때, 출생 이후 아이에게 책을 읽어주는 습관부터 시작되는 독서의 여정, 특히 부모(양육자)가 아이에게 책을 읽어주는 독서 습관, 그리고 아이들이 문자를 습득해서 스스로 독서를 시작하는 시기부터 아이의 주위에 많은 책들을 비치해서 책에 대한 노출 빈도를 높여주는 부모의 관심과 배려, 아이들이 일찍이 매일 독서를 일과의 일부로 삼게 하는 독서 지도, 아동기에 학교에서 이루어지는 독서 교육이 얼마나 중요한가는 아무리 강조해도 지나치지 않다. 아이들이 TV 시청으로 여가 시간의 대부분을 보내고, 한창 지적·정서적·신체적으로 성장해야 할 청소년들이 컴퓨터 게임에 몰두하고, 핸드폰을 들여다

보며 매일 많은 시간을 보내는 오늘날, 이른바 디지털 문명 시대에, 독서는 디지털 기기에 거의 전적으로 의존하는 현대인들에게 그 개인적 및 사회병리적 폐해를 치유할 수 있는 최선의 방법이며 바람직한 문화 양식이다. 손만 뻗으면, 손에 잡을 수 있는 책, 그 책을 읽는 습관적인 독서 체험이 아이들은 물론 청소년들과 성인들의 사고 능력을 지속적·점증적으로 높여주고, 바람직한 성격 형성을 이루는 데 결정적인 중요성을 갖는다면, 왜 이를 게을리하거나 마다하겠는가?

1. 국내외 도서

〈1〉 공병호,『모바일혁명』, 21세기북스, 2010

〈2〉 김성혜,『독서, 사람을 키우는 힘』, 위즈덤북, 2006

〈3〉 김정근외,『독서가 마음의 병을 치유한다』, 한울, 2009

〈4〉 김천혜,『소설 구조의 이론』, 한국학술정보, 2010

〈5〉 김향희,『언어병리학의 신경해부』, 시그마프레스, 2010

〈6〉 남미영,『독서기술』, 21세기북스, 2010

〈7〉 노명완 · 이차숙,『문식성연구』, 박이정, 2002

〈8〉 박수자,『읽기지도의 이해』, 서울대학교 출판부, 2001

〈9〉 박영목,『독서교육론』, 박이정, 2008

〈10〉 서울대학교 국어연구소,『국어교육학사전』, 대교출판, 1999

〈11〉 석영중,『뇌를 훔친 소설가』, 예담, 2011

〈12〉 신성욱 · KBS 읽기혁명 제작팀,『뇌가 좋은 아이』, 마더북스, 2010

〈13〉 안한상,『독서가 국가 경쟁력이다』, 북코리아, 2009

〈14〉 윤영화,『뇌과학에서 본 기억과 학습』, 학지사, 1998

〈15〉 윤찬희,『책 잘 읽는 아이가 영어도 잘한다』, 리더스북, 2009

〈16〉 이경화,『읽기교육의 원리와 방법』, 박이정, 2005

〈17〉 EBS 신민섭외,『기억력의 비밀』, 북폴리오, 2011

〈18〉 이시형,『창조의 심장 '우뇌'』, 풀잎, 2011

〈19〉 이영돈,『마음』, 예담, 2006

〈20〉 전정재,『독서의 이해』, 한국방송출판, 2002

〈21〉 전정재,『'똑똑한 우리 아이' 왜 공부 안하나?』, 대교출판, 2005

〈22〉 전정재,『공부하는 방법을 알면 성적이 오른다』, 대교출판, 2006

〈23〉 정갑수,『Brain Science: 뇌를 어떻게 발달시킬까』, 열린과학, 2009

〈24〉 조중혁,『인터넷 진화와 뇌의 종말』, 에이콘, 2013

〈25〉 한국어문교육연구소 · 국어과교수학습연구소,『독서교육사전』, 교학사, 2006

〈26〉 한순미,『비고츠키와 교육』, 교육과학사, 2007

〈27〉 한철우 외,『과정중심 독서교육』, 교학사, 2001

〈28〉「한자와 한글 읽을 때 뇌는 다르게 반응한다」, 연합뉴스, 2014. 11. 16

〈29〉 Bloom, P.,『데카르트의 아기』, 곽미경 역, 소소, 2006

〈30〉 Barker, R. A. & Barasy, S.,『한 눈에 알 수 있는 신경과학』, 박경한 외 역, E Public, 2007

〈31〉 Blackmore, S. & Frith, U.,『뇌, 1.4 킬로그램의 배움터』, 손영숙 역, 해나무, 2009

〈32〉 Darton, R.,『책의 미래』, 성동규외 역, 교보문고, 2011

〈33〉 Doidge, N.,『기적을 부르는 뇌』, 김미선 역, 지호, 2008

〈34〉 Eliot, E.,『우리 아이 머리에선 무슨 일이 일어나고 있을까?』, 안승철 역, 궁리, 2004

〈35〉 Eustache, F., 이효숙 역,『우리의 기억은 왜 그렇게 불안정할까?』, 안승철 역, 알마, 2009

〈36〉 Gallager, W.,『몰입, 생각의 재발견』, 이한이 역, 오늘의 책, 2010

〈37〉 Gardner, H.,『다중지능-인간 지능의 새로운 이해』, 문용린 역, 김영사, 2008

〈38〉 Hoaquin M. F.,『미러링 피플』, 김미선 역, 갤리온, 2014

〈39〉 Jacson, M.,『집중력의 탄생』, 왕수민 역, 다산초당, 2010

〈40〉 Jacoboni, M.,『미러링 피플』, 김미선 역, 갤리온, 2009

〈41〉 James, P. B.,『마음, 뇌, 그리고 학습』, 김종백 · 신종호 역, 학지사, 2008

〈42〉 Kandel, E. R.,『기억을 찾아서』, 전대호 역, 랜덤하우스, 2009

〈43〉 Keen, A.,『인터넷 원숭이들의 세상』, 박행웅 역 , 한울, 2010

〈44〉 Lehrer, J.,『프루스트는 신경과학자였다』, 최애리 · 안시열 역, 지호, 2007

〈45〉 Krznaric, R.,『공감하는 능력』, 김병화 역, 더 퀘스트, 2014

〈46〉 Levine, M.,『아이의 뇌를 읽으면 아이의 미래가 열린다』, 이창신 역, 소소, 2003

〈47〉 Liberman, M. D.,『사회적 뇌』, 최호영 역, 시공사, 2015

〈48〉 Louis, M. R.,『독자, 텍스트, 시』, 김혜리 · 엄해영 역, 한국문화사, 2008

〈49〉 McGilchrist, I.,『주인과 심부름꾼』, 김병화 역, 뮤진트리, 2011

〈50〉 Medina, J.,『브레인 룰스』, 서영조 역, 프런티어, 2009

〈51〉 Newguist, H. P.,『위대한 뇌』, 김유미 역, 해나무, 2008

〈52〉 Nisbett, R. E.,『인텔리전스』, 설선혜 역, 김영사, 2010

〈53〉 Pinker, S.,『언어 본능』, 김한영 외 역, 동녘사이언스, 2004

〈54〉 Pinel, J. P. J, & Edwards, M.,『인간뇌해부도 입문』, 조신웅 역, 학지사, 2001

〈55〉 Purlmutter, D.,『아이 뇌는 자란다』, 노혜숙 역, 프리미엄 북스, 2010

〈56〉 Ramachandran, V. S.,『명령하는 뇌, 착각하는 뇌』, 박방주 역, 알키, 2012

〈57〉 Ratey, J. J.,『뇌: 1.4 킬로그램의 사용법』, 김소희 역, 21세기북스, 2010

〈58〉 Sinnoske Matsyama,『인생을 바꾸는 아침 30분 독서』, 서수지 역, 책비, 2012

〈59〉 Sausa, D. A.,『영재의 뇌는 어떻게 학습 하는가』, 김유미 역, 시그마프레스, 2008

〈60〉 Sausa, D. A..『뇌는 어떻게 학습 하는가』, 박승호 · 서은희 역, 시그마프레스, 2009

〈61〉 Scholes, R.,『문학이론과 문학교육-텍스트의 위력』, 김상욱 역, 하우, 1995

〈62〉 Shaywitz, S.,『난독증의 진단과 치료』, 정재석 외 역, 하나의학사, 2011

〈63〉 Spivey, N. N.,『구성주의와 읽기 · 쓰기』, 신헌재 외 역, 박이정, 2004

〈64〉 Vincent, J.,『뇌 한복판으로 떠나는 여행』, 이세진 역, 해나무, 2010

〈65〉 Ward, S.,『베이비 토크』, 민병숙 역, 마고북스, 2008

〈66〉 West, T. G.,『글자로만 생각하는 사람, 이미지로 창조하는 사람』, 김성훈 역, 지식갤러리, 2011

〈67〉 Zull, J. E.,『뇌를 변화시키면 공부가 즐겁다』, 문수인 역, 돋을새김, 2011

〈68〉 Carter, R.(2009), the Brain book, Dorling Kindersley Limited.

〈69〉 Carr, N.(2010), The Shallows, W. W. Norton & Company, Inc.

〈70〉 Dehaene(2009), Reading in the Brain, Penguin Viking

〈71〉 Eliot, L.(2000), What's Going On In There?: How the Brain and Mind Develop in the First Five Years of Life, Bantam.

〈72〉 Fox, M. & Horacek, J.(2008), Reading Magic: Why Reading Aloud to Our Children Will Change Their Lives Forever, Mariner Books.

〈73〉 Jacoboni, M.(2008), Mirroring People, Brockman Inc.

〈74〉 Krause, A.(2007), Whole Brain Look At Creative Thinking, ACA Conference, BBTD Inc.

〈75〉 McGilchrist, I.(2012), The Master and His Empassy, Yale University Press.

〈76〉 Rizzolatti, R. & Graighero, L.(2004) The Mirror-Neuron System, Annual Reviews. Neroscience.

〈77〉 Sausa, D.(2003), How the Gifted Brain Learns, Corwin Press, Inc.

〈78〉 Sausa, D.(2011), How the Brain Learns, Corwin Press, Inc.

〈79〉 Trelease, J.(2006), The Read-Aloud Handbook, Penguin Books.

〈80〉 Wolf, M.(2008), Proust and Squid, Harper Perenial, New York.

2. 국외 논문, 기타

(1) Acharya S, and Schklas. Mirror neurons: enigma of the metaphysical modular brain. J Nat Sci Biol Med, Jul-Dec, 2012, 3(2):118-124.

(2) Adrian JE, Clemente RA, Villanueva L, Rieffe C. Parent-child picture-book reading, mother's mental state language and children's theory of mind. J Child Lang, Aug 2005; 32(3):673-686.

(3) Adrián JE, Clemente RA, and Villanueva L. Mother's use of cognitive state verbs in picture-book reading and the development of children's understanding of

mind: A longitudinal study. Child Development, Jul/Aug 2007; Vol 78, No 4: 1052-1067.

(4) Algar J. Reading to young children strengthens language-processing areas of the brain. Tech Times, Apr 27, 2015.

(5) Armstrong T. The multiple intelligence of reading and writing, Alexandria, Virginia USA: Association for supervision and curriculum development, 2003.

(6) Atherton M, Bart WM. What the neuroscience can tell educators about reading and arithmetic, Department of Education Psychology, 178 Pillsbury Drive SE Minneapolis, MN 55455 USA, April 2002.

(7) Aziz-Zadeh L, Damasio A. Embodied semantics for action: findings from functional brain imaging. Journal of Physiology-Paris. Jan/May 2008;102(1-3):35-9.

(8) Bainbridge C. The role of memory-why maturation of brain matters, http://giftedkids.about.com/od/gifted101/a/Reading-and-Memory.htm,

(9) Baker L, Zeliger-Kandasamy A, DeWyngaert LU. Neuroimaging Evidence of comprehension Monitoring. 2014; Psychological Topics 23:167-187.

(10) Bal PM, Veltkamp M. How does fiction reading influence empathy? an experimental investigation on the role of emotional transportation. Plos|One, Jan 30, 2013;DOI: 10.1371/journal

(11) Baretta L, Tomitch LMB, MacNair N, Lim VK, Waldie KE. Inference making while reading narrative and expository terxts: an ERP study. Psychol, Neuro. (Online) July/Dec 2009; Vol 2, Rio de Janeiro,

(12) Barretta L, Tomitch LMB, Lim VK, Waldie KE. investigaing reading comprehension through EEG. http://dx.doi.org/10.5007/2175-8026.2012n63p69

(13) Barrós-Loscertales A, González J, Pulvermüller F, Ventura-Campos N, Bustamante JC, Costumero V, Parcet MA, C. Ávila C. Reading salt activates gustatory brain regions: fMRI evidence for semantic grounding in a novel sensory modality. Cereb Cortex. Nov 2012;22(11):2554-2563.

(14) Bates R. Close reading leads to superior people, Better Living Through Beowulf, Neuroscience, Jan 3, 2014.

(15) Beaulieu C. Structural brain imaging of reading ability in children, The Encyclopedia of Language Literacy Development, The University of Western Ontario, 2009, 4. 23.

(16) Beaulieu C, Plewes C, Paulson LA, Roy D, Snook L, Concha L, and Phillips. Imaging brain connectivity in children with diverse reading ability. 2005; NeruroImage 25: 1266−1271.

(17) Beaulieu C. Structural brain imaging of reading ability in children. Canadian Language & Literacy Research Network, Apr 23, 2009.

(18) Beeman ME. Right hemisphere coarse semantic coding. National Institutes of Health, 1998.

(19) Beeman MJ, Bowden EM, and Gernsbacher MA. Right and left hemisphher coorpertion for drawing predictive and coherence inference during normal story comprehention. 2000; Brain and Language 71:310−336.

(20) Benjamin CFA, Gaab N. What's the story? The tale of reading fluency told at speed. Hum Brain Mapp, Nov 2012; 33(11): 2572−2585.

(21) Ben−Shachar M, Dougherty RF, and Wandell BA. White matter pathways in reading. Current Opinion in Neurology. 2007;17(2):258−270.

(22) Berns GS, Blaine K, Pritula MJ, and Pye BE. Short− and long effects of a novel on connectivity in the brain. Brain Connectivity, 2013; Vol 3, No 6:590−600.

(23) Bottini G, Corcoran R, Sterzi R, Paulesu E, Scarpa P, Frackowiak RSJ, Frith D. The role of the hemisphere in the interpretation of figurative aspects of language: a poistron emission tomography activation study. Brain, A Journal of Neurology, Vol 117, Issue 6, 1241−1253. Oxford University Press, 1994.

(24) Braet W. How learning to read changes the brain: plasticity of the visual word form system. http://www.gestaltrevision.be/en/what−we−do/individual−projects/91−former−members...

(25) Brennan J , Pylkkänen L. The time-course and spatial distribution of brain activity associated with sentence processing. 2012; NeuroImage 60:1139-1148.

(26) Buetler KA, de León Rodriguez D, Laganaro M, Müri R, Spierer L, and Annoi JM. Language context modulates reading route: an electrical neuroimaing study. Frontiers in Human Neuroscience 20, Feb 2014.

(27) Burgund ED, Schlaggar BL, Petersen SE. Development of letter-specific processing: The effect of reading ability. 2005; Acta Psychologica, 122: 99-108.

(28) Campbell G. Reading and the Brain, A Discussion of the Maryanne Wolf's Book, Proust and Squad. Brain Science Podcast, Aired Nov 16, 2007.

(29) Christodoulou JA, Del Tufo SN, Lymberis J, Saxler PK, Ghosh SS, Triantafyllou C, Whitefield-Gabrieli S. Gabrieli JDE. Brain brases of reading fluency in typical reading and impaired fluency in dyslexia. Plos|One, Jul 24, 2014.

(30) Christodoulou JA. Identifying the neural correlates of fluent reading, Dissertation, Harvard University, 2010.

(31) Christopher F, Benjamin A, and Gabb N. What's the story? The tale of reading fluency told at speed. Human Brain Mapp. Nov 2012; 33(11): 2572-2585.

(32) Church JA, Coalson RS, Lugar HM, Peterson SE, and Schlaggar BL. A developmental fMRI study of reading and repetition reveals changes in phonological and visual mechanisms over age. Sep 2008; Cerebral Cortex 18:2054-2065.

(33) Coltheart M. Duel route and connectionist models of reading: an overview. London Review of Education, March 2006; Vol 4, No 1:5-17.

(34) Cooke A, Grossman M, DeVita C, Gonzalez-Atavales J, Moore P, Chen W, Gee J, Detre J. Large-scale neural network for sentence processing. Brain and Language, 2006; 96:14-36.

(35) Cutting LE, Clements AM, Courtney S, Rimrodt SL, Schafer JG, Bisesi J,

Pekar JJ, Pugh KR. Differential components of sentence comprehension: beyond single word reading and memory. NeuroImage, Jan 2006; 29(2): 429-438.

(36) D'Arcangelo M. On the mind of a child: A conversation with Sally Shaywitz. Educational Leadership, Apr 2003; Vol 60, No 7:6-10.

(37) Dehaene S. Brain changes induced by learing to read, www.uicog. org. 2011.

(38) Dehaene S. Inside the letterbox: how litercy transforms the human brain. http://www.dana.org/Cerebrum/2013/Inside-the-Letterbox-How-Literacy-Transfo...

(39) Dehaene S. Reading in the brain. Cognitive Neuroimaging Unit, NeuroSpin Center, Saclay, France, www.unicog.org

(40) Dehaene S. Reading in the brain. www.unicog.org

(41) Dehaene S. The massive impact of literacy on the brain and its consequences for education. Pontifical Academy of Sciences, Scripta Varia 117, Vatican City 2011.

(42) Deutsch GK, Dougherty RF, Bammer R, Wai Ting Siok, Gabrieli JDE, and Wandell B. children's reading performance is correlated with whitematter structure measured by diffusion tensor imaging. Cortex, 2005; 41:354-363.

(43) Deutsch GK, Dougherty RF, Siok WT, Bammer R, Gabrieli JD, and Wandell BA. Correlation between white matter microstructure and reading performance in children. ISMRM in Toronto, Canada, 2003, 5.

(44) Dombey H. Research with a focus on the teaching and learning of reading in the pre-school and primary years, http://www.ite.org.uk/ite_research/research_primary_focus/

(45) Everding G. Readers build vivid mental simulations of narrative situations. Washington University in St. Louis, the Source. Jan 26, 2009.

(46) Fahim M. Embodiment: A Brief Overview. International Journal of Applied Linguistics & English Literature, Vol 4, No 1, Jan 2015.

책을 읽으면 왜 뇌가 좋아질까? 또 성격도 좋아질까?

(47)) Ferstl EC, Neuman J, Bogler C, and Yves von Cramon D. The Extended Language Network: A meta–Analysis of Neuroimaging Studies on Text Comprehension. Human Brain Mapp. May 2008; 29(5): 581–593.

(48) Ferstl EC. Neuroimaging of text comprehension: where are we now? Italian Journal of Linguistics, 2010; 22.1:61–88.

(49) Fitz–Simon W. Can reading a good book improve the way you use your body? http://www.acatnyc.org/main/2014/03/06/can–reading–a–good–book–improve–the–way...

(50) Frey N, and Fisher D. Reading and the brain: what early childhood educators need to know, Early Childhood Educ J. 2010; 38:103–110.

(51) Goldberg RF, Perfetti CA, and Schneider W. Perceptual knowledge retrieval activates sensory brain regions. The Journal of Neuroscience, May 3, 2006; 26(18):4917–4921.

(52) Goldman JG., Manis FR. Relationships among cortical thickness, reading skill, and print exposure in adults, Scientific Studies of Reading, 00:1–14, 2012. DOI: 10.1080/10888438.2011.620673 2012

(53) González J, Barrós–Loscertales A, Pulvermüller F, Meseguer V, Sanjuán A, Belloch V, and César Ávila C. Reading 'cinnamon' activates olfactory brain regions. 2006; NeuroImage 32:906–912.

(54) Graves WW, Binder JR, Desai RH, Humphries C, Stengel BC, Seidenberg MS. Anatomy is strategy: skilled reading differences associated with structural connectivity differences in the reading network. Brain and Language, Jun 2014; Vol 133:1–13.

(55) Hasson U, Nusbaum HC, Small SL. Brain networks subserving the extraction of sentence information and its encoding to memory. Cereb Cortex. Dec 2007; 17(12):2899–2913.

(56) Hauk O, Johnsrude I, and Pulverüller F. Somatotopic representation of action words in human motor and premotor cortex. Neuron, January 22, 2004; Vol 41:301–307.

(57) Helenius P, Salmelin R, Service E, and Connolly JF. Distinct time courses of word and context comprehension in the left temporal cortex. Brain, 1998; 121:1133–1142.

(58) Hempenstall K. What Brain Research Can Tell Us about Reading Instruction, Learning Difficulties Austrailia Bulletin, 2006; 38(1):15–16.

(59) Hickok G. The role of mirror neurons in speech and language processing. Brain Lang, Jan 2010;112(1):1.

(60) Hill S. Oral language and beginning reading: exploring connections and disconnections. The Forum on Public Policy, University of South Austrailia, 2009.

(61) Hill S, Laundar N. Oral language and beginning to read, Austrailian Journal of Language and Literacy, Vol 33, No 3, Oct, 2010.

(62) Houston SM, Lebel C, Katzir T, Manis FR, Kan E, Rodriguez GR, and Sowell ER. Reading skill and structural brain development. Neuroreport. Mar 2014;25(5):347–352.

(63) Hwee NK. Reading routes and neural pathways, Journal of Reading and Literacy, 2010; Vol 2:22–30.

(64) Ikuta N, Sugiura M, Sassa Y, Watanabe J, Akitsuki Y, I wata K, Miura N, Okamoto H, Watanabe Y, Sato S, Horie K, Matsue Y, Kawashima R. Brain activation during the course of sentence comprehension. May 2006; Brain and Language 97(2): 154–161.

(65) James KH, Gauthier I. Letter processing automatically recruits a sensory–motor brain network, Nerosychologia 44, 2006.

(66) Johnson A. Understanding of reading processwww.OPDT–Johnson.com

(67) Johnson MH. Interactive specialization: a domain–general framework for human functional brain development? 2011; Developmental Cognitive Neuroscience 1:7–21.

(68) Joseph J, Noble K, Eden G. The neurobiological basis of reading, J Learn Disabil. Nov/Dec 2001;34(6):566–579.

(69) Kaan E, Swaab TY. Brain circuitry of syntactic comprehension. Trends in Cog-

nitive Science, Aug 2002; Vo l6, No 8.

(70) Keen S. Narrative empathy. Peter H. et al. (eds): 《The living handbook of narratology》, Hamburg: Hamburg University Press. 2015.

(71) Kelly B. Cartwright KB. Insights from cognitive neuroscience: the importance of executive function for early reading development and education. Early Education and Development, 23:1, 24−36,

(72) Keysers B, and Gazzola V. Expanding the mirror: vicarious activity for actions, emotions, and sensations. Curr Opin Neurobiol, Dec 2009; 19(6):666−671.

(73) Landi N, Frost SJ, Menc WE, Sandak R, and Pugh KR. Neurobiological bases of reading comprehension: insights from neuroimaging studies of word level and text level processing in skilled and impaired readers. Apr 2013; Read Writ Q, 29(2): 145−167.

(74) Lane HB, and Wright TL. Maximizing the effectiveness of reading aloud. The Reading Teacher, Apr 2007; Vol 60, Issue 7:668−675.

(75) Lanir L. Understanding embodied simulation: creating meaning out of language. Decoted Science, May 17, 2013.

(76) Laudato A. reading models and schema theory. SlideShare, Jun 27, 2013.

(77) Leng J. The reading brain. the Figure. Vol 1X, No 6. Feb 2010.

(78) Lesesne TS. Reading aloud: a worthwhile investment? Voices from the Middle, May 2006; Vol 13, No 4: 50−54,

(79) Lucas M. Why early reading is bad for your child−early brain development http://rewireyourbrainforlove.com/why−early−reading−is−bad−for−your−child−early−brai...

(80) Maerlender AC. Recent findings in the neurology & neuropsychology of reading processes. Psychiatry Grand Rounds, University of Vermont, 2002. Oct, 11.

(81) Magliano JP, Loschky LC, Clinton JA, and Larson AM. Is reading the same as viewing? Miller B, Cutting L, and McCardle P(eds), Unraveling reading comprehension: behavioral, Neurobiological, and Genetic Components.

참고문헌

78-90. Baltimore, MD: Brooks Publishing Co. 2013.

(82) Mar RA. The neural bases of social cognition and story comprehension. Annu. Rev. Psychol. 2011; 62:103-134.

(83) Mar RA, Jennifer L. Tackett JL, Moore C. Exposure to media and theory-of-mind development in preschoolers. Cognitive Development, Jan/Mar 2010; Vol 25, Issue 1: 69-78.

(84) Mar RA, and Oatley K. The function of fiction is the abstraction and simulation of social experience. Perspectives on Psychological Science, 2008; Vol 3, No 3:173-192.

(85) Marmolejo-Ramos F, Cevasco Z. Text comprehention as a problem solving situation. Univ. Psychol. Bogotá, Columbia, 2014; Vol 13, No 2:725-743.

(86) Mason RA, Just MA. How the brain processes causal inferences in text. Psychol Sci. Jan 2004; Vol 15, No 1:1-7.

(87) McGee LM, and Schickedanz J. Repeated interactive read-alouds in preschool and kindergarten. The Reading Teacher, 2007. 4; Vol 60.

(88) McLeod S. Stages of memory-Encoding storage and retrieval. http://www.simplypsychology.org/memory.html

(89) McNorgan C, Alvarez A, Bhullar A, Gayda J, and Booth JR. Prediction of reading skill several years later depends on age and brain region: implications for developmental models of reading. The Journal of Neuroscience, Jun 29, 2011; 31(26):9641-9648.

(90) Mercola J. How innate 'platicity' of your brain allows you to improve cognitive performance and prevent age-related decline. TFI Daily News, Dec 13, 2012.

(91) Miall DS. Emotions and the structuring of narrative responses. Summer, 2011; Poetics Today 32:2,

(92) Mongeau L. Dr. John Hutton '86 study reinforces importance of reading with children. Cincinnati County day school, Sep 14, 2015.

(93) Moore P. Broca's area, Wernicke's area, and language-processing areas in the

brain. McGill University: The Brain From Top To Bottom, Jan 20, 2013.

(94) Moseley RL, Pulverüller F, and Shtyrov Y. Sensorimotor semantics on the spot: brain activity dissociates between conceptual categories within 150 ms. Scientific Reports, 4 Jun 2013.

(95) Munoz LMP. How do children learn to read? structural changes in the brain. Cognitive Neuroscience Society, Oct 24, 2014.

(96) Numminen H. Memory and Reading, Famr, Research Publications 85, 2002. Helsinki: Kehitysvammalitto.

(97) Oatley K. Changing our minds. Greater Good, Winter 2009. Vol Ⅴ, 1ssue 3.

(98) Oatley K. The mind's flight simulator. The Psychologist, Dec 2008; Vol 21, No 12:1030−1033.

(99) Oatley K. Reading as mental simulation. ONFICTION, Feb 23, 2009.

(100) Oatley K. The science of fiction. 25 Jun; New Scientist 2008:42−43.

(101) Oatley K, Mar RA, and Djikic M. The Psychology of fiction: present and future. Cgnitve Literary Studies: Current themes and new directions. In I. Jane & J. Simon(Eds.), Austin, TX: University of Texas Press. 2012;235−249.

(102) Patoine B. Ready to read? neuroscience research shed light on brain correlates of reading, 2008. 8, 26. http://www.dana.org/News/Details.aspx?id=43468

(103) Perfetti CA, Bolger DJ. The brain might read that way. 2004; Scientific Studies of reading 8(3): 293−304.

(104) Perfetti CA, and Frishkoff GA. The Neural bases of text and discourse processing. 《Handbook of the Neuroscience of Language》, (eds) Brigitte Stemmer and Harry A. Whitaker, Elsevier Ltd. Academic Press, 2008;165−174.

(105) Perkins R. Distinct brain regions cooperate for reading, Futurity. org, 2013. 8, 7.

(106) Perrone−Bertolotti M, Kujala J, Vidal JR, Hamame CM, Ossandon T, Bertrand O, Minotti L, Kahane P, Jerbi K, and Lachlaux JP. How silent is silent reading? intracerebral evidence for top−down activation of temporal voice areas during reading, The Journal of Neuroscience, 2012; 32(49): 17554−17567.

(107) Peskin J, Astington JW. The effects of adding metacognitive language to story texts. Cognitive Development, Apr/Jun 2004; Vol 19, Issue 2:253−273.

(108) Petrov CI, Belin P. Silent reading: does the brain 'hear' both speech and voices?, Current Biology, Feb 2013; Vol 23, issue 4.

(109) Prat CS, Just MA. Exploring the neural dynamics underpinning individual differences in sentence comprehension. Cereb Cortex. Aug 2011; 21(8):1747−1760.

(110) Proverbio AM, Crotti N, Zani A, and Adorni R. The role of left and right hemisphere in the comprehesion of ideomatic language: an electrical neroimaging study. BMC Neroscience. 2009, 10:116|DOI: 10.1186/1471−2202−10−116|.

(111) Pugh KR, W. Mencl WE, Jenner AR, Katz L, Frost SJ, Lee JR, Shaywitz SE, Shaywitz BA. Functional neuroimaging studies of reading and reading disability(developmental dyslexia). Mental Retardation & Developmental Disabilities Research Reviews. 2000; 6:207−213.

(112) Pugh KR, Mencl WE, Jenner AR, Katz L, Frost SJ, Lee JR, Shaywitz SE, Shaywitz BA. Neurobiological studies of reading and reading disability, Journal of Communication Disorders 2001; 34:479−492.

(113) Qinghua He, Gui Xue, Chunhui Chen, Chuansheng Chen, Zhong−Lin Lu, and Qi Dong. Decoding the neuroanatomical basis of reading ability: a multivoxel morphometric study. The Journal of Neuroscience, Jul 31, 2013; 33(31): 12835−12843.

(114) Qiuyun Fan. Diffusion tensor imaging reveals correlations between brain connectivity and children's reading abilities. Thesis for the degree of Master of Science, Vanderbilt University, May 2011.

(115) Reutzel DR, and Cooper RB, Buttom−up and top−down processing models of reading process, Education.com, Pearson Allyn Bacon Prentice Hall, Jul 20, 2010.

(116) Rimrodt SL, Clements−Stephens AM, Pugh KR, Courtney SM, Gaur P,

Pekar JJ, and Cutting LE. Functional MRI of sentence comprehension in children with dyslexia: beyond word recognition. Cerebral Cortex, 2009; 19(2):402−413.

(117) Rizzolatti R, and Graighero L. The mirror−neuron system, Annual Reviews of Neuroscience, 2004; Vol 27: 169−192.

(118) Rodd JM. The effect of semantic ambiguity on reading aloud: a twist in the tale, Psychonomic Bulletin & Review, 2004; Vol 3:440−445.

(119) Salisbury D. Mapping the brain, http://www.vanderbilt.edu/magazines/pebody−reflector/2015/07/mind−reader/

(120) Sandak R, Mencl WE, Frost SJ, and Pugh KR. The neurological basis of skilled and impaired reading: recent findings and new directions, Scientific Studies of reading, 2004. 8(3).

(121) Saxe RR, Whitfield−Gabrieli S, Pelphrey KA, and Scholz J. Brain regions for perceiving and reasoning about other people in school−aged children. Child Development, Jul/Aug 2009; Vol 80, No 4:1197−1209.

(122) Schiller P. The crucial role of social−emotional development in school readiness. www.house.leg.state.mn.us/comm/docs/PptDunkley.pdf

(123) Schlaggar BL, McCandliss BD. Development of Neural Sytems for Reading, Annu. Rev. Neurosci. 2007; 30:475−503.

(124) Seghier ML, Maurer U, and Gui Xue. What makes wirtten words so special to the brain? Aug 2014; Front Hum Neurosci, 22.

(125) Shohei O, Kek KL, and Chichiro M., Frontal brain activation in young children during picture book reading with their mothers, Feb 2010, Acta Paediatr;99(2):225−229.

(126) Smith AK. How does reading affect the brain? Feb 26, 2013. HTTP://WWW.BOOKSATWORK.ORG/CONTRIBUTOR/ANNE−KOWAL−SMITH/

(127) Smith MA. Human consciousness: some leads on findings in neuropsychology. Unesco World Phiosophy Day. Bilcent Nov, 2007.

(128) Song J. The MNS(mirror neuron system) in embodied semsntics: activation pattern of mirror neuron system in visual linguistic processing. 2010; Indiana Undergraduate Journal of Cognitive Science 5:57−69.

(129) Speer NK, Zacks JM, and Reynolds R. Human brain activity time−locked to narrative event boundaries. Psychological Science, 2007; Vol 18, No 5:449−455.

(130) Speer NK, Reynolds JR, Swallow KM, and Zacks JM. Reading stories activates neural representation of visual and motor experience. Psychological Science; 2009; Vol 20, No 8:989−999.

(131) St George M, Kutas M, Martinez A, and Sereno MI. Semantic integration in reading: engagement of the right hemisphere during discourse processing. 1999; Brain 122: 1317−1325.

(132) Stoodley C. The Brain and reading, www.waece.org/cd−morelia2006/ponencias/stoodley.htm

(133) Straus SL, Goodman KS, and Paulson EJ. Brain research and reading: How emerging concepts in neuroscience support a meaning construction view of the reading process. Educational Research and Review. 2009; Vol 4(2):021−033.

(134) Swett K, Miller AC, Burns S, Hoeft F, Davis N, Petrill SA, and Cutting LE. Comprehending expository texts: the dynamic neurobiological correlates of a coherent text representation. http://journal.frontiersin.org/Journal/10.3389/fnhum.2013.00853/ful

(135) Takeuchi H, Taki Y, Sasa Y, Hashizume H, Sekiguchi A, Fukushima A, Kawashima R. White matter structures associated with creativity: evidence from diffusion tensor imaging. 2010; NeuroImage 51:11−18.

(136) Talan J. White matter brain changes result from reading remediation. Jan 2010; Neurology Today, Vol 10, Issue 2: 19−23.

(137) Trieman R. Linguistics and reading. Aronoff M, Rees−Miller J(eds), 《Blackwell handbook of linguistics》(second edition), 2003.

(138) Turkeltaub PE, Gareau L, Flowers DL, Zeffiro TA, and Eden GF, Develop-

ment of neural mechanisms for reading, Nature Neuroscience, Jun 2003; Vol 6, No 6: 767–773.

(139) Turkeltaub PE, Weisberg J, Flowers DL, Basu D, and Eden GF, The Neurological basis of reading: a special case of skill acquisition. 《The Connections Between language and reading disabilities》, Hugh W. Catts · Alan G.(ed), Lawrence Erlbaum Associates, Inc. 2005.

(140) Wandell B, Dougherty R, Ben–Shachar M, Deutsch G, Hernandez A. Reading circuitry in the children's developing brain. Stanford University, Brian Wandell The Vista Lab, 2004.

(141) Wandell BA, Yeatman JD. Biological development of reading circuits, Curr Opin Neurobiol. Apr 2013; 23(2): 261–268.

(142) Wolf M, Barzillai M. The importance of deep reading. Educational Leadership. Mar 2009; Vol 66, No 6:32–37.

(143) Wolf M. what is fluency? SCHOLASTI, research paper Vol 1, 2003.

(144) Wolf M. The evolution of the reading brain: implication for reading's development, instruction, and disorders. Tufts University, Center for Reading and Language Research, Jul 12; 2011.

(145) Wolf M. How the reading brain resolves the reading wars. A Literate Nation White Paper, Fall 2013.

(146) Wren SA. Understanding the brain and reading, The Southwest Educational Development Laboratory, Austin Tx, 2000.

(147) Yarkoni T, Speer NK, and Zacks JM. Neural substrates of narrative comprehension and memory. 2008; NeuroImage 41: 1408–1425.

(148) Young ML. Working memory, language and reading. thebrainconnection. com, 2000.

(149) Zang–Hee Cho, Nambeom Kim, Sungbong Bae, Je–Geun Chi, Chan–Woong Park, Seiji Ogawa, and Young–Bo Kim. Neural Substrates of Hanja(Logogram) and Hangul(Phonogram) Character Readings by Functional Magnetic Resonance Imaging. http//dx.doi.org/10.3346/

jkms.2014.29.10.14 · J Korean Med Sci 2014; 29: 1416-1424.

(150) Zude Zhu, Yuanyuan Fan, Gangyi Feng, Ruiwang Huang, Suiping Wang. Large scale brain functional networks support sentence comprehension: evidence from both explicit and implicit language tasks. Plos|One, Nov 11, 2013; doi:10.1371/journal.

(151) Zude Zhu, Gangyi, John X. Zhang, Guochao Li, Hong Li, Suiping Wang. The role of left prefrontal cortex in sentence-level semantic integration. 2013; NeuroImage 76: 325-331.

(152) Zwaan RA. The immersed experiencer: toward an embodied theory of language comprehension. The Psychology of Learning and Motivation, Dec 2003; Vol 44:35-62.

(153) Barber J. Books vs. screens: which should your kids be reading? The Globe and Mail, Dec 12, 2011.

(154) Beck A. New research shows reading aloud promotes brain activity and language development. Blog, Jun 3, 2015.

(155) Bergland C. Can reading a fictional story make you more empathetic? The Athlete's Way, Dec 01, 2014.

(156) Bergland C. Reading fiction improves brain connectivity and function. The Athlete's Way, Jan 04, 2014.

(157) Bergland C. The neuroscience of empathy. Psychology today, Oct 10, 2013.

(158) Brunson T. Reading Fiction: How it enriches brain functioning, IHRI TODAY, May 10, 2007.

(159) Burns M. The reading brain: How your brain helps you read, and why it matters, FastForward, Mar 15, 2012.

(160) Catlin J. Stanford researchers: Reading Jane Austin 'A truly valuable exercise of people's brain'. The Airspace, Sep 17, 2012.

(161) Delson N. Reading fosters brain development in young children, Post Independent, Glenwood Springs, Co Colorado, Jul 28, 2011.

(162) Doughterty B. Diffusion tensor imaging and reading

development. Stanford Institude for Reading and Learning, 2003.

(164) Duzbow L. Read it! Watch this. No., The Ophra Magazine, Jun 2008 Issue.

(165) Eastman Q. Say it with feeling. Woodruff Health Sciences Center, Feb 8, 2012.

(166) Flood A. Reading fiction 'improves empathy', study finds. theguardian, Sep 7, 2011.

(168) Georgia M. What actually happens under your skull when you read(a chess position)? How your (chess) vision works?, IPlayoo ChESSBLOG, 2011, 9, 18.

(167) Gray P. One more really big reason to read stories to children. Psychology Today, Oct 14, 2014.

(168) Hamilton J. Reading practice can strengthen brain 'highways', NPR Hourly Newscast, Dec 9, 2009.

(169) Jamieson R. Basic Functions of Reading and Writing, e−speec. com. 2003.

(170) Jones D. How reading changes the brain, Brain Blog, Spring, 2011,

(171) Klass P. Bedtime stories for young brains. The New York Times, Aug 17, 2015.

(172) McCloskey G. Executive functions and reading. Philadelphia College of Osteophathic Medicine, gmccloskz@aol.com

(173) MalLory D. What is speech repetition? wise Greek, 2012.

(174) Paul AM. Your brain on fiction, The New York Times, 2012. 3, 17.

(175) Paul AM. Reading literature make us smarter and nicer. Blog, Jun 03, 2013..

(176) Prior KS. How reading makes us more human. the Atlantic, 2013. 06, 21.

(177) Reckess GZ. Brain areas involved in reading change during development, Washington University in St. Louis, Jan 1. 2002.

(178) Stevens A. How does reading improve brain function? Blog, 2012. 9, 17.

(179) Sortino D. Your child's reading brain: love it or read it!, Blog, 2013. 1, 11.

(180) Sprenger M. Wiring the brain for reading, www.brainlady.com

(181) Sprenger M. Wiring the kindergarten brain for reading, www.SDE.com/on-

sitetrain, 2011.

(182) Taylor AP. How the brains of bookworms compare to those of bibliophobes, Discover Magazine, Blog, 2012, 8, 10.

(183) Taylor K. Why fiction is good for you. The Globe and Mail, Sep 10, 2011.

(184) Thomas B. How our brains process books. Scientific American, Nov 26, 2014.

(185) Wheeler M. First evidence found of mirror neuron's role in language. UCLA Newsroom, Sep 20, 2006.

(186) Young ML, Working Memory, Language and Reading, thebrainconnection.com. 2000.

(187) Zwang J. Reading boosts brain pathways, affects multiple disciplines, eSchool News, 2011, 5. 3.

(188) Australian Scholarships Group, Reading aloud with your child: the kick-start to learning, Aug, 2012.

(189) BrightStar Learning, The cerebellum is the key in the automation of literacy skills like reading and writing, 2014.

(190) Carnegie Mellon University. First evidence of brain rewiring in children: Reading remediation positively alters brain tissue, Science Daily, Dec 10, 2009.

(191) e! Science News, Brain scans can predict children's reading ability, Stanford researchers say, Oct 11, 2012.

(192) Georgetown University Medical Center. Skilled readers rely on the their brains' 'visual dictionary' to recognize words, Medical Press, 2011. 11, 14.

(193) Guarapuava, Right hemisphere and language. 2013. Vol 4, No 2.

(194) McGill University. Scientists control rapid re-wiring of brain circuits using patterned visual stimulation. Science Daily, May 28, 2014.

(195) ScienceDaily. Human brain breaks down events into smaller units. 2007. 5, 4.

(196) The University of Chicago Medicine. Thalamus, middleman of the brain, becomes a sensory conductor. http://www.uchospitals.edu/news/2009/20091207-thalamus.html

1. 독서하는 뇌의 연구를 위해 사용되는 기술

1) 뉴런의 활성화를 측정하는 영상 기술

⏳ 기능적 자기공명영상(fMRI)

뇌의 상이한 영역으로 흐르는 산화 혈류를 측정하는 영상 기술. 매우 우수한 공간 해상도를 가짐.

⏳ 자기공명영상(MRI)

뇌와 피질의 상이한 구조들의 형상과 크기에 관한 매우 우수한 구조적 디테일을 제공하는 영상 기술.

⏳ 확산텐서영상(DTI)

백색질 주위의 물의 확산을 측정해서, 섬유 통로의 미엘린화와 방향을 시각화하는 영상 기술.

⏳ 양전자방출단층촬영(PET)

신경 활성화 증가의 지표로서 혈류가 증가하는 곳을 시각화하기 위해 방사선-표지 산소를 사용해서 뇌 속의 혈류를 측정하는 영상 기술. 매우 우수한 공간 해상도를 가짐.

⌛ 자기뇌파(MEG)

두피로부터 전류를 측정함으로써 밀리초 수준에서 뇌 기능에 관한 정보를 제공하는 비침습적 기술. 매우 우수한 시간 해상도(실시간)를 가짐.

⌛ 사건—관련 전위(ERP)

실험 참여자의 두피에 부착한 전극을 통해 신경의 활성화를 측정하는 기술.

2) 행동 측정법

어떤 뇌의 과정들을 다루기 위해 설계된 과제를 완성하는 독서 주체들의 행동을 측정하는 방법. 감각 체계들[청각, 시각 등]의 민감성, 운동 과제 수행에 대한 연구를 포함해서, 주체들에게 독서 측정에 관한 상이한 과제들을 수행하도록 요청한다. 독서 곤란증을 포함해서 정상적인 독자의 독서하는 뇌 속의 독서 연결망을 탐구하도록 돕는다. 많은 독서 연구를 대표하는 방법.

2. 독서 관련 중요 뇌 부위 혹은 작용에 관한 용어집

⌛ 각이랑(angular gyrus)

측두엽과 후두엽 다음에 있는, 두정엽 내의 대뇌피질의 이랑. 이것은 공간 내의 신체의 위치, 그리고 소리와 의미의 연결과 관련됨.

⌛ 거울 뉴런(mirror neuron)

사람(영장류 포함)이 실제 행동을 하거나, 혹은 다른 사람이 행동하는 것을 보거나, 행동에 관한 언어적 표현을 듣거나 읽을 때 동일하게 활성화되는 신경세포.

⌛ 게슈빈트 영역(Geschwind territory)

뇌 속에서 언어와 관련되는 뇌 부위들. 브로카 영역, 베르니케 영역, 활모양섬유다발 등을 포함.

⚥ 기저핵(basal gangla)

대뇌피질과 긴밀한 상호작용을 하는 종뇌 신경핵으로, 운동, 인지 및 감정 조절 등 다양한 기능에 관여함.

⚥ 내측전전두 피질(medial prefrontal cortex)

전전두 피질의 한 부분으로, 사물 인식이 그 기능 중 하나임.

⚥ 뇌량(corpus callosum)

뇌의 좌반구와 우반구를 연결하고, 이 두 반구 사이에 정보를 운반하는 뇌 조직의 두꺼운 띠.

⚥ 뇌섬 피질(insular cortex)

전두엽, 두정엽, 측두엽에 의해 덮여 있는 대뇌피질 부분으로, 미각, 균형, 통증 및 일부 감각 등에 관여함.

⚥ 단기기억(short−term memory)

한정된 양의 정보가 대략 몇 초에서 30초 동안 지속될 수 있는 기억의 단계.

⚥ 단양식연합영역(unimodal association area)

한 가지 양식의 감각 정보가 대뇌피질의 일차영역에서 받아들여진 후에 또 다시 그 감각 정보에 특정한 의미를 부여하기 위해 과거에 경험했던 정보와 구체적인 비교, 분석이 이루어지는 영역.

⚥ 대뇌피질(cerebral cortex)

뇌의 바깥쪽을 덮고 있는 얇은 판 모양의 구조로, 뉴런의 세포체와 구심성 및 원심성 축삭으로 이루어져 있음. 다양한 감각, 운동, 인지, 감정 및 통합 조절 기능에 중요한 종뇌 부위.

대뇌피질은 수용된 자극을 언제, 그리고 어떻게 처리하는가에 따라서 일차 영역, 단양식 연합영역, 이질양식 연합 영역으로 구분된다. 또 대뇌피질은 담당하는 기능에 따라 감각 영역, 운동 영역, 연합 영역으로 나뉜다.

⧗ 두정덮개부(parietal operculum)
두정엽의 일부. 부분적으로 촉각, 고통, 온도, 시각과 같은 많은 신체 감각의 처리에 관여함.

⧗ 되먹임(feedback)
어떤 원인에 의해 나타난 결과가 다시 그 원인에 영향을 미쳐 원인을 변화시키는 '자동조절의 원리'. 앞먹임(feedfoward)의 반대 개념.

⧗ 등쪽/배쪽/앞쪽/뒤쪽 등: 뇌 부위의 방향이나 위치를 나타내는 용어
등쪽(dorsal/背側): 뇌 내부에서 등쪽 방향

배쪽(ventral/腹側): 뇌 내부에서 배쪽 방향

앞쪽(anterior): 뇌 내부에서 앞쪽 방향

뒤쪽(posterior): 뇌 내부에서 뒤쪽 방향

상(superior): 뇌 내부에서 위쪽 방향

중(middle): 뇌 내부에서 중간 위치

하(inferior): 뇌 내부에서 아래쪽 방향

내측(medial): 뇌 내부에서 안쪽 방향

외측(lateral): 뇌 내부에서 바깥쪽 방향

양측(bilateral): 뇌 내부에서 양쪽 방향

⧗ 등쪽내측전전두 피질(dorsomedial prefrontal cortex)
전전두 피질의 일부. 자아의식의 창출, '마음의 이론'과 관련됨.

⧗ 등쪽 시각 통로(dorsal visual route)
시각 피질을 두정엽과 연결하는 시각 체계 내의 신경 통로. '어디' 혹은 '어떻게' 통로로 불리기도 함.

⧗ 등쪽외측전전두 피질(dorsolateral prefrontal cortex)
계획, 조직, 그리고 다양한 인지의 집행기능이나 긍정적 정서와 관련되는 전두엽의 영역. 언어와 관련해서는 문장이나 단어를 산출하고자 할 때 목표에 집중하여 목표어나 발화를 생성하게 하는 역할을 함.

⌛ 띠이랑(cingulate gyrus)

뇌의 내측면에서 뇌량을 둘러싸며 전두엽으로부터 두정엽에 걸쳐 위치해 있는 'C'자 형의 이랑

⌛ 띠 피질(cingulate gyrus)

대뇌종렬의 측면을 구성하는 피질 영역으로 앞쪽, 중간, 뒤쪽 3 부분으로 나뉘어 있다. 뇌의 피질 영역과 아울러 기본적인 변연계와 긴밀하게 관련되어 있으며 감정 조절과 운동 조절 등 다양한 기능을 수행한다.

⌛ 미엘린(myelyn)

축삭을 감싸는 여러 겹의 얇은 흰색의 수초, 혹은 피막. 미엘린 수초는 주위의 다른 뉴런들의 전기적 간섭을 효과적으로 차단하는 절연 기능을 하면서, 신경 신호의 전도[전달] 속도를 빠르게 한다. 미엘린 수초의 수가 점점 많아져 두께가 두꺼워질수록 전기적 절연의 기능이 활발해짐으로 신호의 전달 속도가 빨라지는데, 이를 미엘린화(myelination)라고 부름.

⌛ 방추형이랑(fusiform gyrus)

물체와 얼굴 인지에 중요한 좌반구의 후두–측두 부위. '시각단어형태 영역'이 위치함.

⌛ 배쪽 시각 통로(ventral visual route)

시각 피질을 측두엽과 연결하는 시각 체계 내의 신경 통로. '무엇' 통로로도 불리며, 물체와 얼굴 인지와 관련됨.

⌛ 백색질(white matter)

신경 신호를 다른 뉴런으로 전달하는 농밀하게 꽉 들어 찬 축삭으로 구성된 뇌 조직의 유형. 이것은 흰색에 의해서 세포체와 구별된다. 백색질은 피질을 형성하는 회색질의 아래에 있음.

※ **베르니케 영역(Wernicke's areas)**

말(언어)의 이해와 관련된 측두엽의 주요 영역. 대부분의 사람에서 이 영역은 두정엽과의 접합부에 가까운 좌반구 내에 위치하고 있음.

※ **변연계(limbic system)**

정서, 기억, 의식의 중재를 위해 결정적인, 대뇌피질의 내부 경계를 따라 누워 있는 일단의 뇌 구조들.

※ **브로드만 영역(Brodmann's areas)**

여러 층판을 구성하는 뉴런의 크기, 형태 및 분포 정도에 따라 구분한 대뇌 피질 영역으로, 독일의 신경해부학자인 코르비니안 브로드만(Korbinian Brodmann: 19세기 말부터 20세기 초에 걸쳐 활동함)의 이름을 따서 명명하였음.

※ **브로카 영역(Broca's area)**

말의 조음과 관련되는 뇌의 전두엽 부위.

※ **상종단다발(superior longitudinal fasciculus)**

뇌의 위쪽에서 전두엽, 두정엽, 후두엽 사이를 이어주는 곳으로, 브로카 영역, 베르니케 영역, 그리고 각이랑과 모서리위이랑 같은 주요 언어 영역들이 서로 연결됨.

※ **상향식 과정(bottom-up process)**

사고, 상상, 혹은 예측의 창출 속에 포함되는 영역들보다 흔히 뇌의 일차감각 영역들로부터 비교적 '거친' 정보로 이동함을 가리킴.

※ **소뇌(cerebellum)**

능형 뇌의 일부로, 운동의 자동 조절에 중요하며, 여러 복합적인 인지 기능의 조절에 중요한 역할을 함.

※ **선조 피질(striate cortex)**

시각적으로 뚜렷한 세포의 줄무늬가 특징[단면]인 시각 피질의 영역.

⌛ 쐐기앞소엽(precuneus)

상두정엽의 일부. 기억, 시공간 처리, 자아성찰, 의식의 여러 측면과 연관됨.

⌛ 시상(thalamus)

뇌간과 대뇌 사이에 있는 회색질의, 한 쌍의 큰 덩어리. 뇌의 피질로 전달되는 감각 정보를 위한 핵심적인 중계소. 최근의 일부 연구는 시상을 피질 영역들 간에 정보를 전달하는 중심 허브로 간주함.

⌛ 실비우스주위 피질(perisylvian cortex)

의사소통을 위한 대뇌 구조들[브로카 영역, 베르니케 영역, 활모양섬유다발, 각이랑, 모서리위이랑, 피질하 영역들, 운동 피질, 뇌량]을 포함하는 뇌의 영역.

⌛ 안와전두 피질(orbitofrontal cortex)

전전두엽의 일부로 감정 표현의 억제 기능을 담당함.

⌛ 양식성(modality)

감각의 종류, 감각의 질에 따른 특성[예, 통증].

⌛ 연합 영역(association area)

'전체적 체험'을 산출하는, 상이한 유형의 정보를 결합하는 뇌 부위들.

⌛ 외선조 피질(extrastriate cortex)

일차시각 피질(또는 선조 피질)을 제외한 시각 피질 영역.

⌛ 운동 피질(motor cortex)

중심고랑 바로 앞의 등쪽중심앞이랑에 위치하고 있는 전두엽의 영역. 일차운동 피질, 전운동 피질, 보충운동 영역으로 구성되어 있으며, 계획, 조절, 자의적운동 실행 속에 포함됨.

⌛ 이질양식연합영역(heteromodal association area)

일차감각영역과 단양식연합영역을 거친 감각 정보와 운동 정보가 함께 통합되어 해석되는 영역. 이 영역에서는 여러 종류의 감각과 운동 정보가 통합되면서 과거의 경험뿐 아니라, 학습, 기억, 판단. 성격 등의 다양한 정보를 활용함.

⏳ 일차 피질 영역(primary cortex area)

신체의 감각 수용기에서 받아들인 감각 정보를 가장 먼저(일차적으로) 감지하여 처리하는 피질 영역. 이 영역은 그 활동이 체성감각, 시각, 청각 등 감각 중 어떤 양식에 해당되는가에 따라 일차체성감각영역, 일차시각영역, 일차청각영역 등으로 다시 나뉨. 운동에 관여하는 일차영역은 일차운동영역이라 하며, 운동 명령을 신체의 각 기관이나 근육으로 직접 내려 보내는 역할을 함.

⏳ 작업기억(working memory)

정보가 망각되거나 장기기억 내에서 부호화(encode)될 때까지 능동적인 신경 교통량으로 마음속에서 유지되는 과정.

⏳ 장기기억(long—term memory)

몇 시간 동안의 정보 저장으로부터 평생 동안 지속되는 기억의 최종 단계.

⏳ 전두덮개부(frontal operculum)

하전두이랑을 구성하는 한 부위. 하전두이랑 내의 삼각부와 합쳐서 브로카 영역이라 부름.

⏳ 전전두 피질(prefrontal cortex)

계획 및 보다 높은 수준의 인지에 포함되는 전두 피질의 앞쪽 대부분을 가리킴.

⏳ 전운동 피질(premotor cortex)

운동 계획과 관련되는 전두 피질의 일부.

⏳ 중심고랑(central sulcus)

대뇌에 있는 중요한 고랑 중 하나. 중심고랑은 대뇌를 전반구와 후반구로 나누며, 대뇌종렬은 대뇌를 좌반구와 우반구로 나눔. 대뇌를 위(전두엽, 두정엽)와 아래(측두엽)로 나누는 고랑은 실비안종렬(실비우스외측고랑)임.

⌛ 체성감각 피질(somatosensory cortex)

통증이나 촉각과 같은 신체 감각에 대한 정보를 수용하고 처리하는 것과 관련되는 뇌의 영역.

⌛ 축삭(axon)

활동 전위의 형태로 암호화된 정보를 전달하는 뉴런의 특수화된 돌기.

⌛ 측두극(temporal pole)

측두엽의 가장 앞쪽 부위. 정서, 주의, 행동, 기억과 같은 상이한 인지 기능에 관여함.

⌛ 측두평면(planum temporale)

뇌의 청각 체계에서 소리 신호를 지각하는 청각연합 영역 내 부위. 좌반구의 측두평면의 크기는 여성이 남성보다 30% 정도 더 크다고 보고된 바가 있으며, 이런 차이는 여성의 언어 우월성을 설명하는 근거가 될 수도 있음.

⌛ 편도체(amygdala)

감정 및 감정을 동반한 행동에 필수적인 역할을 하는 측두엽의 대뇌변연계 영역 내의 핵군.

⌛ 하두정소엽(inferior parietal lobule)

독서에서 매우 중요한 역할을 하는 모서리위이랑과 각이랑이 서로 인접해서 위치하고 있는 두정엽 내의 부위.

⌛ 하전두이랑(inferior frontal gyrus)

독서에서 매우 중요한 역할을 하는 전두엽의 부위로, 안와부, 삼각부, 전두덮개부로 나뉨. 이 중 전두덮개부와 삼각부를 합하여 브로카 영역이라 함.

⌛ 하종단다발(inferior longitudinal fasciculus)

상종단다발 아래에서 측두엽과 후두엽을 이어주는 역할을 하는 섬유다발.

⊠ **하향식 과정**(top-down process)

거친 감각 자료의 해석에 사용되는, '처리된' 정보나 지식을 가리키는 과정. 상향식 과정과 반대.

⊠ **해마**(hippocampus)

각 측두엽의 내부에 있는 변연계의 일부. 이것은 공간적 항행, 그리고 장기기억의 부호화와 인출에 결정적인 역할을 함.

⊠ **활모양섬유다발**(arcuate fasciculus)

전두엽의 브로카 영역과 측두엽의 베르니케 영역을 연결하는 신경 섬유 통로.

⊠ **활성망상계**(reticular activation system)

뇌간에 분포되어 있는 신경세포들로, 의식, 수면각성주기, 주의력 등에 관여함.

⊠ **회색질**(gray matter)

중추신경계 내에서 농밀하게 꽉 들어찬 신경세포체로 구성된 뇌의 회색질 조직.

책을 읽으면 왜 뇌가 좋아질까? 또 성격도 좋아질까?

아

책을 읽으면 왜 뇌가 좋아질까? 또 성격도 좋아질까?